ワークプレイス・スタディーズ
はたらくことのエスノメソドロジー

水川喜文・秋谷直矩・五十嵐素子［編］

ハーベスト社

ワークプレイス・スタディーズ：目次

トランスクリプト　表記法 …………………………………………… ix

序章　エスノメソドロジーとワークプレイス研究の展開 ……………… 1
  1．本書の背景 …………………………………………………………… 1
  2．本書の視点と方針 …………………………………………………… 3
  3．本書のワークプレイス研究上の位置付け ………………………… 11
  4．本書に収められた論考の紹介 ……………………………………… 19
                                              （秋谷直矩・水川喜文）

セクション1
サービスエンカウンター／カスタマーサービスというフィールド

イントロダクション ……………………………………………………… 28
  1．サービスエンカウンター／カスタマーサービスへの接近 ……… 28
  2．エンカウンターからサービスエンカウンターへ ………………… 30
  3．本セクションの構成 ………………………………………………… 31
                                              （平本毅・水川喜文）

第1章　どんな店か，どんな客か ……………………………………… 35
    ──江戸前鮨屋の注文場面の応用会話分析
                                              （平本毅・山内裕）
  1．サービス場面としての鮨屋の接客 ………………………………… 35
  2．ゴフマンのゲーム論と会話分析による代案 ……………………… 37
  3．1杯目の飲み物を注文する ………………………………………… 39
  4．鮨屋の注文における緊張感 ………………………………………… 48
  5．鮨屋らしいサービスの構成 ………………………………………… 51

第 2 章　職人の技術と顧客コミュニケーション……………………………… 54
　　　　──住宅設備の工事現場のサービスエンカウンター

（水川喜文・是永論・五十嵐素子）

1. リフォーム工事現場における出会い……………………………………… 54
2. 住宅設備のリフォームにおける職人と顧客のやりとり………………… 54
3. 成員カテゴリー化と知識の非対称性……………………………………… 56
4. 職人と家主の相互行為の分析……………………………………………… 58
5. コミュニケーション能力とカテゴリー化の実践………………………… 67

第 3 章　「不十分な」助言の十分な達成 ……………………………………… 70
　　　　──電話相談における〈助言者 – 相談者〉という装置

（中村和生）

1. 電話相談の教育と相談実践の秩序………………………………………… 70
2. 成員カテゴリー化装置とシークエンスの組織化………………………… 71
3. 電話相談の各局面の順序づけられた性質………………………………… 72
4. 電話相談の教育への実践的含意，ならびに分析上の課題……………… 88

セクション 2
組織コミュニケーションのデザイン

イントロダクション………………………………………………………………… 94
1. 探求トピックとしての情報共有と意思決定……………………………… 94
2. エスノメソドロジカルな組織研究の展開………………………………… 97
3. 本セクションの構成………………………………………………………… 98

（秋谷直矩）

第4章　デモ開発プロジェクトを立ち上げることと運営すること……… 101
　　　　——ロボットラボにおける意思決定とリーダーシップ

（南　保輔）

1. リーダーが意思決定する？…………………………………………… 101
2. 意思決定・リーダー・引用発話…………………………………… 102
3. プロジェクトの実践におけるリーダーシップ…………………… 105
4. リーダーは意思決定者かマネージャーか………………………… 118

第5章　ワークとしての情報行動………………………………………… 121
　　　　——ミーティングにおける情報の実践的マネジメント

（酒井信一郎・池谷のぞみ・粟村倫久）

1. 情報行動研究における「実践」に対する関心の高まり ……… 121
2. 「実践」を焦点化する情報行動研究 ……………………………… 123
3. 情報の実践的マネジメント………………………………………… 126
4. 実践の「内側」から記述をするということ ……………………… 135

第6章　対面における知識共有と課題解決…………………………… 139
　　　　——配管工事のミーティング場面から

（五十嵐素子・水川喜文・是永論）

1. 対面のやりとりにおける知識共有と課題解決…………………… 139
2. 知識共有としての業務の報告や説明……………………………… 140
3. 住宅設備会社における朝のミーティングの特徴………………… 142
4. 対面のミーティングにおける知識共有…………………………… 143
5. 対面のミーティングにおける課題解決…………………………… 149
6. 組織コミュニケーションにおける知識共有に向けて…………… 154

セクション3
プロフェッションと実践の中の道具／メディア

イントロダクション ··· 160
  1. 研究テーマの中心としての「道具／テクノロジー」················· 160
  2. 実践の中で「道具／テクノロジー」を捉える方法論 ················ 161
  3. 「共同作業」の「資源」としての「道具／テクノロジー」············ 161
  4. プロフェッションと「道具／テクノロジー」······················ 163
  5. 論理文法分析／概念分析の知見とワークプレイス研究··············· 166
  6. 道具／テクノロジーの利用と「専門家―素人」という境界 ············ 167
  7. 本セクションの構成 ·· 168

（五十嵐素子）

第7章　「メンバーの測定装置」としての「痛みスケール」··············· 171
　　　――急性期病棟における緩和ケアの実践

（前田泰樹）

  1. 急性期病棟における緩和ケア ···································· 171
  2. 参加者たち自身の問題としての「痛み」の理解 ···················· 172
  3. カンファレンスにおける実践···································· 173
  4. メンバーの測定装置·· 185

第8章　柔道整復師のプロフェッショナル・ヴィジョン················· 189

（海老田大五朗）

  1. 柔道整復師の静止画を見る方法·································· 189
  2. 超音波画像観察装置に映し出された静止画を見る ·················· 193
  3. 柔道整復師によるインフォームド・コンセント場面················· 197
  4. 柔道整復師のプロフェッショナル・ヴィジョンとワークプレイス ······ 202

第 9 章　航空管制のペアワークにおけるリスク管理………………… 208
　　　──二重のモニターによる相互理解の達成
　　　　　　　　　　　　　　　　（北村隆憲・五十嵐素子・真鍋陸太郎）
　1．管制官の業務とリスク管理……………………………………………… 208
　2．管制官のワークの研究の視点…………………………………………… 209
　3．調査の概要と事例の特徴………………………………………………… 211
　4．「二重のモニター」を前提としたリスク管理の方法………………… 216
　5．管制官のペアワークとリスク管理……………………………………… 222

セクション 4
メディアとデザインのインタフェース

イントロダクション……………………………………………………………… 228
　1．エスノメソドロジーの応用可能性……………………………………… 228
　2．エスノメソドロジー受容の背景………………………………………… 228
　3．概念の再特定化実践として……………………………………………… 230
　4．応用研究への貢献とハイブリッドな研究の組織上の問題…………… 231
　5．本セクションの構成……………………………………………………… 233
　　　　　　　　　　　　　　　　　　　　　　　　　　　　（秋谷直矩）

第 10 章　遠隔作業における知識の非対称性をめぐって ………………… 237
　　　　──配管工事現場のエスノグラフィーから
　　　　　　　　　　　　　　　　（是永論・五十嵐素子・水川喜文）
　1．相互行為における知識の運用と知識の問題…………………………… 237
　2．遠隔作業における指示の問題…………………………………………… 237
　3．実践の中で理解される知識の非対称性………………………………… 242
　4．配管工事作業現場における知識の実践………………………………… 244
　5．視覚的なテクノロジーをともなうワークの研究に向けて…………… 255

第11章　ICTを活用した協働学習のデザインと生徒のワーク ………… 258
　　　　──中学校の授業実践を例として

（五十嵐素子・笠木佑美）

1. ICTを活用した学習活動をどうデザインするのか？ ……………… 258
2. CSCL研究におけるエスノメソドロジー研究の知見 ……………… 259
3. ICT機器を活用した授業例 ………………………………………… 263
4. 教師による学習活動のデザインと生徒の活動の実際 …………… 265
5. ICTを活用した学習活動のデザインに向けて …………………… 272

第12章　「社会的コンテクスト」の記述とデザイン ……………… 278
　　　　──組織的ワークを支援するソフトウェア開発を事例に

（秋谷直矩・森村吉貴・森幹彦・水町衣里・元木環・高梨克也・加納圭）

1. エスノメソドロジーとソフトウェアのデザイン …………………… 278
2. 活動に埋め込まれた人工物 ………………………………………… 278
3. 新規ソフトウェアを導入したワーク場面の調査概要 …………… 282
4. 新規ソフトウェアを導入したワーク場面における問題の発見とその理解可能性 … 285
5. 分野横断的取り組みの体制 ………………………………………… 291
6. 共同作業体制の構築に向けて ……………………………………… 294

あとがき ……………………………………………………………………… 297

人名索引 ……………………………………………………………………… 301
事項索引 ……………………………………………………………………… 303

トランスクリプト　表記法

　本書の会話データの転記（トランスクリプト）に関する表記法は、下記のとおりである。この表記法は、もともとゲイル・ジェファーソンによってまとめられ、西阪 (2008) などが日本語への適用を試みているものを基本としている。各章の必要に応じて追加・省略されているものもある。追加された記号については該当の章を参照のこと。

1. 時間的連鎖に関係するもの

1.1. 発話の重なり
　　［ 発話の重なりの最初
　　［
　　］発話の重なりの最後
　　］

（例）　S: ぼくは (.) このほうが［楽ですけhどhね
　　　　Y:　　　　　　　　　　　［うん

1.2. 発話の密着
　＝　2つの発話が密着している状態
・異なる話し手の場合、1人の話し手の場合、長い発話で複数行にわたる場合がある

（例）　S: リモコンを＝
　　　　Y:＝リモコンをやっぱり

1.3. 沈黙、間 (gap)
　(1.2) およそ0.2秒ごとに沈黙の秒数
　 (.) より短い間。もしくは、沈黙であるが秒数を表記しない場合。

（例）　Y: でも (1.0) う , 上だと高いかい

2. 発話の産出に関係するもの

2.1. イントネーション
- ． 下がるイントネーション（文の終わりとは限らない）。「。」も同様。
- ， 発話途中の区切りの音（文節とは限らない）。「、」も同様。
- ？ 上がるイントネーション（疑問文とは限らない）。

（例）　Y: あれっ これだと曲がってないですかね ど：う :?

2.2. 長音（音の引き伸ばし）
- ： 長音は「ー」ではなく、コロンを用いる。コロンの数で相対的長さを表す。

（例）　Y: 斜めのとこなお：すのに近くなっちゃうでしょビスの穴が

2.3. 途切れ
- - 発話の途中で途切れ。

（例）　Y: ビスのい-

2.4. 音の大きさ、小ささ
- ˚ ˚ 発話の音が小さいことを示す。

（例）　Y: そしたら逆にね
　　　　S: ˚ええ˚

2.5. スピード
- ＞　＜ 速い発話を囲う
- ＜　＞ 遅い発話を囲う

（例）　Y: <曲がってるよね：>（だ）何だよあの内装屋さん

2.6. 呼気音・吸気音
- h 呼気音（笑いの場合が多い）
- .h 吸気音

トランスクリプト　表記法

(例) S: (.) ぼくの大きさでは huh

3. その他
3.1. 注記
　(( )) 　会話内の注記は、二重括弧で囲って記載する。

(例) 　S: ふふん ((リモコンを一旦手元に下げる))

3.2. 聴きとり困難部と推定発話
　( ) 　聴きとり困難な部分は、カッコで囲む。推定できる発話があれば、記入する。

(例) 　S: うんこれねえ (とり) ますよねえ

＊本項を作成する際には、次の文献・資料を参照した。
　ヘリテッジ, ジョン／メイナード, ダグラス, 2006=2015, 川島理恵・樫田美雄・岡田光弘・黒嶋智美訳「事例の引用で用いられている記号」『診療現場のコミュニケーション』勁草書房, x-xi.
　西阪仰, 2008,「トランスクリプションのための記号 [v.1.2 2008年1月]」(2015年10月23日取得　http://www.meijigakuin.ac.jp/~aug/transsym.htm)
＊本項の事例は、主に第2章の断片を用いた。

序章　エスノメソドロジーとワークプレイス研究の展開

1. 本書の背景

　ものづくりの現場やサービスを扱う研究領域で,「デザイン思考」(Brown 2009=2014)「ユーザエクスペリエンス」などといったことばが聞かれるようになった。こうしたことばがインパクトを持って受け入れられてきた背景のひとつには, 情報機器のインタフェース設計やサービスデザインにおいて, ユーザとは何者なのか, ユーザをめぐるさまざまな相互行為場面では何が起きているのか, そして, そこでのやり取りのやり方はいかなるものか…といった, 現場での実践を知ることの重要性が認識されてきたことがある。そして, そこで得られた知見をベースに, 様々なやり方で, ユーザフレンドリーな, あるいはイノベーティブなものづくりをしていくべきである, と。

　このような過程における注目すべき動向として, 文化人類学や社会学の古典的なフィールドワークに基づいた研究群に注目が集まった。つまり, ものづくりにおいても, 地道なフィールドワークによるユーザの調査が必要であるということだ。こうした傾向は, 特に日本では, 2010年前後より「ビジネス・エスノグラフィ」(博報堂, 富士通／田村 2009, 岸本他 2009)や「行動観察」(行動観察研究所／松波 2011)といった名前で, ビジネスを対象にしたフィールドワークと, そこでの知見を商品開発や業務改善へとつなげていく取り組みがなされてきている。その過程で, エスノメソドロジーにも注目が集まってきている。

　この「エスノメソドロジーに指向した, 情報機器やビジネスを対象にしたフィールドワーク」には, それなりの研究史がある。1980年代から現在に至るまで国内外で取り組まれてきている (Button 1993; Luff, Hindmarsh and Heath 2000; Szymanski and Whalen eds. 2011)。特に, 情報学や認知科学との連携で始められた調査研究は,「ワークプレイス研究 (Workplace Studies)」という名のもと

に，情報機器を使用した場面を中心にエスノメソドロジー研究が蓄積されている。日本におけるビジネス方面での「発見」が遅れたのは，それが特に情報学の分野でなされてきたことと，こうした研究を企業で行う慣習の有無と無関係ではないだろう。アメリカやイギリス，フランスなどでは，企業が文化人類学者や社会学者を雇用し，ユーザの具体的実践や異文化における利用状況を明らかにする，エスノグラフィーに基づく調査を行うことは慣例としてあった。しかし，こうした側面を日本企業がつい最近まであまり注目してこなかったのである。

いずれにせよ，現在に至るにしたがい日本のビジネス分野でも社会学や文化人類学――なかでもエスノメソドロジーにも注目が集まるようになってきた。こうした状況において，サービスエンカウンター場面やテクノロジーを用いた労働場面，協調作業場面，ICT 教育場面といった，現在ビジネス分野でも関心をもたれているフィールドを対象にしたエスノメソドロジー研究の論集（コレクション）を出すことは，時宜にかなったものではないだろうか。また，情報学や認知科学に対しても，80年代に鳴り物入りで登場したエスノメソドロジーがいかなる足跡をたどったのか，そして国内ではどのような取り組みがなされてきたのかを確認するという点で，価値をもつものだろう。さらに，社会学に対しても，その社会学のコミュニティ外における展開であるという点からも，あまり知られていないであろう分野動向を示すことには意味があると考える。

さて，本書は「働くこと」を対象にしたエスノメソドロジー研究――「ワークプレイス研究」――の論集（コレクション）である。ここでいうワークプレイス研究とは，仕事／労働の現場やそこでのコミュニケーションに焦点を当てたエスノグラフィーやフィールドワークを用いた研究を指している。これらは，労働場面におけるテクノロジー／情報技術の利用を契機に開始され，コミュニケーション・システムの構築や共同活動の支援という方向を持って，人々が共に働く実践を研究対象としてきた（Luff et al. 2000）。本書では，その中心的な研究手法であるエスノメソドロジーを用いた研究論文を集めている。

先述のとおり，「ワークプレイス研究」という名前のものではないものの，

これに関連する研究は1980年代より取り組まれており，日本でも1990年代から蓄積されている．本書は，こうした近年の研究の中でも読みやすくバラエティに富む研究事例の分析に，キーワード・重要概念の解説を冒頭に加えたかたちで改編したものを収録している．それに併せて，各トピックについてより広く理解するための分野動向も各章の冒頭の「イントロダクション」で紹介し，各研究事例がいかなる文脈上にあるものなのかを示したい．本書では，これらの論文のコレクションを通してエスノメソドロジー研究の態度や視座を明らかにすると共に，参照文献をたどって研究の動向を概観することも可能にしたい．

本章では続いて，本書の視点と方針，本書のワークプレイス研究における位置付け，各章に収められた論考を紹介する．

2. 本書の視点と方針

2.1 エスノメソドロジーとは

本書は，先に述べたとおり，「働くこと」を対象にしたエスノメソドロジー研究の論集（コレクション／基本書）として作られた．ただし，本書では，基礎となる理論や方法論を説明する独立章は置かず，徹底して事例に基づくフィールド研究を収めている．なぜなら，このような体裁であることが，本書がエスノメソドロジー研究を指向したものであることを特徴付けるものと考えるからである．これらについて説明することで，本書がいかな視点を持っておりいかなる方針で編まれたのか，そしてどのように読み，使うことができるか提示してみたい．

エスノメソドロジーは，人びとが社会生活を営むために用いる「やり方」と，その「研究」の双方に与えられた呼称である．エスノメソドロジー研究は，「人びとが社会生活を営むために用いるやり方」を探求することが目的となる（前田 2015）．問題は，それをどのように発見し，記述するかということになる．ところが，それを行うための，どんな事例に適用可能な普遍的／一般的な道具立てというものをエスノメソドロジーはもっていない．むしろ，もっていないことそれ自体がエスノメソドロジーを特徴付けるものでもあ

る。これがいかなることであるのかを理解することが，エスノメソドロジー研究をする際，重要になる。

　1967年にH. ガーフィンケルが『エスノメソドロジー研究』を著して，この研究の開始を宣言してから，エスノメソドロジストたちは，「なにをすればエスノメソドロジー研究になるのか」について様々なトピック・観点から議論してきた。ここでは，その議論のなかで度々取り上げられてきたいくつかのアイデアについて概説する[1]。そうすることで，先に述べた，「分析の際に使用する万能な道具立てを持っていない」こと，そしてそれ自体がエスノメソドロジーを特徴づけるものであると述べた含意がわかるようになるはずである。

2.2 エスノメソドロジー研究への「チケット」

　エスノメソドロジーが「人びとが実際にやっていることに即した記述」から「人びとが社会的活動を営むために用いるやり方」を探求するといった際に，念頭に置いておくべきエスノメソドロジーのアイデアとは何だろうか。M. リンチがエスノメソドロジー研究を始めるための「チケット」と述べたのは「インデックス性」である。ここでは，この「インデックス性」と「相互反映性」からエスノメソドロジー研究の基本的視点について説明していこう。

　ただし，M.リンチは「インデックス性」について，このチケットを得たら，すぐに忘れ去るべきものだと述べている (Lynch 1993=2012)。このことが表しているように，エスノメソドロジー研究のいくつかのアイデアは，人びとの実践を見るための端緒となる道具ではあるが，いくつかの道具は人々の具体的な実践を見るときに捨て去るべきものでもある。

　インデックス性（indexicality）とは，人びとが言語を使用するとき，その言語そのものが使用されている文脈／状況によってその意味が変わるという性質について述べた用語である。そして，相互反映性（reflexivity）とは，とある社会秩序についての記述が，その社会秩序の一部であるという循環的関係について述べた用語である。

　いずれも人びとの言語使用における非常に重要な点を指摘している。まず，インデックス性について説明しよう。たとえば，「まだ授業中だよ」とい

う発話があったとする。そのとき，当該発話を「注意」として聞くべきか，単なる「報告」として聞くべきかは，この発話単体をいくら検討してもわからない。なぜなら，当該発話単体を見ても，その解釈の多様性が見出されるだけだからである。したがって，この発話をどのように理解するべきかについては，当該発話がどのような文脈／状況で産み出されたかを参照する必要がある。もちろんそれはその発話が産み出された場面に参与している人びと自身の課題であるから，研究者は「人びとが実際にその課題にどのように対処しているか」という点からインデックス性の問題を解消していくことになる。

　このように，インデックス的表現は，文脈／状況の中にそれが埋め込まれることによって，「特定の意味を持つもの」として参与者に理解できるようになるという特徴を持つ。その際，この文脈／状況は，発話のなされた場面を詳細に観察することで確定できるだろうか？発話を扱う認知科学や社会言語学では，文脈／状況が確定できることを素朴な前提として議論を進めてしまう傾向がある。例えば，これは「教室」の発話であるというように。しかし，実践の場面において，何が状況／文脈であるかという課題は，参与者が互いに支え合うような危うさの中で維持される。「教室」の会話であることは，ともすれば「友人同士」の会話や「男女」の会話になりかねない（これは，E. ゴフマンが共在のヴァルネラビリティ（脆弱性）と呼んだものである）。したがって，インデックス的表現があるからといって文脈／状況が一つに定まるわけではない。エスノメソドロジーの視点から言えば，文脈／状況は，常に参与者によって参照され，実践の中で刷新されて続けるのである。

　このとき，ある発話は行動が特定のものとして理解できて，それが実践の中で秩序あるものとして理解可能になるという点は，「相互反映性」について考える際にも重要である。たとえば，以下のような例が考えられる。「まだ授業中だよ」という発話を教師から生徒に対する注意として発話されたものと聞くことができるなら，その場面は授業である。そして，同時にそのように理解できることそれ自体が，当該場面が授業であることを成り立たせる一部なのである。このように，人びとが記述は，それ自体がその文脈／状況を成立させるひとつの実践であるという点を，エスノメソドロジーは「相互反

映性」というアイデアで説明する。ガーフィンケルは，このような具体的な実践における秩序のことを，ローカルな秩序と呼んでいる。

2.3 実践のもとでの概念の再特定化

ここまで述べてきたようなエスノメソドロジーのアイデアは，社会科学や哲学における基本概念（ガーフィンケルのいう「トピック」）に関して，「人びとの実践のもと」で問い直すという研究の方向性にも繋がる。このようなアイデアを，ガーフィンケルは1980年代から「再特定化（respecification）」と呼び，エスノメソドロジーの方針の一つとした。

例えば，L. サッチマンは，認知科学においてたびたび検討されてきた「プラン（計画，設計図）」という基本概念について，人びとの実践に差し戻して検討した（Suchman 1987=1999）。

このプランというものは，従来，その「専門家」によって綿密に検討され作成され，目的達成のためにデザインされるべきものとみなされてきた。その際，プランは，それを実行する実践者にとっての前提条件となるものとして，専門家にとっては可能な限り完全なプランをつくることが目標となる。一方で，この専門家が実践の場面を観察すると，プランの不完全な達成として理解することになる。プランを設計した専門家にとって，個々の実践は不完全なものであり，取るに足らない，その時々の偶然に生み出されたものである。

サッチマンが行ったのは，このプランが「人々の実践のもと」で使われる場面を見るということである。サッチマンは，人類学の基本である参与観察を実施した。そこで実際の相互行為において人びとが実際にやっていることを見ていくと，個々の行為は「プランに従って」なされるわけではないことがわかった。むしろプランは，参与者にとって，次に起きることを予測する，あるいは生じたことを反省的に検討するためのリソース（資源）として参照されるものであった。こうした取り組みにより，サッチマンは「プラン」概念を「再特定化」したのである。

ここで見られる態度は，プラン設計の専門家による，プランはこうあるべきである（価値判断），この場にふさわしいプランはこのようなものである（適

切性判断），本当に大切なプランはこのようなものである（重要性判断）という探求を一旦脇に置くという態度である。これを，ガーフィンケルは「エスノメソドロジー的無関心」と呼んだ。

　このように見ていくと，プランというものは，その専門家の課題である以前に，人びとが社会的活動を営むうえで日々直面し，どうにかして対処している課題の中にある。そうであるなら，それ自体の「やり方」について，人びとが実際にやっていることに即した記述から明らかにするという方法もあるはずである。エスノメソドロジーの関心は，このような「やり方」にある。実践の中で見ていくものは，もちろんプランだけではない。M. リンチ (1993=2012) は，科学研究における「観察」「発見」「表象」など（認識的トピックと呼ばれる）が，どのように科学の実践者によって使用されているかという課題を持って研究を行った。

　これらのことをガーフィンケルでは，「論理・目的・理由・合理的行為・証拠・同一性・証明・意味・方法・意識」(Garfinkel 1991: 18) という専門家（社会学者含む）が用いてきた分析上の道具を再特定化するとしている。つまり，これら「固有の『秩序』を持つ基本概念」を人びとの実践に埋め戻し，まさに人びと自身が社会的活動と関連させてそれらを用いているという観点から人びとの実践を記述することで「再特定化」が行われるのである。

2.4 実践の記述：会話の秩序と論理

　エスノメソドロジー研究がこれまで積み重ねられていくなかで，いくつかの注目されてきた研究対象とそれに対する取り組み方がある。ここでは，「会話分析」「論理文法分析」などについて紹介しながら，実践の記述について簡単に触れておこう。

　会話分析は，エスノメソドロジーのローカルな秩序への注目というアイデアを基にして，日常生活やワークプレイスにおける会話を社会現象として扱う手法である。会話分析はエスノメソドロジーから生まれた最も広く研究されている領域である。サックス，シェグロフ，ジェファーソンによる電話会話の分析（Schegloff and Sacks 1973; Sacks, Schegloff and Jefferson 1974 など）から始まり，現在では，テクノロジー，医療，法，教育，メディアなどさまざまな場

面でのビデオデータを用いた視線や身体動作を含めた相互行為の分析も行われている。その目的は，会話を含む相互行為上の体系的な組織構造を解明していくことにある。

　会話分析のアイデアに触れるために，以下のような会話について考えてみよう（より詳しくは，第1章などを参照）。

　［会話例1］
　A：おはよう
　B：おはよう

　この会話は，「挨拶―挨拶」という対だと見ることができる。なぜなら，Aの「おはよう」という発話に対してBもまた「おはよう」と返していることから，BはAの発話を「挨拶」として聞いたと言えるからだ。この2つの発話の組合せは，会話分析では「隣接対」と呼ばれる。
　このことは，また，Aの「おはよう」という発話は，その応答としてBができることを「条件付ける」性質を持っているといえる。たとえば，会話例1と違ってAの発話にBが応答しなかったとすると，Bは「沈黙」によって「挨拶を無視した」ことになる。なぜなら，Bは挨拶すべきところでしなかったからである。逆に，Bがにっこり笑って頭を前方に傾けると，会釈という挨拶に対する適切な応答である「挨拶」になる。このようにして会話には，（書き言葉の文法ではなく）相互行為の文法ともいえるものが使われていることがわかる。社会的相互行為は「本来的に社会的に構造化されている」のである（Francis and Hester 2004=2014: 7-8）。
　他方で，次の例のように，BはAの発話を「挨拶」として理解しないことも可能である。

　［会話例2］
　A：おはよう
　B：明日からはもっと早く起きるよ

Bは，Aの「おはよう」という発話を「挨拶」ではなく，早起きしていないBに対する「非難」として聞いていることがわかる。だから，それに対する「応酬」として，「明日からはもっと早く起きるよ」と言っているのである。このことは，Aの「おはよう」という発話の意味は，その字面だけ見ては理解できない。むしろ，その置かれた文脈／状況の中で理解し，それがどのように応答されるかによって意味づけられ，刷新されるのである。相互行為が社会的に構造化されるというのはこのことである。会話分析ではこのような社会的場面でのさまざまな活動がどのように組織されているか分析する[2]。

　さて，以上のような会話による相互行為を「論理文法」の視点から見てみよう。これはウィトゲンシュタインの発想をエスノメソドロジーに適用したJ. クルターやW. シャロックのアイデアである。まず，会話例1と2をみるとおり，挨拶をされたら必ず挨拶を返さねばならないわけではないことがわかる。BはAの発話の後に，ありうるすべての応答をすることが原理的には可能である。ただ，Bは数多くの発話の可能性のなかで，どれかひとつを選び出さなければならない。つまり，その選び方において，会話の組織は非常に「偶有的な (contingent)」特徴を持っている。このAの発話の後，会話例1では，Bは「おはよう」という応答を選ぶ。これは，挨拶には挨拶を返すという「アプリオリの (a priori/ 事前に定まった)」規範が参照されているということの証左である (Coulter 1983)。

　これら2つのやり取りを見比べてみよう。会話例1のやり取りは「挨拶—挨拶」の隣接対として理解可能である。会話例2のやり取りは，「非難—応酬」のやり取りとして理解できるだろう。双方ともにAの発話が「おはよう」であるにもかかわらず，こうした異なる理解が可能であるのは，「挨拶—挨拶」または「非難—応酬」の隣接対がそれぞれ規範的に結びついた対であるという点で「論理文法」として適切であることを示す。その一方で，「挨拶—応酬」または「非難—挨拶」という対は，規範的には結びつかない。もしそのようなことが起こってしまった場合は，「あいさつしただけなのに，非難と受け取られた！」などということになり，会話の参与者の間で規範を参照して調整されることになる。

　上記の事例では会話の隣接対という論理文法について見てきたが，人びと

は，社会的活動を組織し，理解可能にする実践において様々な論理文法を使っている。例えば，「見る」という物理的・生理的現象といわれる知覚における実践 (西阪 1997) や，「痛み」という個人的とみなされるものについても規範と論理という「概念の論理文法」に関わる社会的実践として考察することができる。このような，ひとつひとつの実践を「論理文法」として解明していくこともまた，エスノメソドロジーの課題である「人びとが社会生活を営むために用いるやり方」を探求することのひとつの観点なのである。

2.5 本書の読み方・使い方まとめ

　ここまでで，エスノメソドロジーの基本的な研究方針と，その実践の記述の仕方について紹介した。本書に収録されている論考は，いずれもエスノメソドロジーの基本方針に則ったものである。そして，上記で紹介した実践の記述の仕方のいずれかに関連した研究として，どの論考も見ることが可能である。しかしなにより重要なのは，本論に収録されている論考はすべてが「事例に基づくフィールド研究」だという点だ。

　エスノメソドロジー研究は，「人びとが実際にやっていること」を通して，そこでの「人びとの方法・方法論」を明らかにすることが目的であるから，その研究実践としては，徹頭徹尾，事例に基づいたフィールド研究でなければならない。ゆえに，「人びとが実際にやっていること」をどのように記述するのかという問題は，個々の事例ごとに考慮しなければいけない問題となる。また，「人びとが社会生活を営むために用いるやり方」はそれこそ無数にある。対象を「ワークプレイス」に限定してもなお，である。

　以上の理由から，本書では，基本書（テキスト）を指向しつつも事例集という体裁を採用し，できうる限り多くの事例に基づくフィールド研究を収録していく方針を採った。またエスノメソドロジー研究の対象が非常に多様であることと，それぞれの対象に対するアプローチの仕方もまた様々であることを理解できるようにした。それにより，ここまでで述べてきたようなエスノメソドロジーの基本方針や，実践の記述の仕方を複数の事例に基づくフィールド研究を通して重層的に理解できることを目指した。

　ただ，エスノメソドロジー研究を実際に行うためには，本書に収録された

論考だけでなく，できうる限りたくさんのエスノメソドロジーのフィールド研究を読むことが肝要である。そこで，本書は，各セクションの冒頭に，個々のトピックに関連した代表的な先行研究や学史について概説した「イントロダクション」を置き，よりたくさんのフィールド研究を読みたい人のためのブックガイド的利用も可能にした。

3. 本書のワークプレイス研究上の位置付け

3.1 情報学とエスノメソドロジー研究

　ワークプレイスを対象にしたエスノメソドロジー研究は，なんらかの「しごと」に関連した制度的場面を対象にした研究という条件で見るならば，エスノメソドロジーの創始者である H. ガーフィンケルによる陪審員研究（Garfinkel 1974=1987）や病院でのカルテの研究（Garfinkel 1967）など，初期のものにまでさかのぼることができる。

　しかし，今日，ワークプレイスを対象にしたエスノメソドロジー研究，すなわち「ワークプレイス研究」というとき，それは，1987年に刊行された L. サッチマンの『プランと状況的行為』（Suchman 1987=1994）をめぐる議論や，イギリスにおける W. シャロック，J. アンダーソン，G. バトン，J. ヒューズらマンチェスター大学・ランカスター大学のグループ，そしてキングス・カレッジの C. ヒースと P. ラフの研究グループ（90年初頭まではサリー大学）らの取り組みを出発点とする。

　これらの研究グループはいずれも，情報学（Informatics）のなかでも人びとの協調的なワークを支援することを目的とした研究領域である，「コンピュータに支援された協調的作業（Computer-Supported Cooperative Work: CSCW）」との連携，あるいは当該研究分野がこれまで採用していた方法・方法論への再考・再定義を指向して登場したものである。つまり，ワークプレイス研究とは，その初期においては，テクノロジーへの関心と相互行為や現場実践への関心から生じた「テクノロジーに支援されたワークのエスノメソドロジー研究」であったわけである。もっとも，こうしたことが可能であったのは，情報学側に需要があり，受け入れ体制がある程度整っていたからにほかなら

ない。では，当時の状況はどのようなものだったのだろうか。

3.2 CSCW の始まり

　CSCW は 1986 年に最初の国際学会が開催された。このとき，立役者のひとりである，情報工学者のグライフは，CSCW という分野が，コンピュータ技術を用いてグループで共同作業をするやり方についてのすべての観点と関連しており，コンピュータ科学，人工知能研究だけでなく，心理学，社会学，組織論，人類学など分野を超えて研究は進められるものだとしている (Greif 1988: 5)。このような提起をグライフが行った背景には，コンピュータの発展に伴い，コンピュータ作業者との対面的相互行為だけではなく，複数の人びとのワークを繋ぎ，支援することが可能になるような方向で展開してきたことがある (Grudin 1990)。もっとも，当時のコンピュータといえば，液晶画面ではなくブラウン管画面であるし，現在でいう基本ソフト (OS) やインターネット技術も数多くの選択肢の一つだった時代である。そのような時代からテクノロジーによる共同作業支援の可能性を広大に考えていたわけである。吉野 (2010) はこの研究分野が生まれた背景として，「従来対面で行われていた様々な協調作業を計算機とネットワークが仲介する。この計算機とネットワークの環境は，新しいコミュニケーションの形態を生み出し，社会学や心理学なども含めて幅広い分野の研究者によって注目されてきた」と述べている。

　この時，想定されている代表的なものはグループウェアである。グループウェアとは，時間・空間的に分離したグループのメンバーがコンピュータを介して共同作業を行なうものである。宗森 (2010) が「複数の人が協力して行う作業を協調作業というが，これを計算機やネットワークを用いて支援するのが協調作業支援である。協調作業支援の定義は広義には協調作業の効率を高めるような道具や方法論も含む」とまとめているとおり，多様な方向性も持っていた。また，後に石井 (1994: 5-6) は，情報機器のデザインは，ツールを設計するだけにとどまらず，そのツールを使用して引き起こされるワークスタイルそのものを設計することであると述べている。

　このように，1980 年代，情報学のなかに，社会科学的視点の導入を求め

る機運が生じた。では，誰が，どのように入っていたのか。現在，CSCW コミュニティには，それこそさまざまな分野の社会科学者が出入りしているが，そのなかでもエスノメソドロジーはいまも存在感をもっている。こうした展開の歴史には，J. グルーディンとL. サッチマン両名が当該分野に与えた影響力を無視することはできない。

　J. グルーディンは，マイクロソフト社に所属する情報学者である。彼は当該分野における社会科学導入の立役者の一人として知られている。特に，「なぜCSCWのアプリケーションは失敗するのか——デザインにおける問題と組織的インタフェースの発展」(Grudin 1988)[3]及び「コンピュータの到達——インタフェースデザインの歴史的連続性」(Grudin 1990)という論文では，コンピュータの技術的発展が組織的コミュニケーションを支援する方向に展開していることを指摘したうえで，その組織的コミュニケーションのダイナミクスを研究する視座が不足している点から社会科学的視点の導入が必要であると述べた。こうした動向は，コンピュータと人間の相互行為を探求する国際コミュニティCHI (Computer Human Interaction)や，ロボットと人間の相互行為を取扱うHRI (Human Robot Interaction)といった分野にも波及していく。

　以上のように，80年代当時，情報学，とくにCSCWでは，社会科学的視点の導入の必要性が高まっていた。この流れのなかに登場したのがサッチマンである。サッチマンの登場は，CSCW コミュニティにとってはこれまでなかった社会科学的視点として，エスノメソドロジーにとっては新たな活動分野の開拓として，非常に重要なものであった。次節では，サッチマンの登場のインパクトとその概略について述べる。

3.3　サッチマンの登場と状況的行為への注目

　サッチマンは，1979年から人類学者としてゼロックス・パロアルト研究所(PARC)に所属して人間と機械のインタラクションの研究を始めた。PARCは，マウスやマルチウィンドウといった現在のコンピュータでは当たり前になっている技術に繋がる発想を生み出した研究所である。

　サッチマンがフィールドワークによって観察を行ったのは，コピー機の使

用場面であったが，その後の情報機器のオフィスや日常での共同使用場面に関する研究への示唆をするものであった。

それまでの機械の設計は，人間の認知を情報処理過程として仮定して，適切な機能や操作手順を追加していくという旧来の認知科学的発想があった。サッチマンらが示したのは，まず実際に機械が人間によって使用される場面の観察から研究を始めるという発想の転換であった。これのような方法を，自然主義的観察という。エスノメソドロジーや会話分析では，「自然に生起する（naturally occurring）」実践の観察科学という発想があり，条件統制された実験状況ではなく，自然に行われた相互行為のデータを観察して記述することから研究を行っていた。

このような発想に基づいて行われたサッチマンによるプラン（計画，設計）の研究も，実際の社会環境／使用状況の中での観察に基づくものだった。旧来の認知科学や情報学において，プランというものは，「行為の前提条件」であり「あらかじめ想定された目的を達成するためにデザインされた行為の系列」（1987=1999: 27-28）とされた。つまり，プランは行為のための生成メカニズムであり，行為はプランによって生み出される。しかし，実際の使用場面の観察をすると，プランというものはそのように「使われて」いないことがわかる。たとえ事前に綿密なプランが設計され，そのとおり実行しようとしても，実際にはそのプランに厳格に沿って実践がなされることはない。むしろ，その実践場面では，その場にある様々なリソース（資源）を使いながら，その場その場で状況に応じて，さまざまな活動が実施されていくことになる。その際，プランは，その場の参加する人々にとって，行為を予測し，時に反省的に推論する際のリソースの一つとしてその状況に埋め込まれるのである。

このようなサッチマンの研究は，社会学的な分析と対比することでも革新的である。伝統的な社会学による社会的場面・労働／作業場面の分析によれば，（アイデンティティの確立した）近代的な個人が「役割取得」して，「組織文化」に「再社会化」されるという社会学的メタファー／用語系で状況説明をしていく方法がとられる。例えば，作業者が機械操作（コピー機）で失敗するのは，企業の「組織文化」で必要とされる「役割取得」がなされておらず，企

業が適切な技術や知識を教育することによって「再社会化」することができる，と。しかし，サッチマンがフィールドとした人間—機械・コミュニケーションやCSCWで重要なのは，そのような後付的な説明ではなく，具体的な相互行為に沿った「リアルタイム」の記述と分析である。エスノメソドロジーや会話分析が注目されたのは，実際に作業者が機械（コピー機）を使って失敗する場面の具体的な実践を詳細に記述し，分析することができるからである。こられによって，個別の機械やコミュニケーション・システムの実際の使用場面や，具体的な活動の組合せ（組織化）が分析されることになる。

このような「リアルタイム」の記述と相互行為の分析をした成果は，システムの設計者に分析成果がフィードバックされ，新たなシステムが生み出されることになる。サッチマンらが目指したのは，このような具体的な実践の記述・分析から，システム設計への継ぎ目のない接続をすることでもあった[4]。

3.4. 1990年代からの展開

サッチマンの登場以降，CSCW研究へのエスノメソドロジストの参画が進んでいった。イギリスにおけるキングス・カレッジ（ロンドン大学）のグループやマンチェスター大学・ランカスター大学のグループはその代表である。現在では，CSCW研究の場としてCSCW国際学会がある他，欧州では，ECSCW学会が1987年より開催されている（CSCW国際学会がどちらかというと企業開発中心であるのに対して，ECSCWはリサーチ指向だと言われている）。また，この研究の初期にはイギリスにおける研究グループの他にも，サッチマンが当時所属していたパロアルト研究所周辺の取り組みのひとつである「ワークプレイス・プロジェクト」など，様々な取り組みが展開していった。ここでは，これらの動向について簡単に紹介する。

3.4.1 C. ヒースとP. ラフとキングス・カレッジ

キングス・カレッジ・ロンドンの経営学部に所属していたC. ヒースとP. ラフは，会話分析の成果やビデオデータを用いた分析を取り入れたワークプレイス研究を進めてさまざまなフィールドワークを行い研究成果を上げて

いった。

　ヒースは，1980年代より，医者—患者間の相互行為場面をフィールドとしており（Heath 1986），その関係で，医者が使用するカルテへの注目（Heath 1982）していた。その継続として，ラフとの共同研究を行った電子カルテの研究が CSCW コミュニティで発表される（Heath and Luff 1996; Luff 2000）。これらの研究と共に，ロンドン地下鉄の研究（Heath and Luff 1991），ゼロックスのヨーロッパにおける研究所「ユーロ PARC」との共同研究による，建築設計における人間とコンピュータの相互行為（Luff and Heath 1993），などにより，ヒースらは CSCW の研究コミュニティへ入っていくことになる。

　いずれも会話分析の影響を強く受けた研究であり，対象場面で起きたやり取りの微細な書き起こしをベースに，分析を進めていくスタイルである。当時キングス・カレッジ・ロンドンの経営学部に所属していた彼らは，「労働・技術・インタラクション（Work, Technology and Interaction（WTI））」グループを作り研究を展開していく。

　彼らの研究は，2000年初頭にひとつのまとまりを見た。それが Workplace Studies（Luff et al. 2000）と Technology in Action（Heath et al. 2000）である。本書のタイトル『ワークプレイス・スタディーズ——はたらくことのエスノメソドロジー』は，同書に敬意を表して付けられた。

　ヒースとラフは，英国内外の様々な研究者と共同研究を行っている。その中には，山崎敬一や葛岡英明らとの共同研究である遠隔作業場面の研究もあり（Kuzuoka et al. 2004），日本国内の情報学分野でも知られた存在である（具体的な内容については本書の第10章・是永他論文を参照）。その後も彼らは，オークション場面の研究やさまざまな労働場面を対象にした相互行為分析の著作を発表している（Llewellyn and Hindmarsh eds. 2010; Heath 2014）。

3.4.2　マンチェスター大学・ランカスター大学

　前項のヒースとラフがどちらかというと会話分析を利用した相互行為分析を主眼に置いているのに対して，マンチェスター大学・ランカスター大学の研究グループは，「エスノメソドロジーに指向したエスノグラフィー」あるいは「エスノメソドロジーにインフォームされたエスノグラフィー」（Hughes et al. 1994）として研究を展開していることに特徴がある。

　これらの主な担い手は，W. シャロックや J. ヒューズ，G. バトンや，その第2世代である M. ラウンスフィールド，D. ランドール，A. クラブトゥリーなどである。この研究グループは，90年代には特に情報学との連携が強く，ランカスター大学では社会学部の教員と情報工学部の教員による「CSCW 研究所」が設立された。

　後に，CSCW 研究所に参加していた情報学者たち（ロッデンなど）はノッティンガム大学に拠点を移すが，そこで設立された「ヴァーチャル・リアリティ研究所」にはエスノメソドロジストが教員あるいは博士研究員（ポスドク）として在籍するなど，現在でも相互交流は続いている。

　マンチェスター大学・ランカスター大学の研究グループの名を高めたのは，航空管制塔のワークの研究である（Bentley et al. 1992）。この他にも，印刷所のワークの研究や（Button and Sharrock 1997），投資銀行のワークの研究（Harper et al. 2000）など，フィールド調査の成果は多岐に渡っている。

　こうした1980～90年代における W. シャロック・G. バトン・J. ヒューズらを中心としたマンチェスター大学・ランカスター大学の研究グループの薫陶を受けた研究者は，現在，イギリスを中心に，さまざまな場面のテクノロジーをめぐるワークを対象にした研究を進めている（例えば，Crabtree et al. 2000; Brown et al. 2001; Martin et al. 2007）などである。こうした人びとは，"Team Ethno" というオンライン活動を行っていた[5]。また，そうした人びとのキャリアパスは，「社会学」枠内に限定されず，情報学や認知科学など領域横断的に活動しているのが特徴である。

　この学派は，近年，エスノメソドロジーに指向したフィールドワークの論文集をまとめ，Ethnomethodology at Work と Ethnomethodology at Play として出版した。そこでは，自分たちは「ガーフィンケルの門徒」ではなく，「マンチェスター／ランカスターの門徒」つまりシャロック・バトン・ヒューズ・ワトソンの門徒である（Rouncefield and Tolmie 2011 xxi）と述べているとおり，研究グループとしての意識が強い。また，彼らは，教科書（Button and Sharrock 2009）を作るなど，後進の育成にも熱心である。コンピュータのシステム・デザイン研究との協働を念頭において，Designing Collaborative Systems: A

Practical Guide to Ethnography（Crabtree 2003），Fieldwork for Design（Rouncefield et al. 2007），Doing Design Ethnography（Crabtree, Rouncefield and Tolmie 2012）など論集も出版している。こうした研究領域を横断する「協働」指向は，先述した航空管制塔調査から脈々と受け継がれてきたものである。これらの著作は，情報学者とエスノメソドロジストとの協働について検討してきた議論（Hughes et al. 1992; Button and Dourish 1996など）の文脈上にある。

3.4.3. ワークプレイス・プロジェクト

サッチマンらパロアルト研究所のメンバーと，C. グッディン，M.H. グッディンらによる，ビデオカメラを用いた航空管制塔や巨大船舶のコックピットなどのフィールドワーク，通称「ワークプレイス・プロジェクト」のことも忘れてはならない。このプロジェクトは，航空管制塔の調査から「協調の中心」(Suchman 1997) といった概念を導出するなど，テクノロジーに支援された人びとの協調作業を調査する際の注目点を提示したという点において，非常に重要な研究である。これらワークプレイス研究の成果は，状況論などの隣接分野にも影響し，分散認知（Hutchins 1995）の議論のきっかけを作るなどした。

3.5 日本における展開

これまで述べてきた研究動向については，日本でもかなり早い段階で紹介・検討されていた。特に情報学では，石井裕（現在，MIT・メディアラボ副所長）が，1990年のCSCWロサンゼルス大会でチームワークステーションについての発表を行うなどグループウェアと共同作業研究の機運は高まっていた。認知科学では，1994年に『認知科学の発展』第7巻で「分散認知――認知の状況依存性と分散認知」という特集が組まれ，社会学でもいくつかの論考がなされた（山崎他 1995; 水川 1995）。その後，1999年に，佐伯胖・上野直樹・水川喜文・鈴木栄幸によって，サッチマンの『プランと状況的行為』が翻訳され出版されている。

ロボティクスとの協働としては，山崎敬一（埼玉大学）が，葛岡英明（筑波大学）らとの共同研究の他，ロボットビジョンを専門とする久野義徳とのイ

ンタラクティブなロボットに関する共同研究を進めた (Yamazaki et al. 2007)。このように，1990年代半ばには国内に紹介されてきたワークプレイス研究であるが，その後，社会学会内で十分に展開されてきたとは言い難いだろう。

さらに，状況的学習論を牽引していた上野直樹を中心とした研究グループとエスノメソドロジストが合流し，勉強会が開催されてきた。その成果として，特に状況論からは，先述のワークプレイス研究の先行事例に影響された論文集が相次いで出版された。上野編 (2001)，茂呂 (2001)，加藤・有元 (2001) などである。同様に，レイヴとウェンガーなどヴィゴツキー派などとの接点も生まれた。

4. 本書に収められた論考の紹介

さて，本書では，4つのセクションのまとまりに分けて構成してある。ここではそれぞれのセクションにおける基本的なコンセプトを紹介したい。

まず，セクション1の「サービスエンカウンター／カスタマーサービスというフィールド」では，江戸前鮨のカウンター，住宅リフォームの顧客対応，ガンに関する電話相談サービスというそれぞれ異なる場面を「サービスエンカウンター」や「カスタマーサービス」という視点で捉え直している。ワークプレイス研究というと，先に述べたとおりテクノロジーや情報機器の共同作業の研究から始まったが，現在ではより広くさまざまな共同作業における現場の実践を捉える研究とされる傾向もある。そのため，本書では，本セクションのようなサービスエンカウンターやカスタマーサービスの共同作業のあり方を明らかにする研究を収録している。

セクション2「組織コミュニケーションのデザイン」では，ロボットラボにおけるリーダーシップ，製造業のハードウェア設計者のグループ業務，住宅リフォーム業者の朝会議を対象にして，組織におけるコミュニケーションのあり方に焦点を当てて分析している。ロボットラボの研究においては，リーダーという存在についての実践の場面でのあり方を明らかにし，実践的マネジメントという発想を用いて，情報という概念の捉え直し／再特定化 (respecify) を試みている。また，住宅リフォーム会社の調査研究では，工事

現場から離れた会議という現場における情報共有，課題解決の組織的あり方について言及している。

　セクション3「プロフェッションと実践の中の道具／メディア」では，さまざまな道具やメディアが，それぞれの専門家によっていかに実践の中に埋め込まれていくのかを例証している。急性期看護場面では，患者本人が感じる痛みを，「痛みスケール」によって「評価」して看護師のカンファレンスで共有するありさまを明らかにしている。また，柔道整復師は，専門家として見える超音波画像装置に映る「腱」の映像を患者と共に見ることによりインフォームド・コンセントを示すやり方を明らかにしている。航空管制のフィールドワークでは，レーダー画面をめぐる管制官の実践におけるリクス管理のあり方を明らかにしている。

　セクション4「メディアとデザインのインタフェース」では，メディアを用いた共同作業のデザインに関して，配管工事の携帯電話，ICT教育における教育機器，視聴者支援のための動画ソフトウェア製作の場面を扱っている。これらのメディア機器それ自体やその使用法に関して，参加者の相互行為の状況に応じてフィットさせていく，つまりデザインしていくことは，現場の共同作業者にとって重要な事柄である。このセクションでは，さまざまなメディアが，その現場においてどのように使われ，状況に埋め込まれていくかということを明らかにしている。

　このように，本書では，エスノメソドロジーと会話分析を研究方法の中心において，「働くこと」の実践される現場である，テクノロジーが使用される現場，さまざまな協働作業の現場やそこでのコミュニケーションに焦点を当てた研究をコレクションしている。これらの研究は，もともとテクノロジー／情報技術のフィールドワークから開始され，コミュニケーション・システムの構築や共同活動の支援という方向で，人々が共に働く実践を研究対象としてきた。本書では，さらに，「働くこと」に関わるさまざまな共同実践を現場に立ち返って記述して分析することを目指すものである。

注
(1) エスノメソドロジーの基本概念については，前田・水川・岡田編（2007）も参照。

⑵ このとき，AとBの社会的関係はどのようなものだろうか？ それによって二人の相互行為はどのようにデザインされるだろうか？ このような設問に答えるためは綿密なフィールドワークや参与観察が必要であり，その上で「成員カテゴリー分析」を使うことができる（第2章，第3章も参照）．
⑶ なお，この論文は "Recipient of the First CSCW Lasting Impact Award" (Presented at CSCW 2014) を受賞している．
⑷ CSCW コミュニティにおいて，エスノメソドロジーとほぼ同時期に注目されたものとして，ドレイファス経由の現象学的視点がある．ウィノグラードとフローレスは，それによるエキスパートシステムに関する議論を行った．サッチマン–ウィノグラード論争も参照のこと（Suchman 1994a, 1994b; Winograd 1994）
⑸ このサイトは，グラスゴー大学研究員の J. ロックスビーがアーカイブとして保存している（2015年10月15日取得 http://archive.cs.st-andrews.ac.uk/STSE-Handbook/Other/Team%20Ethno/TeamEthno.html）

参考文献

Agre, P., 1994, "Accountability and discipline: A comment on Suchman and Winograd," *Computer Supported Cooperative Work(CSCW)*, 3(1): 31-35.

Bentley, R., Hughes, J., Randall, D., Rodden, T., Sawyer, P., Shapiro, D. and Sommerville, I., 1992, "Ethnographically-informed Systems Design for Air Traffic Control," CSCW '92, 123-129.

Bogen, D., 1994, "Do Winograd and Flores Have Politics?" *Computer Supported Cooperative Work(CSCW)*, 3(1): 79-83.

Button, G. ed. 1993, *Technologies in Working Order: Studies of Work, Interaction and Technology,* Routledge.

Brown, T., 2009, *Change by Design: How Design Thinking Transforms Organizations and Inspires Innovation,* Harper Business.（＝2014, 千葉敏生訳『デザイン思考が社会を変える』早川書房．）

Button, G. and Dourish, P., 1996, "Technomethodology: Paradoxes and Possibilities," *CHI '96,* 19-26.

Button, G. and Sharrock., 2009, *Studies of Work and the Workplace in HCI: Concepts and Techniques (Synthesis Lectures on Human-Centered Informatics),* Morgan and Claypool Publishers.

Button, G. and Sharrock, W., 1997, "The Production of Order and the Order of Production: Possibilities for Distributed Organisations, Work and Technology in the Print Industry," *ECSCW '97,* 1-16.

Coulter, J., 1983, "Contingent and A Priori Structures in Sequential Analysis," *Human Studies,*

6(1): 361-376.

Crabtree, A., 2003, *Designing Collaborative Systems: A Practical Guide to Ethnography,* Springer.

Crabtree, A., Nichols, D.M., O'Brien, J., Rouncefield, M., and Twidale, M., 2000, "Ethnomethodologically-informed Ethnography in Information Systems Design", *Journal of the American Society for Information Science and Technology,* 51(7): 666-682.

Crabtree, A., Rouncefield, M. and Tolmie, P., 2012, *Doing Design Ethnography,* Springer.

Curtis, B., 1994, "Can speech acts walk the talk?," *Computer Supported Cooperative Work(CSCW)*, 3(1): 61-64.

Dourish, P. and Button, G., ,1998, On "'Technomethodology': Foundational Relationships between Ethnomethodology and System Design," *Human-Computer Interaction,* 13(4): 395-432.

Kishimoto, K., 2011, "Fujitsu Learned Ethnography from PARC: Establishing the Social Science Center," Szymanski, M. and Whalen, J. eds., *Making Work Visible: Ethnographically Grounded Case Studies of Work Practice,* Cambridge University Press, 327-335.

Francis, D. and Hester, S., 2004, *An Invitation to Ethnomethodology,* Sage.（＝ 2014 中川伸俊・岡田光弘・是永論・小宮友根訳『エスノメソドロジーへの招待』ナカニシヤ出版．)

小宮友根, 2007,「規範があるとは、どのようなことか」前田泰樹・水川喜文・岡田光弘編『エスノメソドロジー（ワードマップ）』新曜社, 99-120.

Fitzgerald, R. and Housley, W., eds., 2015, *Advances in Membership Categorisation Analysis,* Sage.

Garfinkel, H. 1974, "The origins of the term ethnomethodology," Turner, R. ed. Ethnomethodology, Harmondsworth, UK: Penguin, 15-18. [Excerpt from R.J. Hill and K.S. Crittenden eds., 1968, *Proceedings of the Purdue Symposium on Ethnomethodology,* Lafayette, IN: Purdue University Press.]（＝ 1987「エスノメソドロジー命名の由来」in ガーフィンケル , 1987）

Garfinkel, H., 1967, *Studies in Ethnomethodology,* Englewood Cliffs, NJ: Prentice-Hall.（＝ 1987 山田・好井・山崎訳（部分訳））

ガーフィンケル, H. 1987 山田・好井・山崎訳『エスノメソドロジー――社会学的思考の解体』せりか書房.

Garfinke, H. and Sacks, H., 1972, "On formal structures of practical action," McKinney, J. C. and Tiryakian, E. A. eds., Theoretical Sociology, Appleton-Century-Crofts, 338-366. Reprinted in: H. Garfinkel, ed., 1986, *Ethnomethodological Studies of Work,* Routlege, 160-193.

Garfinkel, H., 1967, *Studies in Ethnomethodology,* Polity.

Garfinkel, H., 1991, "Respecification: evidence for locally produced, naturally accountable phenomena of order*, logic, reason, meaning, method, etc. in and as of the essential haecceity of immortal ordinary society (I) an announcement of studies," Button, G. ed., *Ethnomethodology and the Human Sciences,* Cambridge University Press, 10-19.

Greif, I., 1988, "Overvew," Greif, I. ed., *Computer-Supported Cooperative Work: A Book of Readings,* Morgan Kaufmann Publishers, 5-12.

Grudin, J., 1988, "Why CSCW applications fail: Probrems in the design and evaluation of organizational interfaces," *CSCW'88,* 85-93.

Grudin, J., 1990, "The computer reaches out: the historical continuity of interface design," Chew, J. C. and Whiteside, J. eds., *Proceedings of the SIGCHI conference on Human factors in computing systems: Empowering people (CHI '90),* ACM, 261-268.

Grudin, J. and Grinter, R., 1994, "Ethnography and design," *Computer Supported Cooperative Work (CSCW),* 3(1): 55-59.

岸本考治・寺澤真紀・平田貞代 (2009)「ビジネス・エスノグラフィと組織モニターによるワークスタイル変革」『Fujitsu』60(6):591-598.

Harper, R. H. R., 1995, "Radicalism, beliefs and hidden agendas," *Computer Supported Cooperative Work (CSCW),* 3(1): 43-46.

Harper, R., Randall, D. and Rouncefield, M., 2000, *Organisational Change and Retail Finance: An Ethnographic Perspective,* Routledge.

Heath, C., 1982, "Preserving the consultation: medical record cards and professional conduct," *Sociology of Health and Illness,* 4(1): 56-74.

Heath, C., 1986, *Body Movement and Speech in Medical Interaction,* Cambridge University Press.

Heath, C., 2014, *The Dynamics of Auction: Social Interaction and the Sale of Fine Art and Antiques,* Cambridge University Press.

Hester, H. and Eglin, P., 1996, *Culture in Action: Studies in Membership Categorization Analysis,* University Press of America.

Heath, C. and Luff, P., 1991, "Collaborative activity and technological design: Task coordination in London Underground control rooms," *ECSCW'91,* 65-80.

Heath, C. and Luff, P., 1996, "Documents and professional practice: "bad" organisational reasons for "good" clinical records," *CSCW '96,* 354-363.

Heath, C. and Luff, P., 2000, *Technology in Action,* Cambridge University Press.

Hutchins, E., 1995, *Cognition in the Wild,* The MIT Press.

Hughes, J., Randall, D. and Shapiro, D., 1992, "From Ethnographic Record to System Design: Some Experiences from the Field," *Computer Supported Cooperative Work(CSCW)*, 1(3): 123-141.

Hughes, J., King, V., Rodden, T. and Andersen, H., 1994, "Moving out from the control room: ethnography in system design," *CSCW '94,* 429-439.

Ishii, H., 1990, "Teamworkstation: Towards a seamless shared workspace", *Proceedings of CSCW '90*, October Los Angeles pp13-26.

石井裕 , 1994,『CSCW とグループウェア——協創メディアとしてのコンピュータ』オーム社 .

加藤浩・有元典文編 , 2001,『認知的道具のデザイン』金子書房 .

Kuzuoka, H., Kosaka, J., Yamazaki, K., Yamazaki, A. and Suga, Y., 2004, "Dual ecologies of robot as communication media: Thoughts on coordinating orientations and projectability," *CHI'04*, 183-190.

Luff, P., 2000, "'Interaction' with computers in architecture," Heath, C. and Luff, P. eds., *Technology in Action*, Cambridge University Press, 155-178.

Luff, P. and Heath, C. 1993, "System use and social organization: Observation on human-computer interaction in an architectural practice," in Button ed., 184-210.

Luff, P., Hindmarsh, J. and Heath, C. eds., 2000, *Workplace Studies: Recovering Work Practice and Informing System Design*, Cambridge University Press.

Llewellyn, N. and Hindmarsh, J. eds., 2010, *Organization, Interaction and Practice*, Cambridge University Press.

Lynch, M., 1993, *Scientific Practice and Ordinary Action*, Cambridge University Press.（= 2012, 水川喜文・中村和生監訳『エスノメソドロジーと科学実践の社会学』勁草書房 .）

Lynch, M., 1994, "On making explicit," *Computer Supported Cooperative Work(CSCW)*, 3(1): 65-68.

Malone, T., 1994, "Commentary on Suchman article and Winograd response," *Computer Supported Cooperative Work(CSCW)*, 3(1): 37-38.

前田泰樹・水川喜文・岡田光弘 , 2007『エスノメソドロジー—— 人びとの実践から学ぶ（ワードマップ）』新曜社 .

前田泰樹 , 2015,「『社会学的記述』再考」『一橋社会科学』7: 39-61.

Martin, D., Rooksby, J., Rouncefield, M. and Sommerville, I., 2007, "'Good' Organisational Reasons for 'Bad' Software Testing: An Ethnographic Study of Testing in a Small Software Company," *ICSE 2007*, 602-611.

松波晴人 , 2011,『ビジネスマンのための「行動観察」入門』講談社 .

Michelis, G., 1994, "Categories, debates and religion wars," *Computer Supported Cooperative Work(CSCW)*, 3(1): 69-72.

水川喜文 , 1995,「合理主義・工学的発想・協同作業——ウィノグラードらの認知科学的アプローチとガーフィンケルの接点」『社会学論考』（東京都立大学社会学研究会）16: 106-127,.

水川喜文 , 2004,「認知科学・情報科学とエスノメソドロジー」山崎敬一編『実践エスノメソドロジー入門』有斐閣 , 204-210.

水川喜文, 2007,「エスノメソドロジーのアイディア」前田泰樹・水川喜文・岡田光弘『ワードマップエスノメソドロジー――人びとの実践から学ぶ』新曜社, 4-34.

茂呂雄二編, 2001,『実践のエスノグラフィ』金子書房.

宗森純, 2010,「CSCW」電子通信学会,「『知識の森』3群（脳・知能・人間）8編（コラボレーションシステム）1章（CSCWとグループウェア）」, 2-4.（2015年10月15日取得, http://www.ieice-hbkb.org/files/S3/S3gun_08hen_01.pdf.）

西阪仰, 1997,『相互行為分析という視点』金子書房.

Orlikowski, W., 1994, "Categories: Concept, content, and context," *Computer Supported Cooperative Work(CSCW)*, 3(1): 73-78.

Randall, D., 1994, "A comment on Lucy Suchman's 'do categories have politics?'" *Computer Supported Cooperative Work(CSCW)*, 3(1): 47-50.

Randall, D., Harper, R. and Rouncefield, M., 2007, *Fieldwork for Design: Theory and Practice,* Springer.

Rouncefield, M. and Tolmie, P., 2011, *Ethnomethodology at Work,* Ashgate.

Sacks, H., Schegloff, E. and Jefferson, G., 1974, "A simplest systematics for the organization of turn-taking in conversation," *Language,* 50: 696-735.

Sacks, H., 1972, "An Initial Investigation of the Usability of Conversational Data for Doing Sociology," Sudnow, D. ed., *Studies in Social Interaction,* Free Press, 31-74.

Sharrock, W. and Randall, D., 2004, "Ethnography, Ethnomethodology and the Problem of Generalization in Design," *European Journal of Information Systems,* 13(3): 186-194.

Schegloff, E. and Sacks, H., 1973, "Opening up closings," *Semiotica,* 8: 289-327.

Suchman, L., 1987, *Plans amd Situated Actions: The Problem of Human-Machine Communication,* Cambridge University Press.（= 1999, 佐伯胖監訳・上野直樹・水川喜文・鈴木栄幸訳『プランと状況的行為――人間 – 機械コミュニケーションの可能性』産業図書.）

Suchman, L., 1994a. "Do Categories have Politics?" *Computer Supported Cooperative Work(CSCW)*, 2(3): 177-190.

Suchman, L., 1994b, "Speech acts and voices: Response to Winograd et al.," *Computer Supported Cooperative Work(CSCW)*, 3(1): 85-95.

Suchman, L., 1994c, "Working Relations of Technology Production and Use," *CSCW'94,* 21-39.

Suchman, L., 1997, "Centers of coordination : A case and some themes," Resnick, L., Saljo, R., Pontecorvo, C. and Burge, B. eds., *Discourse, Tools, and Reasoning: Essays on Situated Cognition.* Springer-Verlag, 41-62.

Sommerville, I., Rodden, T., Sawyer, P. and Bentley, R., 1992, "Sociologist Can be Surprisingly Useful in Interactive Systems Design," CHI'92, 341-353.

Szymanski, M. and Whalen, J. eds., *Making Work Visible: Ethnographically Grounded Case*

Studies of Work Practice, Cambridge University Press.

田村大 , 2009,「ビジネス・エスノグラフィ——機会発見のための質的リサーチ」『計測と制御』48(5): 399-40.

上野直樹編 , 2001,『状況のインタフェース』金子書房 .

山崎敬一・上野直樹・山崎晶子・高山啓子・上谷香陽・浦野茂・中村和生・岡田光弘 , 1995,「CSCW と相互行為分析——テクノロジーのエスノメソドロジー」『現代社会理論研究』5: 93-126.

山崎敬一 , 2000,「組織と技術のエスノメソドロジー—現場学の最前線」今田高俊編『リアリティの捉え方』有斐閣 .

Yamazaki, K., Kawashima, M., Kuno, Y., Akiya, N., Burdelski, M., Yamazaki, A. and Kuzuoka, K., 2007, "Request and Prior-to-request behaviors within Elderly Daycare: Implications for Developing Service Robots for use in Multiparty Settings," *ECSCW2007,* 61-78.

吉野孝 , 2010,「CSCW とグループウェア」電子通信学会「『知識の森』3 群（脳・知能・人間）8 編（コラボレーションシステム）」1.（2015 年 10 月 15 日取得 , http://www.ieice-hbkb.org/files/S3/S3gun_08hen_01.pdf）

Winograd, T., 1994, "Categories, Disciplines, and Coordination," *Computer Supported Cooperative Work (CSCW),* 2(3): 191-197.

セクション1

サービスエンカウンター／カスタマーサービスというフィールド

イントロダクション

1. サービスエンカウンター／カスタマーサービスへの接近

　このセクションでは，サービスエンカウンターやカスタマーサービスの現場をひとつのワークプレイス（働く現場）としてとらえて考察した，エスノメソドロジーと会話分析による研究を収めている．

　序章でも述べたとおり，人びとが働く現場における状況づけられた(situated)実践（Suchman 1987=1999）のあり方は，長くエスノメソドロジー／会話分析の分析対象になってきた（Luff, Hindmarsh and Heath 2000）．「働く現場」と一口にいっても，その様態にはさまざまなものがある．産業形態，業種，職種，セクター，組織規模，組織構造などの種々の要因が，人の働き方を決めている．その中でも，このセクションの研究は，対人サービスを中心に取り上げて，サービスの提供者と消費者・利用者の相互行為をフィールドに定めたものとなっている．

　このような研究が興隆した背景としては，産業構造の現代的変化に伴いサービス業の従事人口が増加するにつれ，サービスの生産・消費過程を，他の商品のそれとは区別して整理し，科学の対象として捉え直そうとする動きが生まれてきたことがあげられる．この動きは「サービス学（serviceology）」「サービス科学（service science）」と呼ばれる研究領域を形成しつつある．2002年頃に米国 IBM 社のアルマデン研究所で発祥したとされるサービス科学は，経営工学や経営学，消費者心理学，社会学，システム科学などに跨った学際的な研究領域であり，日本でも 2013 年にサービス学会が設立され，第一回国内大会と国際大会が開かれた．これらを含めた学問的潮流におけるエスノメソドロジー／会話分析の応用可能性を探ることも，このセクションの目的でもある．

　まず，サービス産業における会話分析の研究対象・「相互行為」の位置を整理しておこう．生産と消費とが別の場所で生じる財と異なり，多くの

サービスは生産と同時に消費され，両者が不可分に結びついている（Zeithaml, Parasiraman and Berry, 1985）．このため消費に際してはモノ（生産物）だけではなく，それを含めたコト（消費過程）全体が価値を生み出すことになる．このとき重要なのは，サービスの生産者と提供者だけではなく，消費者・利用者の側も「コト」に参与することによって価値を共創する（Vargo and Lusch 2004）ということである．もちろん顧客満足もまた，コトの経験の中に生じる．この，価値創造への消費者の参与の過程に，会話分析が貢献する余地がある．そもそもサービスの特徴の一つは，生産者／提供者と消費者との相互作用にある．この相互作用のうち，直接的な相互行為をサービスエンカウンターという（浅井 2003; Solomon, Suprenant, Czepiel and Gutman 1985）．そしてサービスの現場におけるコトとは，まさにサービスエンカウンターである．これをどう調べ，デザインしていくかは，サービス科学にとって中心的な課題の一つである．

　サービスエンカウンターを調べるにあたって忘れてはならないことは，生産者や提供者の作業，消費者の動作，提供されるサービスや店内の人工物の配置（Bitner 1992）などの諸要素を，個別に切り離して分析を加えても限定的な結果しか得られないということである．というのもサービスエンカウンターの「場」の秩序は，具体的な環境の中で，その場の道具を使いながら，決められた作業の手順を参照しつつ，他の従業員との分業関係を管理し，刻一刻と変化する客とのやり取りの状況に適応して作業を実施する協働的な実践の中にあらわれる性質をもっているからである．

　例えば「科学的管理法」などのように，ムダ・ムリ・ムラを無くすために，労働者の動作の効率性や合理性を調べても，サービスエンカウンターにおいては個人の作業の効率性や合理性だけが評価基準とはならない．作業の省力化は，顧客に機械的な印象を与えるかもしれない．労働者の心の働きや人間としての特性を調べても，相手（消費者）とのやり取りの分析にはなっていない．労働者同士の組織上の関係（公式組織／非公式組織，リーダーシップ，組織の意思決定など）を調べることも，消費者行動や消費者心理を調べることも同様の問題を抱えている．

　およそ20年前に，サービスエンカウンターが必ず物理的な環境の中で行

われることを指摘し，店舗の環境デザインの重要性を説いたM. J. ビットナーは，この物理的環境の中で行われる相互行為を調べるための経験的分析手法の欠如を嘆きながら，直接観察がその候補になりうる可能性に言及していた（Bitner 1992: 68）．こうした，個別具体的な「場」の状況に埋め込まれて行われる実践そのものを，要素を分解して単純化することなく調べなければならない．

　ビジネスにおけるエスノグラフィの国際会議EPIC（Ethnographic Praxis in Industry Conference）や，行動観察（行動科学研究所，松波 2011）などといった，ビジネス（とくにサービス）の現場に観察（参与観察や直接観察）手法を持ち込む昨今の潮流は，サービスの現場の「場」としての性質を，現場のリアリティから総体的に調べる必要性への認識の高まりに呼応して形成されてきたものといえるかもしれない．

2. エンカウンターからサービスエンカウンターへ

　さて，サービスエンカウンターの「エンカウンター」とは，何を意味しているのだろうか．ゴフマンは「エンカウンター（出会い）」を焦点化された (focused) 相互行為と位置づけ，焦点化された相互行為にはそれ自体の組織化原理が存在することを指摘した（Goffman 1964）．会話分析はこの命題に正面から取り組み，日常会話を主戦場に経験的な分析の知見を積み重ねてきた．他方で会話分析は，サービスエンカウンターの場面も当然射程に収めてきた（Kuroshima 2010; Lee, 2011; Merritt 1976; Pinch and Clark 1986）．例えば，メリット（1976）では，カフェにおける「質問」に「質問」が続くという会話のパターン（例：「コーヒー，テイクアウトで」「お砂糖とミルクは入れますか？」）などからサービスエンカウンターの相互行為の談話構造を明らかにしようとした．

　しかしそれらは，働く現場（ワークプレイス）やサービスエンカウンターという「場」をあまり問題にしてこなかったし，その「場」を組織するような人びとのワーク（Garfinkel 2002）を調べるものにはなっていなかった．ガーフィンケル（2002, 2007: 16）が「shop floor problems」と喩えたように，環境的要素を含めた複雑極まりない状況下での実践が，その場の秩序の固有性を作り出

している．サービスエンカウンターにはその「場」独自の仕掛けがあり，その「場」で各々の「役割」を演じながら（Solomon, Suprenant, Czepiel and Gutman 1985），店員と客とがやり取りを成立させていく．ゴフマン（1959）がドラマツルギーの概念を用いて説明したように，サービスエンカウンターの現場では「場」自体が作り上げられる，その実践に注目する必要がある．

たとえばメニュー表は，店の仕組みを知らせ，客が客として適切に振る舞うためのインストラクションを行う仕掛けになっており，そのメニュー表を使って注文するよう相互行為が組み立てられる（北野・山内・平本 2013; 平本・山内・北野 2014）．客のカテゴリーが問題になるサービスエンカウンター（たとえば年齢層によって料金が異なる商品を提供する場）の場合，店員が客のカテゴリーを推測する（Llewellyn and Hindmarsh 2013）．

このように，基本的に初対面の人びとが，役割を演じながらスムーズなやり取りを行っていくために，さまざまな実践（practice）が動員されている．この実践とはどんなものなのかというのが，このセクションの一つの問いである．

3. 本セクションの構成

このセクションでは，サービスエンカウンター／カスタマーサービスを，ワークプレイス研究の一つと位置づけて，自然主義的な参与観察をすると共に，現場の録音・録画というデータに基づくによって，そこでの具体的な実践を明らかにしようと試みている．本書を通じて述べているとおり，ワークプレイス研究は，テクノロジーや情報機器の共同使用や共同作業の研究から開始されたものではあるが，次第に働くこと（ワーキング）で共同に使用される概念についての再特定化（ガーフィンケル）の研究へと変容しつつあると考えられる．

このセクションの論文は，次のとおりである．第 1 章の平本・山内論文は，とある江戸前鮨屋をフィールドにして，サービス授受について会話分析の視点から解き明かしている．鮨屋においてある種の「緊張感」が生まれるのはなぜだろうか．鮨屋のサービスは，そのサービスのあり方自体が相互行

為の中で形付けられ，同時に相互行為の中で経験される．その中で店と客は互いにどんな存在かを定め合い，それによって高い水準のサービスが可能になるのだ．このようにして，本論文は，鮨屋という店のサービスをを作り出すことを会話分析によって明らかにしていく．

　第 2 章の水川・五十嵐・是永論文は，住宅設備のリフォーム工事における職人と顧客である家主のサービスエンカウンターを考察している．現場に来た顧客である家主は，その場で依頼を行い，職人はそれを受けたり，無難に断ったりする．その際，職人は「専門家」というカテゴリーを使いつつ，「素人」であり，同時に「顧客」のカテゴリーを持つ家主に説得的に説明を行っていく．この章では，一般に「コミュニケーション能力」と言われるものを具体的な文脈で提示する試みともなっている．

　第 3 章の中村論文では，ガンの相談を専門とする機関への相談電話を対象として，成員カテゴリー化分析を行っている．相談の電話に現れる「助言者」と「相談者」というカテゴリーは，電話の局面ごとにそれぞれ「すべきこと」が異なり，その時々で義務と責任が生じる．ガンの相談の電話という相互行為の流れにおいて，どのような社会的カテゴリーが使用され，瞬間瞬間において「相談」を成り立たせているか，この章では粘り強く解き明かしている．

　以上のように，このセクションは，会話の連鎖分析，成員カテゴリー化分析といった会話分析とエスノメソドロジーの手法を用いながら，サービスエンカウンター／カスタマーサービスをワークプレイスとして捉える在り方を例証するものとなっている．

（平本毅・水川喜文）

　　＊本稿は，社会言語科学会第 32 回大会（信州大学）で行われた，ワークショップ「会話分析はサービスエンカウンター研究にどう貢献するか」（平本・黒嶋・水川・秋谷 2014）の報告の一部を元にしている．このワークショップでは，「鮨屋のサービスエンカウンター（黒嶋智美），「住宅設備の工事現場のサービスエンカウンター」（水川），「クリーニング屋のサービスエンカウンター」（平本），「起業コンサルティング場面のサービスエンカウンター」（秋谷）の場面が分析された．

参考文献

浅井慶三郎, 2003,『サービスとマーケティング』同文館.

Bitner, M. J., 1992, "Servicescapes: The Impact of Physical Surroundings on Customers and Employees," *Journal of Marketing,* 56: 57?71.

Garfinkel, H., 1967, *Studies in Ethnomethodology,* Englewood Cliffs: Prentice-Hall.

Garfinkel, H., 2002, *Ethnomethodology's Program: Working Out Durkheim's Aphorism,* Rowman & Littlefield.

Garfinkel, H., 2007, "Lebenswelt Origins of the Sciences: Working out Durkheim's Aphorism, Book Two: Workplace and Documentary Diversity of Ethnomethodological Studies of Work and Sciences by Ethnomethodology's Authors: What Did We Do? What Did We Learn?", *Human Studies,* 30:9-56.

Goffman, E., 1959, *The Presentation of Self in Everyday life,* Garden City, N.Y. : Doubleday.

Goffman, E., 1964, "The Neglected Situation," *American Anthropologist,* 66: 133-136.

Goodwin, C., 1994, "Professional Vision," *American Anthropologist,* 96(3): 606-633.

Heritage, J. and Clayman, S., 2010, *Talk in Action: Interactions, Identities, and Institutions,* Chichester: Wiley-Blackwell.

平本毅・黒嶋智美・水川喜文・秋谷直矩, 2014,「会話分析はサービスエンカウンター研究にどう貢献するか」『社会言語科学』12(2): 99-105.

平本毅・山内裕・北野清晃, 2014,「言語と情報への会話分析によるアプローチ:ハンバーガー店の調査から」『日本情報経営学会誌』35(1): 19-32.

北野清晃・山内裕・平本毅, 2013,「ファストフード店での注文におけるメニュー表の使用」, エスノメソドロジー・会話分析研究会2013年度研究大会発表資料.

Kuroshima, S., 2010, "Another Look at the Service Encounter: Progressivity, Intersubjectivity, and Trust in a Japanese Sushi Restaurant," *Journal of Pragmatics,* 42: 856-869.

Lee , S, H., 2011, "Managing Nongranting of Customers' Requests in Commercial Service Encounters," *Research on Language and Social Interaction,* 44(2): 109-134.

Lerner, G. H., 2003, "Selecting next speaker: The context-sensitive operation of a context-free organization," *Language in Society,* 32(2): 177-201.

Llewellyn, N., and Hindmarsh, J., 2013, "The Order Problem: Inference and Interaction in Interactive Service Work," *Human Relations,* 66: 1401-1426.

Luff, P., Hindmarsh, J., and Heath, C. eds., 2000, *Workplace Studies: Recovering Work Practice and Informing System Design,* Cambridge: Cambridge University Press.

松波晴人, 2011,『ビジネスマンのための行動観察入門』講談社現代新書.

Merritt, M., 1976, "On Questions Following Questions in Service Encounter," *Language in Society,* 5(3): 315-357.

Pinch, T. and Clark, C., 1986, "The Hard Sell: 'Patter Merchanting' and the Strategic (Re)production and Local Management of Economic Reasoning in the Sales Routines of Market Pitchers," *Sociology,* 20:169-191.

Sacks, H., 1972, "On the Analyzability of Stories by Children," Gumperz, J.J. and Hymes, D. eds., *Directions in Sociolinguistics: The Ethnography of Communication*, New York, NY: Holt, Reinhart and Winston, 329-345.

Schegloff, E.A., 2007. *Sequence Organization in Interaction,* Cambridge: Cambridge University Press.

Suchman, L., 1987, *Plans and Situated Actions,* Cambridge University Press. (= 1999, 佐伯胖監訳, 上野直樹・水川喜文・鈴木栄幸訳『プランと状況的行為——人間 - 機械コミュニケーションの可能性』産業図書.)

Solomon, M., Suprenant, C., Czepiel, J., and Gutman, G., 1985, "A Role Theory Perspective on dyadic Interactions: The Service Encounter," *Journal of Marketing,* 49 (1), 99-111.

Vargo, S. L., and Lusch, R. F., 2004, "Evolving to a New Dominant Logic for Marketing," *Journal of Marketing,* 68(1): 1-17.

Zeithaml, V., Parasiraman, A. and Berry, L., 1985, "Problems and Strategies in Services Marketing," *Journal of Marketing,* 49: 33-46.

第1章 どんな店か，どんな客か
——江戸前鮨屋の注文場面の応用会話分析

平本毅・山内裕

1. サービス場面としての鮨屋の接客

　この章では，江戸前鮨屋[1]（以下「鮨屋」）というワークプレイスでのサービスの授受に目を向けてみよう。この章の目的は，鮨屋における一杯目の飲み物の注文場面の会話分析から，互いがどんな店でどんな客なのかを示し合うことによりその店のサービスのあり方が局所的に形成されるやり方を明らかにすることにある。鮨屋のサービスは次のような意味で特徴的なものである[2]。鮨屋にはふつうメニュー表が置かれず，客はけっして安価とは言えない品をメニューなしに，「職人」たる親方と直接やり取りしながら選ぶことになる。このような特徴の故に，店側にとっては客が常連か否か，あるいは鮨屋の仕組みに慣れているか否か，鮨通か否かといったことが，サービスの提供において重要な関心事になるし，一方で客にとってはどのような店であるのかが問題になりうる。本章の分析を通じて示すのは，鮨屋における一杯目の飲み物の注文の行為連鎖（シークエンス）が，互いがどんな店でどんな客なのかを示し合うことに志向した形で組み立てられ，それにより鮨屋のサービスが相互行為の中で，その都度作り上げられるということである。

　むろん，あらゆる飲食店において客の社会的属性や資質がサービスに関連するものになるわけではないだろう。かつてアーヴィン・ゴフマンは，「ゲームの面白さ」と題された論文において，現代社会におけるサービス場面の相互行為の特徴として，その活動を成立させる相互行為の仕組み以外の，多種多様な社会的属性や資質が無関係なものとみなされる規範（無関連化ルール (rules of irrelevance)）が存在することを指摘した（Goffman 1961=1985: 10）。消費者が誰であり，どんな能力をもち，どんな車で訪れ，どんな服を身にまとい，

どんな財布を使おうが，それらは財・サービスの販売－購買という相互行為とは無関係なものとして扱われ，無視される[3]。だがゴフマンは考察を進める中で，あらゆる外部の社会的属性や資質を無関係とみなすわけにはいかず，それらは何らかの形で相互行為に侵入してきてしまうことも指摘する。そしてその侵入の仕方は，相互行為自体が決める。ゴフマンは，夫婦のゲーム参加者が別チームに割り振られる場合や，プレイヤーの能力に応じてオッズが決まる場合のような，外部の社会的属性や資質が相互行為の中に取り込まれる際の決まりのことを，変形ルール (transformation rule) (ibid.: 18) と呼んでいる。変形ルールは，夫婦が別チームに割り振られる例のようにゲーム開始前の取り決めとしてはたらく場合もあるし，ゲームの一局面での勝ち負けに応じて次の局面でのオッズに修正がかかる例のように，ゲーム内ではたらく場合もある (ibid.: 29)。

このゴフマンの議論を導きの糸にして，本章では，鮨屋のサービスにおいて，客の食嗜好や食にかんする知識という社会的資質が，サービス場面の相互行為に取り込まれる仕方の一つを会話分析により記述する。どのような外部の社会的属性や資質が相互行為に持ち込まれるかということは，その相互行為が行われる社会的活動の性質により異なるはずである。本章で主張することは，鮨屋のサービスが，客の食嗜好や食にかんする知識という資質を一定の仕方に基づいて取り込むことに志向した形で組織され，これがサービスのあり方を形成する資源になっているということである。

本章では，鮨屋で最初に注文がとられる瞬間，つまり1杯目の飲み物の注文がとられる発話連鎖を分析する。鮨屋でのサービスにおいて核をなす場面はもちろん，鮨の注文と摂食である。だが一つ指摘できることは，最初にとられる注文は多くの場合飲み物であり，したがって客の食嗜好や食にかんする知識の一端が最初に明らかになるのも，多くの場合1杯目の注文の場面だということである。だから，サービスが形成される端緒は，飲み物の注文場面にある。

2. ゴフマンのゲーム論と会話分析による代案

　本章の分析は,「ゲームの面白さ」におけるゴフマンの議論に多くをおっている。ゴフマンはワークプレイス研究の旗を掲げて研究を進めたわけではないけれども,彼が行っていたことはある意味では今日のワークプレイス研究に通じる側面をもっていた。というのは,ゴフマンは外科手術やカードゲーム,メリーゴーランド遊び等々の,人が対面で関わり合う種々の社会的活動が,その対面での関わり合い方自体の仕組みに依存して成立するものと考え,この仕組みを明らかにしようとしたからである。「ゲームの面白さ」においてゴフマンは,ゲームの面白さが抽象化されたシステムとしてのゲーム自体に宿るのではなく,ゲ・ー・ム・を・行・う・相・互・行・為（これをゴフマンは「Gaming」と呼んでいる）に・し・か・宿・り・え・な・いことを看破した。鮨屋のサービスについていうなら,店の中の物の物理的配置がどうなっているか,社員教育はどの程度徹底しているか,品揃えはどうか,値段はどうかといった個々の事柄は,顧客がそれに価値を認めるような体験自体ではないはずである。客が対価を払うサービスは,あくまで相互行為を通じてしか現前しない。

　だがエマニュエル・シェグロフ（1988）が手厳しく批判したように,ゴフマンは相互行為の秩序を記述する方法を持たなかった。これに対し,ゴフマンから学んだシェグロフやハーヴェイ・サックスが創始した会話分析（Conversation Analysis）は,実際に生じた相互行為の記録を対象とした経験的な分析の枠組みを作り上げた。会話分析がなしうる貢献の一つは,ゴフマンが相互行為の秩序を記述するために用いた様々な概念（この章でいえば「ゲーム」や「変形ルール」など）に表される行為や出来事を,日常生活者が実際に理解し区別している仕方にしたがって,経験的なデータから再特定化することである（平本 2015）。本章でも「変形ルール」についてこれを行いたい。「会話」と銘打ちながら会話分析は,より広範な相互行為の中のトーク（talk-in-interaction）を対象とし,医療,司法,教育といった様々な社会的場面の活動が相互行為によって組織されてゆくやり方を明らかにしてきた（Heritage & Clayman 2010）。サービス場面の相互行為もその例外ではない（Merritt 1976;

Clark & Pinch 2010; Kuroshima 2010)。

　本章で行う分析は，会話分析において連鎖分析と呼ばれるものである。連鎖分析は，発話により遂行される行為の組み合わせの組織である行為連鎖組織（Schegloff 2007）の分析を行う。行為連鎖組織のもっとも基本的なものは，「質問－応答」や「依頼－受諾／拒否」といった２つの発話の組み合わせからなる隣接対（adjacency pair）である。隣接対の１つ目の発話を隣接対第一部分（First Pair Part：以下 FPP），２つ目の発話を隣接対第二部分（Second Pair Part：以下 SPP）という。FPP として聞くことができる発話が発されると，それに対応する SPP を発することが条件的に関連性のある（conditionally relevant）ものになり，FPP の産出から SPP の産出までの間に生じたことは，この関連性に基づいて理解されることになる。たとえば「質問」と聞かれうる発話が発されれば，それへの「応答」が産出されるまでに生じた間は，「質問」に「答えていない」状態として理解される。この隣接対は，前置きを伴うことによって拡張されたり，FPP と SPP の間で聞き返しを伴って拡張されたり，SPP の産出後にそれを受け取るために拡張されたりして，前方－挿入－後方の３つの方向に拡張されうる（Schegloff 2007）。たとえばマリリン・メリット（1976）は，「ビールをいただけますか？」と尋ねられた際に「成人の方ですか？」と店員が聞き返し，「いえ」と返ってくると「ではお売りできません」と注文を断るような挿入連鎖を伴う連鎖の存在を，サービス場面において観察している。

　連鎖分析は，サービス場面を含めたワークプレイスでの会話分析において中心的な位置を与えられてきた。これには次のような理由があるものと思われる。第一に，行為連鎖の形式は，特定のワークを他の社会的活動とは弁別的なものとして組織する際に利用されやすい。メリット（1976）の例でいえば，挿入連鎖のあり方は特定の品の販売に関する取り決めを可視化するという，小売りのワークを組織している。このように，場面に特有の行為連鎖を同定していくことにより，その場のワークが特定の仕方で組織されていく様子を調べることができる。第二に，行為連鎖は発話により遂行される行為の組み合わせなので，分析者がある発話に対して行った行為の記述について，その場の参与者が実際にどう受け取ったかを検討し，それにより分析の適切

さを担保することができる。たとえば「ビールをいただけますか?」が日常的な「依頼」ではなく「注文」であると分析者が記述したとき，この記述の適切さは，この発話の次の位置で店員がそれを「依頼」として扱わず「成人の方ですか?」と販売の条件を確認し，「注文」として理解していることから確かめられる。このやり方がとれることにより，連鎖分析は，安定した経験的知見を生み出しやすい。

3. 1杯目の飲み物を注文する

　本章で用いるデータは，2011〜2012年に収集した，A店とB店の2軒の鮨屋における飲食場面のビデオデータである。客は常連客から初訪問の客，いわゆる鮨通の客からふだん鮨屋に訪れない客まで幅広い層の，16名の男女（A店10名，B店6名）である。店側には2店ともに親方の他にその下で修行する職人がおり，また飲食物の注文や持ち運びをサポートする店員も店内に控えている。

　1杯目の飲み物の注文連鎖が組み立てられるやり方を順にみてゆくことにより，そこにあらわれる参与者の志向性を観察する。

3.1 注文の伺い

　着席した客の最初の注文は，親方ないし店員が飲み物の「注文を伺う」ことから始まる。この「注文の伺い」は，それに対して客が「注文」で応じることを適切なものにする。

【断片1（B店）】

```
01  親方    ：  お飲み物は?
02              (0.2)
03  アツシ  ：  .hh<ええ>とねえ私は::ビール::[:
04  親方    ：                              [ビールを
05  親方    ：  はい
```

【断片2（A店）】
```
01 店員  l>  :  お飲み物いかがなさいま°す°
02 エミ    :  あっはい.(0.5)ごめんなさい(.)私お酒飲めなくて=お茶でもいい[です]か?
03 店員    :                                                    [はい]
04 店員    :  (‥)冷たいお茶 (.)  温かい[お茶(.)>どちら(が)<]
05 エミ    :                    [あ, あっ た か]いお茶[で
06 店員    :                                         [温かい
07         :  >お茶<
```

【断片3（A店）】
```
01 親方   l>  :  お飲物どうしましょうか
02              (0.5)
03 アツシ    :  え::とですね::(1.2)(きなんことか)[あります
04 親方      :                                  [あビール,
```

この発話は，［飲み物＋（どうするか）＋（上昇調の音調）］というWH疑問文の形をとる（丸括弧内は付加的要素）。まずはこの形式が，「飲み物」の注文をとることを明示していることに注意しよう。言いかえれば注文は「食べ物」に対して促されるのでも「食べ物飲み物を問わず」促されるのでもなく，あくまで「飲み物」に限定して促されている。さらにこのとき，あたかも「飲み物」の注文をとることが決められていたようなデザインで，そしてそれが決められていたことを客がわかっていてよいようなデザインで，注文の伺いがなされていることが重要である。この注文の伺いの前には前置き（たとえば「ご注文をおとりします」）がなく，直接「お飲み物いかがなさいます」と，あたかもそこで食べ物ではなく飲み物の注文がとられることが客にわかっていたかのように注文が促される。

同時にこの形式は，たんに「最初に飲み物を注文する」という店の仕組みがわかっていてもよいものとしてデザインされているだけではなく，どんな飲み物をその店で頼めるか（メニュー）もわかっていてよいものとしてデザインされている。店内にはメニューが置かれていないので，少なくとも一見の

客には，この時点で飲み物のメニューがわからない。しかし［飲み物＋（どうするか）＋（上昇調の音調）］という形式に加えてメニューの説明が行われることはなく，また店側から特定の品がオファーされることもなく，あくまで注文は客に任される。

　以上をまとめると最初の飲み物注文連鎖の第一成分は，［飲み物＋（どうするか）＋（上昇調の音調）］というWH疑問文の形式をとる。このとき客側は，注文のシステムのあり方，最初の注文が飲み物であること，飲み物のメニューなどを知っていてよい存在として扱われる。

3.2. 注文

　客はしばしば，第一成分に応答（注文）を隣接させる。このときその注文の仕方をみることにより，先に行った第一成分に対する行為の記述の正しさを確かめることができる。

【断片4（A店）】
01 職人　　　1>：　ええと，お飲み物はどうしましょう
02 コウスケ　>>：　ビール

　「注文の伺い」に対し間髪を入れず「ビール」と，端的に注文のみを伝えることができていることは，まさに客が注文のシステムのあり方，最初の注文が飲み物であること，飲み物のメニューなどを知っていてよい存在として扱われていることを当然のものとして受け入れていることを示し，そしていまその客が，そのような客として振る舞っていることも示している。

3.3. 注文の詳細化

　前項では注文の伺いに対して注文が隣接されることをみた。だが大抵の場合，この注文は最終的なものにはならず，注文の後に，さらに注文を詳細化するやり取りが現れる。

【断片5 (A店)】

```
01 親方      1>:  え::::.hhh早速ですが(0.5) [お飲]み物はどうしましょうか.=
02 サトシ     :                              [はい]
03 サトシ    >:  =あ::::(.)<蒸>してるんで:n生ビールで:
04 親方      :  >生ビール行きまし[ょう<
05 サトシ     :                  [生でいいです[か?
06 親方      :                              [>そうですね<
07                (0.2)
08 親方     >>:  生ビールがですねぇ
09 サトシ     :  はい
10 親方     >>:  え:エビスの生と:,=
11 サトシ     :  =はい
12 親方     >>:  あとは濾過をしてない無濾過の<アウグス>という生ビールがありますけど
13 サトシ     :  ああじゃあ僕その::後者の.
```

　この断片5では，03行目でサトシが「生ビール」を注文した後に，その種類を選ぶために注文を詳細化するやり取りが08〜12行目で行われる。最終的に注文が決まるのはこの後 (13行目) である。

　ここで，客の注文が飲み物の「種類」を述べる形でなされるのに対し，その注文の詳細化が「銘柄」(「エビスビール」「アウグスビール」) に関わるものであることに注意しよう。前掲の断片1では，「お茶」という飲み物の種類に対し，「冷たい／温かい」という状態が詳細化されていた。飲み物の種類 (ビール，ワイン，日本酒 etc.) は，この店に置かれる可能性があるものとして客側が推測できてよいものである。他方銘柄や飲み物の状態に関して店が何を用意できるかは店の裁量に任されており，客側が推測できるとは期待されていない。したがって，注文のシステムのあり方，最初の注文が飲み物であること，飲み物のメニューなどを知っていてもよい存在として客が扱われているとしたときに，客が飲み物の種類を端的に注文できることは，そのような存在として十分な振る舞いであり，店側がそれを受け入れることは，そのような存在としての客を認めたことになる。

注文の詳細化についてもうひとつ注目すべきことは，この位置が，この店のサービスのやり取りについて，店側と客側が互いがどんな店でどんな客なのかを示し合った後の最初の位置だということである。言い換えればこの位置ではじめて(注4)，客にあわせた対応が可能になる。次の断片6をみよう。

【断片6（B店）】

```
01 店員    ： お飲物いかがいたしましょう．
02              (0.2)
03 ヒロシ   ： あ:::::::((感慨を込めた声で))(0.3).hhhhhh(2.2)<あ>つ燗と，
04              (.)
05 店員    ： 熱燗を
06 ヒロシ   ： あとお水をください．
07 店員    ： はい．かしこまりまし°た°
08              (0.3)
09 店員    ： 熱燗一つお願いしま[す
10 職人    ：              [はい
11              (.)
12 店員 >>： お水が氷
13 ヒロシ   ： い−なし[で(.)けっこう↑です．
14 店員    ：       [は(°あ°)
```

01行目の注文の伺いに対して，ヒロシは感慨を込めた声で「あ:::::::」としばらく呟いてから，大きく息を吸い，しばらく黙って，熱燗を注文する。この振る舞いの特徴的な点は，実際に注文するまでに長くかかっているにも関わらず，ヒロシが注文に困っているようにはみえない点にある。実際，注文を促す発話を向けられた後に，それにすぐには応えずに「あ:::::::」と感慨深く呟くことができるのは，そういった場に慣れている者だからだろう。これを受けて店員が注文を詳細化する時，店員は「お水が氷」（12行目）と言っている。言うまでもなくこの12行目は統語的に完結しておらず，かつここまででも話者が何が言いたいかはわかってよい点[5]で区切られている。この

ような言葉の「足りなさ」は，ヒロシをこのような場に慣れている者として扱う際に用いられるデザインであるようにみえる。じっさいヒロシは13行目で「なしで」と，店員の統語的に未完結の発話を補う形で注文を行っている。

【断片7（A店：断片4の再掲）】

```
01 職人      ：ええと，お飲み物はどうしましょう
02 コウスケ  ：ビール
03              (1.8)
04 職人      ：生ビールで:
05              (0.4)
06 コウスケ  ：生ビール
07 職人    >>：エビスビール (0.8) アウグス- .hhh
08 コウスケ  ：エビス
09              (.)
10 職人      ：エビス(.)はい>(かしこまりまし)た<
```

この断片7は断片4の再掲であり，コウスケはこの店の常連である。コウスケが常連らしく躊躇なくビールを注文すると，07行目で職人がその注文を詳細化する。このとき職人は，ビールの銘柄を名詞の形式で並べている（「エビスビール」「アウグス」）。この詳細化の仕方も，断片6と同様に，言葉の「足りなさ」を利用したデザインであるようにみえる。ここで職人が銘柄の名だけを挙げて注文を詳細化したとき，客のコウスケもまた08行目で，「エビス」と銘柄の名だけで応えていることに注意しよう。まとめると，断片6と7では注文の伺いに対して客が何も困らずに注文してみせたときに，店側からの注文の詳細化が，言葉の「足りなさ」を利用して，その場に慣れている者として客を扱うデザインになっていた。さらにこのとき，客のそれへの応答も，その場に慣れている者として客を扱うという注文の詳細化のデザインを踏襲するものになっていた。

3.4 注文候補の列挙による応答の追及

前項では「注文の伺い」に対して「注文」がもたらされた時に，そのもたらされ方により注文の詳細化の構成が変わることを述べた。一方でメニューを置かない鮨屋において「注文」は，すぐに返されるとは限らない。「注文の伺い」に対しすぐに答えがもたらされない場合や，客から困難が伝えられた場合，主に親方が注文の候補を挙げることによって応答を「追及」(Pomerantz 1984) することがある。

【断片8 (A店)】

```
01  親方    >1 : お飲物どうしましょうか
02                (0.5)
03  アツシ    : え::とですね:: (1.2) ((左右を見回す)) (きなんことか) [あります
04  親方    > :                                                 [おビール,
05  アツシ    : °ん:°=
06  親方    > : =日本酒,
07  アツシ    : はい.
08  親方    > : え:焼酎.
09                (0.4)
10  アツシ    : °はん°=
11  親方    > : =グラスで (0.3) 白ワインとか, シャンパンとか°あります [けど°
12  アツシ    :                                                    [はあ:
```

【断片9 (A店)】

```
01  職人    >1 : 最初 (0.3) お飲物どうしましょう
02                (1.0)
03  マナミ    : hhhhhhh
04                (.)
05  職人    > : どうですか (0.3) [おビール
06  タカシ    :                  [ぼくは::
07  職人    > : 冷酒焼酎 (.) シャンパンワイン (0.3) なんなりと
```

第1章　どんな店か，どんな客か

断片8ではアツシが03行目で親方に問いかけることによって，断片9では客が応答しない（02行目）ことによって，注文が与えられる前に親方が候補を提示し，客の応答を「追及」している。この2つの応答の「追及」が，先の注文の詳細化と同様に，客についての手がかりを1つ得た位置でなされていることに注意しよう。断片8の03行目は，音声としては不明瞭な部分があるために正確にアツシが何と言ったかはわからない。ただしこの部分については，次のことが言えれば十分である。アツシは「え::とですね::」言いながら身を乗り出して右に顔を向け，続く1.2秒の間の中で前方を見てから，さらに左に顔を向けている。つまりアツシは左右を見回している状態である。親方が「おビール」（04行目）と言い始めたのは，これを見た後，アツシが質問を初めてすぐである。親方がアツシの質問に反応しているのか，そうではないのかはわからないが，少なくとも親方は，アツシの左右を見回す挙動を含めた一連の振る舞いに対して反応しているとはいえる。断片9では職人が，マナミとタカシを含む三者に注文を伺っている。だが三者は，すぐに注文しないのみならずほとんど反応を返さない（02–04行目）。職人が「どうですか」（05行目）と応答を「追及」し始めるのはこの時点である。客が反応しないことと，客についての手がかりを1つ得ることが矛盾しないことに注意しよう。隣接対FPPに対する無反応は気づきうる不在（noticeable absence），すなわち無かったことが相互行為上顕在化する状態として参与者に認識される（Schegloff 2007）。もちろん，対話者が1人の時にその1人に対して真偽（Yes／No）疑問文で質問を投げかけることと，WH質問を3人に対して投げかけることを同列に扱うわけにはいかないだろう。ただしこの断片でマナミら三者は，注文を促された際に考えるそぶりを見せるでもなく，ただ無反応のまま2秒近くを費やす。この状態は，端からみて彼らが注文の伺いに応える材料をもっていないものとして理解されるだろう。ここで職人が注文の候補を挙げることによって応答を「追求」することは，02～04行目の反応の不在を，客が注文の伺いに応える材料をもっていなかったために生じたものとして理解したことを示している。まとめると断片8と9では，客に注文するための材料が不足していることを店側が知り，助け舟を出すために注文候補が列挙されている。つまり，客が注文のシステムのあり方，最初の注文が飲み物で

あること，飲み物のメニューなどを知っていてよいものとしてデザインされていた「注文の伺い」に対して，客側がそれに応える材料をもっていない人物であることを示した次の位置で行われるのが注文候補の列挙である。

　注文候補の列挙の構成として重要なのは，それが「酒類のカテゴリー」を名詞の形で列挙することにより構成されるということである。断片8ではまず「ビール」(04行目)「日本酒」(06行目)「焼酎」(08行目)と3種類が挙げられ，それらの間にはアツシの反応が挟まれる。それに続き「白ワイン」「シャンパン」が，今度は一続きに挙げられる(11行目)。断片9ではまず「ビール」(05行目)が挙がり，「冷酒焼酎」「シャンパンワイン」と続く(07行目)。もう一つ重要なのは，この列挙ですべての飲み物が挙げられているわけではないということである。これは事実としてそうであるだけではなく，断片8では11行目で「とかありますけど」，断片9では07行目で「なんなりと」と言うことによって，すべての注文候補を挙げたわけではないことが認識可能なように店側が発話をデザインしている。さらに観察を加えると，「酒類のカテゴリー」は，鮨屋の1杯目として代表的なもの(「ビール」「日本酒」)から順に挙げられてゆく。

　メニューを渡すわけでもなく，すべての注文候補を銘柄も含めて挙げるのでもなく，「酒類のカテゴリー」を，この場で代表的なものから一つずつ挙げてゆくやり方は，客をどのような存在として扱うものなのだろうか。ひとつ指摘できることは，「注文のシステムのあり方，飲み物のメニューなどを知っていてよい」という期待が完全に失われるのではなく，この期待が緩められる形で応答が「追求」されているということである。つまり店側は，まったく何も知らない客に対してすべてのメニューを開示するわけではなく，この場で代表的な「酒」を，カテゴリーとして一つずつ挙げてゆく。さらにこの時点では店側は，挙げられたものを参考に何を選ぶかは客に任せている。注文の材料がないことを示した客に対して可能な助け舟の一つは，店側がおすすめを挙げることであろう。しかし，銘柄ではなく「酒類のカテゴリー」を列挙する形で応答の「追求」が行われる際には，代表的な酒類を上から挙げてゆくことはあっても，おすすめが挙げられることはない。断片8でも断片9でも，「酒類のカテゴリー」はほとんど修飾されずに名詞や名詞句の形で挙

げられてゆく。

　以上をまとめると，客から注文の材料の不足が示され，店側が注文候補を列挙することにより助け舟を出すとき，「注文のシステムのあり方，飲み物のメニューなどを知っていてよい」という期待が完全に失われるのではなく，この期待が緩められる形で応答が「追求」される。

4.　鮨屋の注文における緊張感

　断片8を含む次の断片10を包括的に追うことによって，分析結果をまとめよう。

【断片10（A店：断片8を含む）】

```
01 親方　　　：お飲物どうしましょうか
02　　　　　　　(0.5)
03 アツシ　　：え::とですね::(1.2)((左右を見回す))(きなんことか)[あります
04 親方　　　：　　　　　　　　　　　　　　　　　　　　　　　　[おビール,
05 アツシ　　：°ん:°=
06 親方　　　：=日本酒,
07 アツシ　　：はい.
08 親方　　　：え:焼酎.
09　　　　　　　(0.4)
10 アツシ　　：°はん°=
11 親方　　　：=グラスで(0.3)白ワインとか,シャンパンとか°あります[けど°
12 アツシ　　：　　　　　　　　　　　　　　　　　　　　　　　　　[はあ:
13 アツシ　　：.hhえ:とね<私は>ビールで(0.3)ビールは何種類あるんで[すかね
14 親方　　　：　　　　　　　　　　　　　　　　　　　　　　　　　[>ビールはですね<,
15 親方　　　：(0.2)生ビールが:,
16　　　　　　　(.)
17 アツシ　　：うん
```

18		(.)
19	親方	：エビスの生と，
20	アツシ	：はい
21	親方	：濾過を(.)してない無濾過の(.)アウグスという=
22	アツシ	：=ああ：
23	親方	：福島の=はい(0.2)＞°なんですけど°＜．(0.3)＞°どっちかで°＜
24	アツシ	：°じゃあね°せっかくなんでアウグス=
25	親方	：=＞アウグ[ス＜
26	アツシ	：　　　　[ビールを
27	親方	：＞おいしいですよ＜
28	アツシ	：ええ

　01行目の親方の「注文の伺い」は，3.1.で分析したように，注文のシステムのあり方，飲み物のメニューなどを知っていてもよい存在として客を扱うデザインになっている。これを変形ルールの第一の条項として書き出すなら，まず [条項1：<u>客ははじめ，サービスの仕組みをわかっていてよい存在として扱われる</u>]。このとき客側には，この扱いにしたがうか，それともこの扱いに応えられない者として自らを呈示するかの2つの選択肢が与えられる。この選択肢が発現するのは，「注文の伺い」の次の位置である。扱いにしたがうためには，「注文」を隣接させるだけでよい（断片4，断片5）。このとき，客がこの種の店に「通じている」存在であることが，「注文」の仕方により示されることがある（断片6）。すなわち，[条項2-a：<u>「注文の伺い」にたいして「注文」を隣接させることにより，「サービスの仕組みをわかっている存在」であることを客がみとめることになる</u>]。断片10では(2-a)は適用されず，アツシは0.5秒の沈黙の後，左右を見回すことにより，「注文の伺い」のデザインに沿ったやり方で注文する材料をもっていないことを示す。これをみて店側は注文候補を列挙し（04-11行目），応答を「追求」する。このとき，[条項2-b：<u>「注文の伺い」にたいして，そのデザインに沿ったやり方で応える材料をもっていないことを客側が示すことにより，そこに込められた客側への期待に応える者ではないことが示される</u>]。ここで重要なのは，(2-b)が

適用された際に店側が客をまったく何も知らない者として扱うのではなく，「酒類のカテゴリー」を，この場で代表的なものから一つずつ挙げてゆき，かつすべてのメニューを開示せず，またおすすめも挙げない（04-11行目）ことにより，「サービスの仕組みをわかっている存在」という期待を緩めた形で客を扱うということである。すなわち，[条項2-b-I：<u>「注文候補の列挙」に際して，「サービスの仕組みをわかっている存在」という期待を緩める形で客が扱われる</u>]。

　この条項 [1]〜[2-b-I] により構成される規則が，1杯目の飲み物の注文連鎖において客が「どんな客か」を，すなわちこの場のサービスの提供にふさわしいやり方で，鮨屋の仕組みに慣れているか，酒を嗜むか否かといった客側の外部の社会的資質を取り込む仕組みを決めている。店側は，まずは「注文の伺い」において客の水準を高い場所に位置づける（[1：客ははじめ，サービスの仕組みをわかっていてよい存在として扱われる]）。これにより鮨屋のサービスの基準は，誰でも，いつでも利用できる（=「無関係のルール」が最大限に適用される）「ファストフード的」なそれではなく，客がこの場に来る前にもっていた一定の知識や能力を活かすものに設定される。このやり方と逆の場合を想像してみよう。すなわち，最初にメニュー表が用意されており，注文の仕組みが説明されたうえで，客から店員に声をかけて注文を行うことになっており，そこから徐々に客側の知識や能力に依存した注文が組織されてゆく場合である。言うまでもなく，場の「緊張感」を生み出すのは前者であろう。

　次に，行為連鎖のなかでとられた選択肢にあわせて，まさにゲームのように次の手が適用されてゆく。まずは [2-a]「注文の伺い」にたいして「注文」を隣接させることにより，「サービスの仕組みをわかっている存在」であることを客がみとめることになる。あるいは [2-b]「注文の伺い」にたいして，そのデザインに沿ったやり方で応える材料をもっていないことを客側が示すことにより，そこに込められた客側への期待に応える者ではないことが示される。[2-a] が選ばれた場合は，店側と客側の状況の定義が一致し，それにより（少なくともこの時点における）鮨屋のサービスのあり方が定まり，同時に店と客とが，互いを一定の水準にある存在として位置づけることになる。他方 [2-b] は，[1] にしたがわない選択肢である。このとき店側から「注文候補の

列挙」による応答の追求が行われるが，これは [2-b-I]「注文候補の列挙」に際して，「サービスの仕組みをわかっている存在」という期待を緩める形で客が扱われるという規則にしたがう。ここでも，このやり方と異なる場合を想像してみよう。[2-b] の現出に際して一気に客への期待を引き下げたなら（たとえばメニューの提示と詳細な説明），そのやり方はまたサービス・エンカウンターの「緊張感」を失わせてしまうだろう。

　同時にこの規則が，「どんな客か」を決めるのみならず，「どんな店か」を決める規則にもなっていることに注意しよう。すなわち，メニューが置かれていないにもかかわらず［飲み物＋（どうするか）＋（上昇調の音調）］の形式で1杯目の飲み物の注文が伺われたとき，客には店側の基準がどこにあるのかがわかるはずである。連鎖の展開の中で [2-a] 以降が選択的に適用されていくとき，客はさらに店側の出方をみて，「どんな店か」を悟るだろう。

　行為連鎖の形をとった規則をこのように管理してゆくことにより，サービス・エンカウンターの一種独特の「緊張感」が生み出され，これが鮨屋のサービスを作り出す。本章ではゴフマンのゲーム論における「変形ルール」概念を導きの糸に，客の社会的資質が鮨屋のサービスエンカウンターに取り込まれる規則を分析した。その結果明らかにしたことを，殊更「変形ルール」に差し戻す必要はないのかもしれない。行為連鎖を形作ることを通じて当意即妙に店側と客とが互いの性質を見極め，対応を変えていく様は，ゴフマンがみた「変形ルール」の取り決めを表すというよりは，ゲームの規則自体を組み立てるような相互行為としてみることができる。シェグロフ（1992: xlv-xlvi）がゴフマンのゲーム論を批判していうように，ひとたび社会現象をゲームの枠組みでモデル化しようとすると，そもそもそのゲーム自体が人の振る舞いを通じてどう運用されているかを別建てで論じる必要が生じる。本章でみたのは，まさに相手の社会的資質を相互行為に取り入れる仕方を，それ自体相互行為を通じて作り上げていく実践だった。

5.　鮨屋らしいサービスの構成

　鮨屋は疑いなく，飲食店の中では，そのサービスの水準を高い所に設定し

ている場所なはずである。本章が照準していたことは，鮨屋のサービスが局所的に形作られるやり方を会話分析により記述することであった。その出発点は，サービスあり方が相互行為によって形作られ，同時に相互行為の中で経験されるという事実である。それはいわば，ゴフマンがゲームについて指摘したように，「世界を構築する活動（Goffman 1961=1985: 16）」である。この活動は，具体的には，特定の外的な事柄を相互行為にとって関連するものとみなし，関連のないものを除外し，関連のあるものを特定のやり方で相互行為に取り込むという一連の手続きにしたがって振る舞うことにより構成される。この枠内で，店と客とは互いがどんな存在であるかを定めあい，高い水準のサービスを提供することが可能になる。これを鮨屋におけるサービスの「個人化」と簡単に呼ぶのは語弊があるかもしれない。客の「個人」的な側面は，たんにそのままサービス授受の現場に持ち込まれるのではなく，あくまで相互行為自体の手続きにしたがって持ち込まれる。ゴフマンが強調するように，まずは場面が先にあって，その後に個人がある（Goffman 1967=1987: 3）のであって，その逆ではないのである。

注
(1) 江戸前鮨とは，狭義には江戸時代後期に江戸で生じた，魚介類をネタとする握り鮨をさす。
(2) たんに事実として特徴的であるだけではなく，サービスエンカウンター（サービスの提供者と顧客が，サービスの授受に際して出会う場所とその機会）のあり方を特徴的なものにすることが，鮨屋のサービスの価値創造にとって重要な経営戦略になっているだろう。
(3) 典型的にはファストフード（Ritzer, 1996=1999；平本・山内・北野，2014）がそうであろう。
(4) 先述のように，常連にかんしてはこの限りではない。また一杯目の飲み物の注文の前に，自発的に情報がもたらされることもある。
(5) もちろんここで述べたいのは，日常生活者なら誰でも「お水が氷」という発話で話者が何が言いたいかがわかってよいということではない。この位置で注文の詳細化が，「水」についてなされうることがわかっており，かつその詳細化の候補（氷を入れるかどうか）がわかっている者であれば認識可能なように，この未完結の発話は構成されている。
(6) 飲み物として酒を注文することへの志向性は，断片2において，エミがお茶を頼む

際に「ごめんなさい」「私お酒飲めなくて」と謝っていることにもみてとることができよう。

参考文献

Clark, C., and Pinch, T., 2010, "Some Major Organisational Consequences of Some 'Minor', Organised Conduct: Evidence from a Video Analysis of Pre-verbal Service Encounters in a Showroom Retail Store," Llewellyn, N. and Hindmarsh, J. eds., *Organisation, Interaction and Practice: Studies of Ethnomethodology and Conversation Analysis,* Cambridge: Cambridge University Press, 140-171.

Goffman, E., 1961, *Encounters: Two Studies in the Sociology of Interation,* The Bobbs-Merrill.（＝1985, 佐藤毅・折橋徹彦訳『出会い――相互行為の社会学』誠信書房．）

Goffman. E., 1967, *Interaction Ritual: Essays on Face-to-Face Behavior,* Doubleday Anchor.（＝1987, 広瀬英彦・安江孝司訳『儀礼としての相互行為』法政大学出版局．）

Heritage, J. and Clayman, S., 2010, *Talk in Action: Interactions, Identities, and Institutions,* Chichester: Wiley-Blackwell.

平本毅, 2015,「会話分析の『トピック』としてのゴフマン社会学」中河伸俊・渡辺克典編著『触発するゴフマン：やりとりの秩序の社会学』新曜社, pp.104-129.

平本毅・山内裕・北野清晃, 2014,「言語と情報への会話分析によるアプローチ：ハンバーガー店の調査から」『日本情報経営学会誌』35(1), pp.19-32.

Kuroshima, S., 2010, "Another Look at the Service Encounter: Progressivity, Intersubjectivity, and Trust in a Japanese Sushi Restaurant," *Journal of Pragmatics,* 42: 856-869.

Merritt, M., 1976, "On Questions Following Questions in Service Encounter," *Language in Society,* 5(3): 315-357.

Pomeranz, A., 1984, "Pursuing a Response," Atkinson, M. and Heritage, J. eds., *Structures of Social Action: Studies in Conversation Analysis,* Cambridge: Cambridge University Press, 152-164.

Ritzer, G., 1996, *The McDonaldization of Society,* Pine Forge Press.（＝1999, 正岡寛司監訳『マクドナルド化する社会』早稲田大学出版部．）

Schegloff, E. A., 1988, "Goffman and the Analysis of Conversation," Drew, P. and Wootton, A., eds., *Erving Goffman: Exploring the Interaction Order,* Polity Press, 89-135.

Schegloff, E. A., 1992, "Introduction," *Harvey Sacks, Lectures on Conversation Vol.1*: Oxford: Basil Blackwell, ix-lxii.

Schegloff, E. A., 2007, *Sequence Organization in Interaction,* Cambridge: Cambridge University Press.

第2章　職人の技術と顧客コミュニケーション
―― 住宅設備の工事現場のサービスエンカウンター

水川喜文・是永論・五十嵐素子

1. リフォーム工事現場における出会い

　本章では，住宅設備のリフォーム工事現場において，職人と顧客のサービスエンカウンターがいかに行われているか，成員カテゴリー化装置（Membership Categorization Device, MCD）と会話分析を用いた考察を行う。

　本研究は，住宅リフォーム工事における一連のエスノグラフィー研究の一つである（是永 2007, Sakai et al. 2014, および本書の第6章, 第10章）。住宅リフォーム工事は，新築住宅の工事と違い，既に建築された住宅の一部を改修するものである。この調査においても，居住する家主が工事の経過を見たり，その結果，時には作業内容を変更するように指示をしたりという場面があった。本報告では，そのような住宅リフォーム工事で，職人と顧客（家主）がどのような相互行為をするか，そして，顧客との直接的な接触を伴うメンテナンスを行う職人に何が必要なのかを考察していきたい。

　この研究は，現業であるリフォーム現場の顧客対応を見ていくものではあるが，店員と顧客，サービス事業者と顧客などサービスエンカウンター場面に通底するものがあると考えている。それは，「サービス提供者／依頼者」「専門家／素人」「非生活者／生活者」などの非対称なカテゴリーをもつ人が出会う場面において顧客とのコミュニケーションに関わる相互行為である。

2. 住宅設備のリフォームにおける職人と顧客のやりとり

　はじめに本研究の調査の概要を紹介しておこう。2005年から2006年にかけて日本の北部のD市にある有限会社W住宅設備（以下W社）における仕事場の

作業の様子を，1回の調査につき3日から4日の日程で断続的に観察しフィールド調査した。W社は代表取締役社長と現場監督を兼任するW社長と，職人3人，事務職員2人からなる小規模の会社である。

　W社は，D市をはじめとする周辺の市において，指定給水装置工事事業者の認可を受け，住宅の新築およびリフォームに関わって主に給排水・冷暖房設備工事を行っている。調査は，事務所の会議場面へのマルチアングルのビデオ撮影，フィールドワーク，工事現場への同行と動画・静止画撮影が行われた。彼らが請け負っている仕事は様々ではあるが，本章を含む，この調査をもとにした論文（第6章，第10章）で考察するのは，リフォームに関する作業である。

　特に本章では，住宅設備のリフォーム工事における，配管設備を中心に行う職人と，顧客である家主の「出会い（encounter）」の相互行為にする。さて，フィールドの条件を考察するにあたって，新築の住宅設備とリフォームの場合を比較してみたい。新築の場合，基本的に何もない状態から住宅を建築するため，設計図に基づいたゼロからの作業が求められる。これに対して，住宅リフォーム工事の場合は，既に家屋が建築され，その場所を改造することが作業目的であり，時には家主が住んでいることもある。また，新築の際の住宅の設計図はあるものの，実際には，変更されていたり，改修されたりといった場合もあり，（今回の場合も）現場を「開けてみて」初めて分かることも多い。そのため，その時の現場の状態から，その状況に応じた対応をしていかなければならない。さらに，家主が住んでいる場所であるため，住んできた実感から作業途中で内容を修正するように求められることもある。本研究で扱うのは，この家主（顧客）と職人が，作業の最中に出会う（出会ってしまった）場面を分析する。

　ここに対応する職人は，サービス担当とされ，単に工事の作業をするだけではなく，顧客への対応を求められる立場にある。すなわち，この作業は，職人としての専門的知識があり作業経験があるだけではなく，いわゆるコミュニケーション能力が必要とされるのである。顧客とのサービスエンカウンターにおいて，どのような能力が必要とされ，それはいかなるものなのか，この研究で一端を明らかにしたい。

3. 成員カテゴリー化と知識の非対称性

　上記の目的を達成するために，本章では，会話分析のシークエンスを分析する方法を起点として，成員カテゴリー化装置を用いて分析したい。
成員カテゴリー化装置（以下，カテゴリー化装置とする）による分析は，サックス（1972 など）が提起し応用されてきた（Francis and Hester 2004, 前田ほか編 2007）。このカテゴリー化装置とは，少なくともひとつのカテゴリーが含まれる成員カテゴリーの集合をさす。例えば次のようなものである。

表 1　カテゴリー化装置
{職人，職人……監督}……工事施工者（会社）
{職人，家主（施主）}　……工事契約関係者

　この装置は，少なくとも一人の要素を含む集合に適用される。表1の1行目では，職人（たち）と監督という要素が含まれている工事施工者という集合に，カテゴリー化装置が適用される。
　この装置にはいくつかの適用規則が用いられる。例えば，リフォーム工事の現場に，工具と配管を持った作業着の人がいた時，この人は，「職人」とカテゴリー化できる（その他のカテゴリー化の可能性を否定するわけではない）。これは，工事施工者の集合の中から一つを適切に指示することで，ある人をそのカテゴリーとして定式化していることになる。このように，カテゴリー化装置の一つのカテゴリーを用いるだけで人を適切に指示できることを「経済規則」という。
　同じ工事現場で，作業着を着ていない人が「トイレのペーパーホルダーを2つ付けといて」と言っていたとしよう。この人は，「職人」が所属する集合の別の要素，「家主（施主）」とカテゴリー化することができる。つまり，「家主が職人に要望を出している」とこの場面は記述することができる。これを「一貫性規則」という。

・リフォーム工事現場のカテゴリー化
(1)ある人が，「職人」とカテゴリー化される（経済規則により，一つのカテゴリーで

カテゴリー化される）
(2) 職人の含まれる可能なカテゴリー集合は複数ある：工事施工者の集合，サービス提供者／顧客の集合
(3) もう一人の人は，「職人」の「同じカテゴリー集合の別のカテゴリー」と適切に記述→「工事契約者」集合の要素「家主（施主）」

まとめると，ある人をカテゴリー化するには，一つのカテゴリーがあれば十分で（経済規則），その際に，別の人は，同じカテゴリー集合の別のカテゴリーが与えられる（一貫性規則）。今回のデータのような住宅リフォームのサービスエンカウンターの場面では，一人が職人とカテゴリー化されると，もう一人は，施主（家主）という（同集合の別のカテゴリーへと）カテゴリー化される。

また，このカテゴリー化と相応して，カテゴリーに結びついた活動（category bound activities）が与えられる。これは権利と義務とを伴う。たとえば，職人は作業をして，家主は生活経験から（追加）作業を依頼するというように。これらのカテゴリーは具体的な相互行為の中で実践的に使用されるのである。

表2　カテゴリー化とカテゴリーに結びついた活動（工事契約関係者）

	Aさん	Bさん
カテゴリー化	職人	家主（施主）
カテゴリーに結びついた活動	作業をする（サービスを提供する）・依頼される	作業（サービス）を依頼する・作業の変更や追加を依頼する
	上記の活動は，権利と義務を伴う。事実記述（デアル）だけではなく，規範（スベキ）活動。	

ここでは，権利の非対称性として，職人は「作業を行う」のに対して，家主は工事の契約者として職務を「依頼・要望」する（それを職人は「受諾」する）。
これは同時に知識の非対称性とも重なっている。すなわち，職人は専門知識の持ち，作業を行う。一方で，家主は専門知識を持たず（素人であり），生活体験の知識という背景を持いる。これらのカテゴリー，カテゴリーに結び付いた活動，知識の非対称性は，それぞれの権利と義務と結び付いて実践の中で使用される。

以上をもとに、職人と家主のカテゴリーに結び付いた活動とそれに伴う非対称性を、次の表にまとめておこう。

表3　カテゴリーとカテゴリーに結びついた活動における非対称性

	Aさん	Bさん
職人／家主	職人／依頼に応じる	施主（家主）／依頼する
専門家／素人	専門家／説明する	素人／説明を受ける、納得する・納得しない

今回扱う場面のように、家主が、作業現場に来て指示（依頼）をすることがある。職人としてはやりづらい場面ではあるが、よくある場面ではある。このような場合どのように家主とのやりとりを経て作業を進めるか、みてみたい。

4. 職人と家主の相互行為の分析

今回の分析に用いるのは、職人Tさんが家主と話しながら作業を行う場面である。場面の参与者は、職人Tさん、家主、調査者Rである。

ここでの元々の職人のタスクは、古い便器を撤去して新しい便器を設置することであった。この場面では、既に新しい便器は設置され、職人はその便器に座りながら、リモコンの設置などの作業の仕上げを行っている。そこに、家主が登場し、作業を見て、「ペーパーホルダーを二つ取り付ける」という要望を出す。

4.1 ペーパーホルダー・トラブルにおけるカテゴリー集合

ペーパーホルダーは、直前の作業を行った「内装屋さん」が既に取り付けていた。一般にリフォーム工事では、複数の専門業者が、それぞれの作業を請け負っており、それぞれが時間的に重ならないように管理されている。水回りの職人はそのホルダーを取り外して、別のものを上に付け替え、既に取り付けたものは下につけることにする。しかし、その過程で残された「ビス穴」（小ネジによる穴）を使ってホルダーをつけると傾いてしまうことがわかる。ま

た，上下に設置する予定の二つのホルダーの形が異なるためビス穴が違い，穴が見えるなど不具合があることが判明する。このことは家主からも指摘され，職人は代替案を出しながら「納得いく」解決に持ち込むことになる。

　次の断片は，ホルダーを付け替えた際，同じビス穴を使うと傾いてしまうことがわかり，新しいホルダーをどこにつけるか検討する場面である。職人は新しいホルダーを壁にあてがってビス穴をどうやって隠すか，家主とともに検討することになる。この際，家主がビス穴が見えないように，上にあげて取り付けたらよいのではと提案する。

【断片1】

26 家主：　あれっ　これだと曲がってないですかね　　　ど:う:?
27 職人：　いや曲がってますよこれ
28 家主：　曲がってるよね:(だ)何だよあの内装屋さん
29　　　　(7) ((職人,下を向いて工具を探す))
30 家主：　そしたら逆にね
31 職人：　°ええ°
32 家主：　これをここが見えないよう(.)上げ[たら
33 職人：　　　　　　　　　　　　　　　　[S::そうする　[とね
34 家主：　　　　　　　　　　　　　　　　　　　　　　[ビスの　　[い—
35 職人：　　　　　　　　　　　　　　　　　　　　　　　　　　　　[そう:
36　　　　するとねビスが見えちゃうんですよね今度はね
37 家主：[え?ビスが見えると
38 職人：[ビス穴が
39 家主：(.) あ:　下の部分が出ちゃう
40 職人：これちっちゃくなってるから 前のより前のでかいんですよね
41 家主：なるほど
42 職人：これでぎりぎりなんで
43 家主：ええ あそしたら左右にずらやせば　あでも左右にずらせばこのビス穴がね()
44 斜めのとこなお:すのに近くなっちゃうでしょビスの穴が
45 (0.5)
46 家主：[平行に　　]
47 職人：[そうですね]
48 家主：(.)するってことは

49 (4.5)　((職人はホルダーを一旦外して,再検討することに))

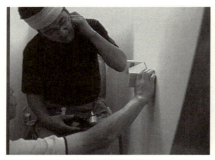

写真1（32行目）　　　　　　　　　　写真2（43行目）

　ここで，家主は,「ここが見えないように(.)上げたら」(32) と提案する（数字は行数を示す。以下同様）。それに対して，職人は,「S:: そうするとね」(33),「そうするとビスが見えちゃうんですよね今度はね」(35-36),「ビス穴が」(38) と根拠を示して反論する。この反論は，家主の提案が完成する前に，職人が割り込んで発話されている。家主は，主張を続ける (34) が，職人は発言をリスタートし (35)，家主はビスが見えることを確認する (37)。そして，最後に，短い沈黙の後「あ:下の部分が出ちゃう」(39) と，気づきの発話の後に理解を示す。職人は，ホルダーの形が前のより小さいことが理由だと述べ (40)，家主は納得する (41)。この後も家主はホルダーを左右にずらすことなど職人に提案していく。

　この場面では，家主が作業の「要望／提案をする」というカテゴリーに結び付いた活動を行っている。これは，家主が生活体験から得た知識であると同時に，仕事の依頼主としての活動カテゴリーでもある。一方で，職人は，専門知識に基づいた「説明を行う」。これは場合によっては，家主の要望に「応じない」という活動になってしまう可能性がある。その場合，依頼する者／依頼される者という非対称な関係の中では問題になりうる活動となる。つまり，要望に応じないことは，家主の機嫌を損ねる事になりうる活動であり，非優先的な活動となりうる。

　一方で，職人の専門知識による「説明」(35, 38) は，素人が「納得する」とい

う応答と組み合わされるペアとして続ける可能性を開くものでもある。ここでは，職人は，家主の要望に応じないということで即応しながら，同時に専門家による「ビス穴が見える」という「説明」を行なっている。しかも，直前(33)では，家主の発話に「S::そうするとね」と割り込み，それに対して家主も「ビスのい-」と割り込みをしており，さらに職人も「そう:するとビスが(略)」(35, 36)とリスタートしながら割り込んでいる。

これに対して，家主は，「あ:」という発話の後に，「下の部分が出ちゃう」という「納得」(39)という応答をすることになる。

ここで職人は，専門知識による専門的な説明をしているだけではない。むしろ，専門知識を，家主（素人）に理解可能なような形にして発言する（「ビスが見えちゃうんですよね」）ことで，その事態を家主が見えるようにデザインしている。すなわち，家主（素人）に理解可能なように提示された専門家の説明に対して，素人が「自分で発見する」ようにデザインされているのである。

そのため，家主は「短い沈黙」の後に「事実に気づいて」納得することを，「え？　ビスが見えると」(37)「あ:下の部分が出ちゃう」と2度繰り返している。しかも最初は，「え？」(37)と驚きと疑問を持って応答しているのに対し，次では，「あ:」(38)と納得した後での応答となっている。

職人が「これちっちゃくなってるから　前のより　前のでかいんですよね」(40)との説明をすると，家主は「なるほど」(41)と納得している。

ここで専門家が行っている実践は，専門知識の伝授といったものではなく，現前の事態のどこを切り取ってみるべきかを示すことにより，素人（家主）が自分で確認するという可能性を開いたということになる。素人である「家主」（「職人―家主」の対である「家主」）は，面子を損なうことなく，専門家である「職人」（「家主」と対になる）の説明に対して納得することができたのである。

なお，この場面がサービスエンカウンターらしく見えるのは，「職人―家主（施主）」という集合が，「サービス提供者―顧客」という集合を参照できるからである。つまり，ここでは，「意思決定」が「顧客／家主」にあるものとして扱われており，「サービス提供者が顧客に意思決定を委ねる」場面として見ることができるのである。そのため，「専門家―素人」というもう一つの集合を参照した「専門家が素人に意思決定を委ねる」とは見えにくくなっている。この

ように，一つの相互行為は，ほんの短いやりとりであっても複数のカテゴリー集合が用いられ，また，それに関係するカテゴリー集合を参照しながら，成し遂げられていくのである。

さて，この一連の会話はどのように収束を得ただろうか。この後，家主は職人の説明を聞いて，一つのビスを固定すればうまくいくことを「提案」し，職人は「ビス」が壁に「きくんだ」(有効に止められる) とを述べることで「家主の提案を受諾」し，それによって，作業が共同で遂行されることになったのである。この際，「家主─職人」は，先に述べた「工事契約者」の集合であり，「顧客─サービス提供者」の集合と重なってみることができる。

以上のような職人と家主のやりとりは，ささいなやりとりではあるが，うまく処理しなければ大きな問題（クレームなど）になりかねないものである。これらを見ると，このような小さな積み重ねによってサービスエンカウンターの秩序が維持されていっていることがわかる。

4.2 リモコンの位置というイシューと合意形成

職人はペーパーホルダーの1つを水平に設置し，その下部に予備のホルダーを設置する位置についても家主と合意する。次に，トイレの洗浄装置のリモコンを設置する場所について職人と家主が決めていくことになる。

ここでも前記の例と同様にさまざまなカテゴリーを用いた相互行為の実践を見ることができる。また，職人はそのカテゴリーに応じた説明を実践することで家主に現象の見方を呈示する。その過程で職人は家主による生活上の要望を聞きながら，一方で専門家としての見解を述べ，設置場所についての合意を目指すことになる。

写真3（95行目）

写真4（103行目）

写真5（118行目）

【断片2】

81　職人: そうすると：
82　家主: うん
83　職人: リモコンを＝((リモコンをホルダー左に当てる))
84　家主: ＝リモコンをやっぱり［そこですよ
85　職人:　　　　　　　　　［これなら近いんだよなあ
86　家主: (.) うんだって前そこについてたんですよ
87　職人: そうですか
88　家主: うん
89　職人: こんな近いとこに
90　家主: うん
91　職人: ふふん((リモコンを一旦手元に下げる))
92　家主: (0.5)　いや右手で*操作するならここでしょ

第2章　職人の技術と顧客コミュニケーション　　　　　　　　　63

```
                        *職人,一旦ホルダー上にあてがってもどす
93  ((職人,自分から見て右の壁に向く))
94  家主: (1.0)いやいやそこに置いといて((ホルダー左にあてがう))
95  職人: あ:ここに　[こう*いうねえ　*右手人差し指でボタンを指差す
96  家主:　　　　　　[そうそうそう
97  家主: うん　だからそんなに違和感なかったんだけど
98  (2.5)((ホルダ左にあてがう))
99  職人: 並び[にして
100 家主:　　[でも (1.0)う, 上*だと高いかい
                        *家主がホルダー左上を指して, 職人がそこにリモコンをあてがう
101 職人: うんこれねえ(とり)ますよねえ　これがおいた状態を噛まさない
102      と(　)なんですね　((ホルダ上にあてがう))
103 家主: で たとえばオートにしてないと 用足して立ち上がったときに=
104 職人: =そう[ですね
105 家主:　　　[流す*のに　　　*リモコンを指差す
106 職人: ええ
107 家主: この*ぐらいあってもいいよね　　　*リモコンを指差す。
108 職人: ええいいですよ
109 家主: べつにそうやったままお 尻洗うんだって届かない　　　[(ことない)
110 職人:　　　　　　　　　　　　　　　　　　　　　　　　　　　[そうだけど(0.5)
111          ぼくは(.)このほうが[楽ですけhどhね
112 家主:　　　　　　　　　　　　[うん
113 (.)
114 職人:[この- こっちに=
115 家主:[じゃ(そこ)うん
116 職人: =あるよりは
117 家主:　　゜それそこにつけで゜
118 職人: (.) ぼくの大きさでは huh
119 家主: また奥さんなんか言うかもしれないけど もう付いちゃったからいいって言って=
120 調査者: =huhuhuh
```

　ここで職人は, 最初にリモコンをホルダーの左にあてがってみる(83)。これは職人がそれまでの経緯から家主はホルダーの左にリモコンがあるべきだ

と考えていたと推察できる．その発言を家主は，即座に引き取って「リモコンをやっぱりそこですよ」と応じる (84)．しかし，職人は，「これなら近いんだよなあ」(85) と割り込みながら独り言のように発言する．これに対して家主は「うんだって前そこについてたんですよ」(86) と説明する．職人は「そうなんですか」と応答して，「こんな近いところに」と再度自分の見解を繰り返す．

　ここまでの相互行為で，リモコンの設置場所に関して職人と家主の間には見解の相違があることがわかる．このリモコンの設置場所というイシューに関して，職人は顧客とこの場で合意形成をして，顧客の目の前で作業をしなければならないというタスクが生じたことになる．

　この後，職人はリモコンを一旦手元に下げる (91)（この場所は「ホームポジション（定位置）」ともいえる）．家主は，ホルダーの左に設置することについて「いや右手で操作するならここでしょ」(92) と追加説明をする．その際，職人は，リモコンを持ってホルダー上部にあてがっている．このとき，家主はホルダー左が従来からの設置場所で，（右手で操作できるので）合理性があるという説明をすることになる．これに対して，職人は，リモコンがホルダーの左にあることに対する自分が持った違和感に対する代替案を身体動作で示していることになる．ここで，職人は発話ではなく身体動作によって，リモコンの設置場所に関する他の可能性を提示している．

　職人はこの家主の発話に対して，自分の（右手で操作できる）右側の壁を向くが，家主はホルダーの左においたまま，右手で（クロスして）使うのだと述べた (94)．職人は，この提案を受けて，座ったまま右手で左側にあるリモコンを指で押す格好をする．家主は「そうそうそう」(96) と言って，ホルダーの左にリモコンがあっても「そんなに違和感がなかったんだけど」と述べている．

　ここで職人は，家主のリモコンの左に設置するという依頼に対して，直接反対はしていない．ホルダーの左に置くことに対する職人自身の見解を独り言のように述べたり，リモコンをホルダーの上にあてがうと同時に，家主がリモコンの左に設置した理由を十分聞く時間を設けている．これは，職人が，「家主という顧客」の見解を聞くという「職人—顧客」集合を参照した「カテゴリーに結びついた活動」をしていることがわかる（このとき，「専門家—素人」のカテゴリー集合は背景に隠れる）．そして，家主は自分の見解が十分聞かれたこと

によって，次のような変遷が可能になったと考えられる。

　職人はこの後，家主の提案通り，リモコンをホルダーの左にあてがってみて（ホルダー左の）「並びにして」(99)と発言している。それに割り込んで，家主は「でも」と，それまでと異なった発言をしはじめる。家主は，ホルダー左上の部分を指差し，職人はそこにリモコンをあてがうと，家主は「上だと高いくらい」(100)とコメントをする。

　職人は，リモコンをホルダーの左上から右方向（つまりホルダーの上）に移動させながら「うんこれねえ」と発言を始める。ホルダーの上の水平器を取り除いてリモコンをホルダーの上にあてがい，「これがおいた状態を噛まさないと」と，ホルダーを開けた時にカバーが重ならないようにリモコンを上部に設置することを前提に，専門家としての作業工程を説明している。

　家主は，（素人としての）生活上の経験から「たとえばオートにしてないと 用足して立ち上がったときに」と述べる。これは，リモコンがホルダーの左に設置した場合には，リモコンのオート機能を停止した時，用をたして立ち上がった後では操作しにくい例を出してきている。ここでは，改修以前はリモコンをホルダーの左に設置していたというそれまでの主張から，ホルダー上部に設置したことのメリットを話し始めている。これに対して，職人は即座に「そうですね」(104)と同意し，家主も「流すのに」(105)「このぐらいあってもいいよね」(107)とホルダーの上のリモコンを指さしながら発言している。つまり，ホルダーの上部にリモコンを設置することを容認したのである。これに対して，職人は「ええ」(106)「ええいいですよ」(108)と次第に強い同意を示している。

　ここの98行-108行において，家主は見解の変遷が見られるわけであるが，それは，職人のリモコンを設置場所にあてがうという身体動作によって，いろいろな場所に設置できるという提案に促されて行われたものである。つまり，職人は家主の見解を十分に聞いた後，それに反論するのではなく，身体動作によって設置場所の複数性という提案を行い，家主はそれにコメントを述べるという形式で見解を変遷させ，職人の提案を受け入れていくことになる。ここでも職人は，専門家として，リモコンの設置場所の複数性を，顧客／素人に理解可能なように提示し，見える化（visualize）することにより，顧客

／素人自身が発見できるように促しているのである。

次に家主は，座った状態でもリモコンがホルダーの上に手が届かないわけではないという消極的な容認を述べる(109)。これに対して，職人は家主の発言に割り込みながら「そうなんだけど」同意ながら(110),「ぼくはこの方が楽ですけどね」と,「個人の見解」という形式で述べている。ここで職人は，専門家としてと同時に「利用者」として家主（＝利用者）と同格に「楽です」と見解を述べているのである。利用者本人にとって「楽」かどうかということは，利用者というカテゴリーに発言権があるものである。しかも，このとき職人は,「ぼくは」と自分自身に限定して，家主と同じカテゴリー集合（利用者―利用者）の一員として，相手にも「利用者」として語る権利を残しつつ発言をしている。

引き続いて職人は，自分の場合は「こっち」が「ぼくの大きさでは」楽だということを述べているが，それに重ねるように家主は「じゃ（そこ）うん」(115)と，ホルダーの上にリモコンを設置することに同意し,「それそこにつけて」(117)と遂には，職人の提案を受け入れるのであった。

さらに家主は「また奥さんなんか言うかもしれないけど　もう付いちゃったからいいって言って」(119)と，自分の「奥さん」への対策も，職人に提案した。これは，家主と職人が共に「奥さん」への対策を考えるという，家主と職人の共同決定への共犯性を示すとともに，職人は家主との合意を適切に行なって顧客対応ができたということの証左でもある。

部外者から見るとリモコンやペーパーホルダーの位置など細かいこだわりにしか見えないかもしれないが，こういったことは，工事を目の前にした当事者にとっては見逃せない重要点なのである。このような小さな重要点が折り重なることによってサービスエンカウンターは遂行されていることがこの考察からも理解できる。

5. コミュニケーション能力とカテゴリー化の実践

本章では，住宅設備工事での職人と家主のサービスエンカウンターの相互行為を成員カテゴリー化装置の発想を用いて検討してきた。サービスエンカウンターの現場では，さまざまな予想できない事柄が発生する。それにひと

つひとつ対応していくというのが顧客対応ということになる。本章では，その顧客対応においてカテゴリー化というものがどのように関係しているかを考察してきた。

　その中で，例えば，ペーパーホルダーのビス穴を隠すということに対して，家主は「提案」して職人は「受託」するという活動ペアがある一方で，職人は，専門知識を伴う「説明」をして，家主／素人は（その活動ペアである）「納得」をすることになる。家主の提案に対して職人が受諾しない際に，根拠ある説明を行う。その際には，家主（施主・顧客）は，職人（サービス提供者）から現象が理解できるように提示され，自分で発見できるように促されるのである。そして，「説明」の活動ペアである，施主の「納得」を導くことによって事態を収束させていた。

　また，リモコンの設置場所についての家主の「提案」に対し，職人は専門家として違う場所が良いと考えた。そのため，家主の「提案」の理由を十分に聞いてから，リモコンを別の場所にあてがうという身体動作で，設置場所の可能性を複数呈示するという専門家としての「提案」をしながら，サービス提供者として家主の「同意」をとりつけ，設置場所の共同決定へともっていったのである。

　このように，サービスエンカウンターの相互行為は，「サービス提供者─依頼者」「専門家─素人」などの非対称カテゴリー集合に加え，「利用者－利用者」という対称的カテゴリー集合を参照しながら，それに結びついた活動を次々と行っていくコミュニケーションとなっていることがわかる。

　また，本稿では，サービスエンカウンターにおいて必要とされる，いわゆるコミュニケーション能力について述べてきたとも言える。それは，このような相互行為におけるカテゴリーを用いたさまざまな実践であり，日常的に見える空間の中でどこを見て，どこを切り取って示すか，つまり「何をどう見ていいか」を専門家が利用者／素人の目線で呈示することによって，利用者／素人自身が意見を言えるようにすることであることを，本研究では示唆することができた。

参考文献

是永論, 2007, 「プランが『見える』こと——配管工事現場における携帯電話利用を事例に」『応用社会学研究』49: 29-51.

Francis, D., and Hester, H., 2004, *An Invitation to Ethnomethodology: Language, Society and Interaction,* London: Sage.

Hindmarsh, J., and Heath, C., 2000, "Sharing the tools of the trade: The interactional constitution of workplace objects," *Journal of Contemporary Ethnography,* 29(5): 523-562.

前田泰樹・水川喜文・岡田光弘編, 2007, 『エスノメソドロジー』新曜社.

水川喜文, 1997, 「ビデオゲームのある風景——インタラクションの中のデザイン」山崎敬一・西阪仰編『語る身体・見る身体』ハーベスト社, 123-146.

水川喜文・中村和生・浦野茂, 2014, 「社会生活技能訓練におけるカテゴリーと社会秩序——自閉症スペクトラム児への療育場面のエスノメソドロジー」『保健医療社会学論集』24(1): 31-40.

Murphy, K. M., 2011, "Building stories: The embodied narration of what might come to pass," Goodwin, C., LeBaron, C. and Streeck, J. eds., *Embodied Interaction: Language and Body in the Material World,* Cambridge, UK: Cambridge University Press, 243-53.

Sacks, H., 1972, "On the analyzability of stories by children," Gumperz, J. J. and Hymes, D. eds., *Directions in Sociolinguistics: The Ethnography of Communication,* New York, NY: Holt, Reinhart and Winston, 329-345.

Sakai, S., Korenaga, R., Mizukawa, Y. and Igarashi, M., 2014, "Envisioning the plan in interaction: Configuring pipes during a plumbers' meeting," Maurice, N., Haddington, P., Heinemann, T. and Rauniomaa, M., *Interacting with Objects,* John Benjamins, 339-356.

第3章 「不十分な」助言の十分な達成
――電話相談における〈助言者‒相談者〉という装置

中村和生

1. 電話相談の教育と相談実践の秩序

1.1 電話相談の教育

　医療系の電話相談として著名な「いのちの電話」はイギリスで1953年，日本で1971年に始められている（樋口 2001; 安川・安藤 2002）。日本でも30年以上の伝統を持つ，こうした電話相談や医療面接などをどう行うかにかんしては，少なくともその態度や理念については教育が施されてきた。たとえば，医療面接にかんする教科書は，面接技法の一つである「明確化」にかんしては，「適確さ」と「独善的な間違った理解」が対比され，「独善性」という資質に由来する「間違った理解」は，「集中力」と「敏感さ」という別の資質で防止できるのだという主張がなされている（斉藤 2000: 50）。ここから，「集中力や敏感さをつねに持たなければならない」や「独善的になってはいけない」というような，主に個人の内面の態度に言及するような理念的主張が引き出されていくことは想像に難くない。

　しかし，上記のような理念的主張だけでは，教示としては内容に乏しいように思える。ここからは，面接や相談という営為の瞬間瞬間において，どのような振るまいをすべきであるのか／ないのか，全く見えてこない。何を，いつ，どの展開ですべきなのか，わからないままであるからである。こうした主張は，ある種の説得力を持つにもかかわらず，それだけでは実践的意義は低い。

1.2 相談実践の秩序

　こうしてみると，電話相談や医療面接の実践が相互行為であるという，こ

の極めて単純な事実が軽視されてきたことがわかる。とくに国内に限ると，電話相談にかんして，相談そのものの分析的解明はあまり試みられていない[1]。その一つの理由は，相談という営為と相互行為の分析との接点がさほど考慮されていないことにあると思われる。本章では，相談や面接といった活動じたいに立ち返り，まさにそうした相互行為の中において，どのような振るまいが織りなされているのかを分析的に解明していく。

　本章では，まず，一つの電話相談全体の概観を示し，その各局面の独特の性質について簡単に触れる。そして，この性質から注目できる現象として，助言の先取りを取りあげる。つぎに，とくに〈相談の訴え⇒助言⇒助言の受諾／拒絶〉という一連の活動を素材にして〈助言者─相談者〉というカテゴリー対に注目し，このカテゴリー対が一つの成員カテゴリー化装置であることの含意を掘り下げる。そのうえで，助言の一つのやり方として，他のカテゴリーの動員を取りあげる。さいごに，こうした分析的解明が電話相談にとって持つ意義ならびに分析上の課題について触れたい。

2. 成員カテゴリー化装置とシークエンスの組織化

　本章では，電話相談という相互行為の組織化を解明していくにあたり，会話分析の技法によってもたらされたシークエンスの組織化にかんする知見とともに，成員カテゴリー化装置（MCD, Membership Category Device）という初期サックスの知見を同時併用する方針をとる。併用をめぐるシェグロフの警告をおさえつつ，成員じしんの記述，ならびに成員にとって適切な志向性を解明するという目的から，両知見を同時併用していく（Schegloff 1991; 中村 2006）。

　本章では，「成員カテゴリー化装置」（第 2 章を参照）のうちとくに，見る者の格率と一貫性の規則を用いる。見るものの格率とは，「あるカテゴリーに結びついた活動がなされており，しかも，その活動が結びついているカテゴリーのメンバーによってその活動がなされているのを見るのなら，そのように見よ」（Sacks 1992 I : 259）というものである。つまり，ある人がどのカテゴリーの下に認識されるのかは，そのカテゴリーと規範的に結びつく活動がなされていることによって，カテゴリーそのものには言及されていなくとも，定まり

うる,という格率のことである。例えば野球でいうなら,ある人によって「投球」という活動がなされており,それが「投手」によってなされると見ることができるなら,「投手」が「投球」しているとわざわざ言わなくても,そのように見ることができる,というものである（Sacks (1972: 225) も参照のこと）。

一貫性規則とは,ある人が既に何らかのカテゴリーの下に認識されている状況では,それにつづきカテゴリー化される別の人は,既に用いられているカテゴリーが所属している集合の中のいずれかのカテゴリーによって,ふつう認識されてよい,というものである。例えば,野球でいうなら,ある人が「投手」とされる状況で,ある場所で棒を持っている人は「バッター (打者)」と認識されるときに使われる規則である。

この他,隣接対とシークエンスの組織化にかんしては,第1章を参照されたい。本章では,隣接対という概念の定義を超え出る現象にも,条件づけられた関連性の特質を持つがゆえに当該の相互行為を秩序だてている行為連関があることを示し,分析に用いていく。

3. 電話相談の各局面の順序づけられた性質

3.1 電話相談の概観

本章では,ガンの相談を専門とする機関への相談電話を素材として分析する。つうじょう相談の電話においては以下のような筋道をたどる。電話の最初に,通話者を相談者として確定する。つぎに,相談者の氏名／年令／住所／相談者と患者の関係／患者の年齢が聞かれ,相談者による患者の病態報告が続く。患者の病態報告の際,相談者が順番を取り,その順番取得を助言者が支持していくが,ときに助言者は積極的に相談者の順番に介入して,病態の詳細をさらに話すよう要請する。また,こうした要請は,いったん病態報告が終了した時点でまとめてなされることもある。

病態報告の後には,また助言者の質問があればその後で,相談が質問形式によって,明示的に訴えられて助言者が何らかの助言を差し出すか,あるいは相談の訴えなしに助言がなされる。助言はすぐに受諾されるか,あるいは拒絶される。受諾されない際には,さらなる助言などが行われ続け,何らか

の形で相談者が納得すると，一つの相談事項が終了する。相談事項は一つ以上であることも多く，一つの相談事項の終了は別の相談事項の開始となり，先と同じやりとりが行われる。やがて，いくつかの相談事項が終わった際に，それにつづいて電話相談の終了のやりとりがなされれば，一つの電話相談が終わる。

　よって，この一連の相談活動には，いくつもの筋道があるものの，〈開始⇒病態報告⇒（相談の訴え⇒）助言⇒受諾⇒終了〉という各局面とその順序が存在する。

3.2 電話相談の各局面の順序づけられた性質

　上記で述べた各局面の順序は独特な規範的性質を持っている。第一に，これらの局面の順序のいくらかは，ある局面がその次の局面の論理的条件になるという性質を持つ。この順序の中にいくつかの隣接対が含まれていることが，その証左になる。〈助言〉とは〈相談の訴え〉に応じるものであるし，〈受諾〉や〈拒絶〉とは〈助言〉を受けてのものである。そして，こうした隣接対は先験的かつ偶有的な性質を持っている (Coulter 1983)。たとえば，〈病態の再報告〉の〈要請〉がなされたのに沈黙が続くのなら，発話のない事態ではなく応答たる〈再報告の欠如〉した事態として観察・報告可能となる。つまり，〈再報告の要請〉は〈再報告〉を必然的にもたらすわけではなく，参与者のその都度の行為に依存するという点で，隣接対は偶有的性質を持つ。いっぽうで，〈再報告の要請〉がなされたのなら，次の行為は，いかなるものであれ，〈再報告〉か否かという観点から観察・報告可能になるという点で，隣接対は先験的な性質を持つ。

　そして，隣接対のこの性質は，条件づけられた関連性という特質から明らかなように，直前の順番と直後の順番に限定されるものでもない (Shegloff and Sacks 1973)。そもそも隣接対にあっても，その第1部分と第2部分の間に，しかるべき順番やシークエンスであれば，その介入が許容される。この点を拡張させて，第二に，このような隣接する順番どうしを超えて働く性質は，この電話相談の各局面間においても少なからずあてはまる。たとえば，〈相談の訴え〉がなされれば〈助言〉がなされねばならないことになるが，この際，助

言のリソースとなるべき〈病態報告〉が不十分であった場合，助言者によって〈再報告の要請〉がなされ，応答たる〈再報告〉がなされる。その挿入連鎖の後に〈助言〉が開始されてよい。以上二つの意義で，先の局面の順序は独特な規範的性質を持っている。

3.3 先取り助言

　収集された断片において，こうした，各局面の順序の規範的性質という点から注目に価する現象は複数存在した。ここでは，助言の有効性からすれば最も注目できる，助言の〈先取り〉，つまり，相談者が相談の訴えを明示的に述べる前にそれを先取りして把握し，助言を繰り出すという現象を取りあげたい。一般に，〈先取り〉は，成功すれば少なくともなすべき事柄の省略となるが，失敗するリスクをつねに背負っている。もちろん，先の順序の性質からすれば，適切な理由によって先延ばしや省略が可能となる場合もあるだろうが，とくに〈先取り〉の場合，その適切性は結果に左右される側面がある。つまり，〈先取り〉に失敗するのなら，いくらかの根拠があったとしても，その〈先取り〉に負のサンクション——不平や非難やその示唆，あるいは違和感の呈示など——が付与されかねない。そして，この電話相談の目的が〈助言〉を得ることなら，〈相談の訴えの先取り〉はなおさら危険な側面をもつ。後の節で論じるが，不適切な〈助言〉は相談者の資格の問題にもつながりうるからである。さらに，別の問題として，〈先取り〉は，たとえ〈助言〉に成功したとしても，相談者や医療従事者たちからの批判にさらされるかもしれない。医療従事者にとっては「傾聴」こそが原則であり，〈先取り〉は，さしあたりはこの原則と齟齬をきたすからである。

　以上の事柄をふまえ，ここでは，失敗を回避するために，その成功の可能性を探ったうえで〈先取り〉を行うという無難なやり方を取りあげたい。

【断片１】
1 R：あーでーそうすると,どのあの,どのあたりにあったかによって
2 E：ええ
3 R：う2センチぐらいまでですと,温存療法とかっていうのは,この頃ねっ

4 E:ええ
5 R:できるようになった [あ
6 E: [無理だって
7 (0.5)
8 R:ちょっと無理ですかね,温存は無理だとね
9 E:は [い
10 R: [はいでは全摘は確実に治る可能性がありますから
11 E:ええ
12 R:ええ(0.6)あのぉー全摘もやむを得ないと思います

　この断片において注目したいのは,「温存療法とかっていうのは,この頃ねっできるようになった」という助言者(R)の発言である。まず,この発言による知識は「とかっていうの」というように不確かさを植えつけられている。また,助言者は「この頃」に「ねっ」を加えることで,付加疑問文のように,内容の是非について答えるよう投げかける形をとって,すでにこの知識を相談者が持っているのかどうかを尋ね始めている。
　このような指し手を打つのなら,以下のような対処が可能である。もしも相談者(E)がこの知識を持たないとわかるのなら,以降それを用いた〈助言〉を展開することができる。いっぽう,もしも相談者がこの知識をすでに持っているのなら,それにかんする〈病態報告〉などをうながす質問となる。この発言は,こうした二つの可能性に応じることのできる柔軟な指し手である。ここで相談者は「無理だって」と応答する。これは,自分は温存療法についてはすでに知っており,しかも医師には自分の病態で行うのは無理だと言われているという〈病態報告〉であるとみなせる。これをふまえて,助言者は〈相談の訴えの先取り〉をする形で,全摘手術せよという〈助言〉をしているのである[2]。

3.4 〈助言者―相談者〉という成員カテゴリー化装置

　さて,ここまで「電話相談」の参与者を「助言者」「相談者」と呼ぶことを前提に議論を進めてきた。しかし,こうしたカテゴリー把握じたい自明視できることではない。本項では,とくに〈相談の訴え⇒助言⇒助言の受諾／拒絶〉

という局面が連鎖していく断片をとりあげ，助言や助言者といったカテゴリーについて考察する。そして，こうした概念的前提を，先に挙げた成員カテゴリー化装置というサックスのアイデアに依拠して掘り下げておきたい。

　本章では，助言をする全ての者ではなく，助言という活動と規範的に結びつく者を〈助言者〉として捉えたい。たとえば，〈先生〉や〈先輩〉だけでなく〈友人〉や〈恋人〉であっても，つまりは誰であれ助言することはできる。しかし，それだけでは〈助言者〉の担い手であるとは言えない。本章において〈助言者〉であるとは，〈ある活動が織りなされていく際に，しかるべき状況において助言すべきである〉ということが規範として，参与者の振るまい全てに作動してしまう（ことが当人はもちろん，他の参与者にも観察者にも端的にわかってしまう），そうした活動内の助言の担い手である，ということになる[3]。そして，ある者が〈助言者〉であるためには〈相談者〉の存在が不可欠である。さらに，その際，〈助言者〉と〈相談者〉には，相談事項にかんして非対称的な資格が必然的に配分されることになる。つまり，相談事項にかんして〈助言者〉が正しく適切な知識を持ち，〈相談者〉はそうした知識を持たない。そうであるがゆえに，〈相談者〉は〈助言者〉に助言を求め，〈助言者〉はそれに応える。

よって〈相談者〉は，自らを〈相談者〉として呈示することで助言獲得の機会を得るいっぽう，相談事項にかんする自らの「知識の欠如」を認めることになるという論理的前提が導き出される。つまり，〈相談者〉は相談事項にかんする知識についてなら，〈助言者〉よりも語る資格が低いというわけである。

3.5 〈助言〉の資格，ならびに〈助言者〉への規範的志向性

　つぎに，上記の論理的前提はシークエンスにも関わる。「助言されること」は，「意見を述べられること」とは異なる。一般に「意見を述べられること」にたいする振るまいとしては〈不同意〉よりも〈同意〉が優先されるし，〈助言〉にたいしても〈拒絶〉より〈受諾〉が優先される。これは隣接対の優先性と言われる (Pomerantz 1984)。しかし，助言の〈拒絶〉とはたんなる非優先事項ではなく，〈助言者〉の資格にたいする疑義にもなりうる[4]。この点で両者は大きく異なる。これらのことを事例をとおして検討していきたい。以下の断片を見てほしい。これは，一つの助言がなされた後のやりとりである。

【断片2】
1 E:せん癌なんですよね＝
2 R:＝あぁ(せん)癌かぁ　　　あのぉ最初の子宮癌がぁ [　　　あっこれせん癌の
3 E:　　　　　　　　　　　　　　　　　　　　　　　　[えぇ
4 R:あんしゅあのぉ　子宮けい癌だったわけね
5 E:ええ
6 R:はい＝
7 E:＝せん癌ってぇのはそのぉ抗癌剤効がぁ?かな [り
8 R:　　　　　　　　　　　　　　　　　　　　　[効きにくいっていいますけどね
9 E:ええ
10 R:でも↑　　効きづらいって言いますけ [れども　でもぉ　　やぁやりますよ
11 E:　　　　　　　　　　　　　　　　　[はい

　1行目において，〈相談者〉は助言の不適切性を示唆し，7行目でその理由を明示的に述べはじめる。しかし，その際，「そのぉ」や「がぁ?」などを発言の中に組み入れる。ここに，この不適切性の言いにくさが示されている。そして，この順番に助言者は介入する。しかも，介入することによって〈助言者〉は〈相談者〉の始めた文を引きとるのだ。ここで，〈相談者〉は，同時発話を最小限にすることによって，助言者の介入にも引き取りにも負のサンクションを与えずに是認している。

　これらのことからわかるのは，「そのぉ」や「がぁ?」といった有徴を示すマーカーが用いられているのは，〈助言〉にたいしては〈拒絶〉することが非優先的な事柄だからというばかりではない。これは「せんガンに抗癌剤が効きにくい」(7, 8行目) という専門的知識を語る資格の問題でもある。電話相談において，ガンの専門的知識は助言のための一つの大きなリソースであり，〈助言者〉によって優先的に語られるべき事柄である。この規範的意味でも，こうした内容を持つ発言が〈相談者〉によってなされることは非優先的なのである。

　このような非優先性がお互いに気にかけられているからこそ，〈相談者〉は言いよどみ，〈助言者〉は介入して相談者の文を引きとり，つづけて〈相談者〉はその引き取りを是認して自らの発言をやめるのである。したがって，この

ようにして〈相談者―助言者〉というカテゴリー対は，この場においてレリヴァントな成員カテゴリー化装置として働いている。この装置の下にあるカテゴリーが規範的に志向されている。この規範的志向こそが，この場がまさに電話相談の場として存立することを可能ならしめているのである。

3.6 〈助言者〉の資格への異義申し立て可能性

さて，前項では，ある装置への規範的志向によって，その場にいる参与者は，お互いを，その装置内のカテゴリーの適切なる担い手とみなすよううながす様々な振るまいを織り成していくことを確認した。しかし，この規範的志向によってなされるのは，そのような促しばかりではない。参与者は，その装置内のカテゴリーやそれに結びついた活動を基準として，そのカテゴリーの不適切な担い手として評価／呈示されうる，ということでもある。このことは，ここで取りあげている〈助言者―相談者〉にかんしてもあてはまる。

そして，〈助言者〉と〈相談者〉とでは，この評価／呈示の可能性は等価でない。まず〈相談者〉の方は，いったん相談事項を持っているとみなされれば，そのカテゴリーに不適格な者となることは極めて難しいか，あるいは可能な場合でも，なされない。たとえば，〈助言〉がなされた後に，助言の〈拒絶〉の根拠として，これまで語られていなかった〈病態報告〉がなされる場合，たとえ〈相談者〉の方に〈病態報告〉の不十分さの責任が帰属して構わないような断片においても，〈相談者〉に負のサンクションが付与されることは決してなかった。これは，たとえ〈病態報告〉を十分にすることができなくとも，むしろその方が，相談事項にかんする知識を欠いている，すなわち，その相談事項の要点もおさえていないのだから，〈相談者〉としての資格を満たすことになるということであろう[5]。

いっぽう，〈助言者〉の資格の評価／呈示の可能性はそれなりにある。まず，先のカテゴリー化装置の観点からすれば，〈相談者〉は，自らが欠く知識にかんして相談を受ける以上，何らかの助言内容を専門的知識として間違っていると主張する根拠を欠いている，と言える。よって，もしも専門的知識の誤謬を指摘するのなら，別のカテゴリーを動員して資格を入手することが効果的となる。

調査機関の電話相談においては，たとえば，〈相談者〉の方が〈看護師〉というカテゴリーも担えるような事例が存在した。そのやりとりでは，〈助言者〉の資格に直接に疑義を差し挟む形で助言が拒絶され，〈助言者〉が〈医者〉でないことが非難されるなどした。つまり，相談事項にかんして，〈助言者〉の知識の方が上回るという概念的前提に，すなわち〈助言者〉の資格に異義が申し立てられたのである。これにたいして〈助言者〉は，謝罪をしながら〈相談者〉の非難を聞き続け，〈看護師〉でもある〈相談者〉に納得してもらえるような別の〈助言者〉に引き渡すことを提案した。

3.7 特殊なディスクレイマー——義務や責任などの否認宣言——による対処

　しかし，このようにして資格が入手される場合は多くないように思う。よって，〈助言者〉の資格じたいを明示的に評価することは難しく，むしろ，〈相談者〉は，自らの知識の十分さや自らの置かれた状況を示したりすることによって，その助言が現在の自分にとっては不適切なのだと示唆することができる。そして，もしも再三の助言の自分にとっての不適切性を指摘し続けたり，あるいはそもそも相談事項にたいする助言がなされないのであれば，それは〈助言者〉としての資格に強力な疑問を呈したことになる。以下の断片は，この点に関わるものである。この断片において，〈相談者〉は，ある治療法の効果や副作用にかんして〈助言者〉に相談している。

【断片3】
1 E ：っで，じゃもしっ，まっ副作用ある　副作用っていうかデメリットがあるとしたら，これっ
2 　：てどんなデメリットがあるぅあのぅ
3 R ：ええとss, そのsssぉ, (sss)う?んとぉ, あの具体的なことはあのぉ, ちょっとぉ, わた
4 　：くしぃー残念ながらわからないんですけれども，ですから，そのへんのことは，妹さんに，
5 　：ぁのぉお受け持ちの先生に，ぁのぉ相談のってもらったら 良いと思うんですよ
　　（中略）
22 R：あの, 何でも遠慮なく受け持ちの先生に，あの先程の漢方のことについても [,
23 E：　　　　　　　　　　　　　　　　　　　　　　　　　　　　　　　　　　[ぇー
24 R：そいからモルヒネの治療についても, あのぉー, お伺いたてた方がいいと思い　ます
25 E：はぁーあのちょっとお伺いしたいんですけれど

26 R:はい
27 E:こういうガン相談とかぁ
28 R:はい
29 E:よくあの, あのぅー医療相談とかっていうのっていうのは
30 R:はい
31 E:どれくらいまで相談にのって頂けるもの, レベル的に
32 R:(sssss) えーと, あくまでも, 御相談者からの情報だけで判断しますからねぇ
　　　(中略)
59 R:ぇぇ, そいで, たまたまこの電話相談やってるところXっXYですから, あのドクターが,
60 　:あのぉーまっあのぉー常駐してるわけじゃないですけども　[ぁの離れた
61 E:　　　　　　　　　　　　　　　　　　　　　　　　　　n [-
62 R:XYの方にぃいらっしゃるわけですけども, 　[まぁそれぞれぁの日常の業務やってますけ
63 E:　　　　　　　　　　　　　　　　　　　　　は [い
64 R:ども, まっぁの第一線で, ぁのーかn臨床の現場にいるぅ先生方ですからっ　[ぇぇ　今までの
65 E:　　　　　　　　　　　　　　　　　　　　　　　　　　　　　　　　　　　[ぇぇ
66 R:経験豊富ですからねっ　[電話だけでもっある程度の状況把握できますよねっ
67 E:　　　　　　　　　　[ぇぇ
68 E:あっ
69 R:うぅん, そいで, ぁの細かなお話にのって, ま頂けるわけなんですけどね
70 E:あー
71 R:nー　でも第一義には私どもがこうやって, ぁの御相談の内容を承っているわけです
72 E:あっなるほど
73 R:ぇー　(ss ss)
74 E:あとぅ
75 R:えっ
76 E:この後っって, まぁ当然(1.6)なんていうんでしょう, 普通であれば,
77 R:ぇぇ
78 E:どういう, なんていうんでしょう, ストーリーっていうのが出来ていくんですかねぇ,
79 　:あのぅ, まぁ, 抗ガン剤をたぶん使わないっていう方法とかも出てくると [思う( )( )
80 R:　　　　　　　　　　　　　　　　　　　　　　　　　　　　　　　　　　[出てくると思い
81 　:ますぁの抗癌剤があんまり, ぇぇと, まだ2回ぐらいやった　わけですか?

　注目したいのは, 25行目以降で,〈相談者〉が,〈助言者〉の助言を受けて「あのぅー医療相談とかっていうのっていうのは, どれくらいまで相談にのって

頂けるもの，レベル的に」と述べていることである。この質問は，助言にたいする〈受諾〉あるいは〈拒絶〉がなされる位置において，〈助言者〉の助言内容にいっさい言及せず，しかも助言のあり方について確認している。それは，直前の助言が事実上は相談には応えないものであるがゆえのものだと言える。こうしたことからすれば，この質問は，挿入された隣接対の第1部分であるばかりでなく，挑戦的な〈拒絶〉へと志向した指し手としても理解できる。

　この挑戦的な〈拒絶〉への方向性を含み持つ〈質問〉にたいして，〈助言者〉は〈医者への繋ぎ役〉としての役割を主張する〈回答〉をする。たとえ〈相談者〉は〈助言者〉の資格に直接に異議を唱えたわけでなくとも，シークエンス上の配置から，この〈質問〉を〈助言者〉の方でも，自らの資格（および，そうした資格の下に営まれる電話相談機関の存在意義）に関わる問題とみなしたと言ってよいだろう。そして「でも第一義には私どもがこうやって，ぁの御相談の内容を承っているわけです」と発言することによって，助言者は自らの〈助言者〉としての役割を限定した。この〈回答〉に続き，〈相談者〉は，この限定以前になされた〈助言〉にたいして〈受諾〉も〈拒絶〉もせずに，新たな〈相談の訴え〉をしていく点からすれば，この役割限定の呈示はさしあたり功を奏したと言える。

　こうした役割限定はディスクレイマー（disclaimer）――義務や責任などの予めの否認宣言――の一種とみなせるかもしれない。もちろん，ディスクレイマーはクレイムの前に置かれるのが通例であるので，この点が本断片において特殊であるけれども，32行目から71行目までにわたる助言者の発言は，予め用意された免責事項を読み上げるかのようになされている点でディスクレイマーのようでもある。医療系の電話相談におけるディスクレイマーの研究によれば，この，ある種の資格放棄を意味する発言の使用が，医療サービス側の知識の十分性を呈示しつつも〈助言者〉としての地位には積極的には上らないという立場設定に貢献している（Hopper, et al. 1995）。こうした立場設定をとおして〈情報提供者〉という位置づけを積極的にとることによって，〈助言者―相談者〉という成員カテゴリー化装置にまつわるポリティクスの可能性を排除する努力がなされているのである。そして，こうしたディスクレイマーを述べることは，電話相談のチェック事項としてすでに利用されている場合も

あるほどである。本項で取りあげた断片における〈助言者〉の振るまいも,〈情報提供者〉としての積極的位置づけがなされているわけではないけれども,同種の努力の結晶とみなすことができる。

このように,カテゴリー化装置への規範的志向によって,場面の参与者がその装置内のカテゴリーの担い手として不適切だとみなされる場合もある。その対処策は様々であろうが,その一つを検討した。すなわち,ある特定のカテゴリーの担い手としての位置付けを弱めたり,そのカテゴリーと結びつく活動との関係に追加項目を加えて特殊化することによって,なんとか当該カテゴリー化装置の下にその場を収めていくというものである。カテゴリー化装置に規範的志向があるということには,こうした資格の適切性をめぐるポリティクス,および,それに対処していく実践があるということでもある。

3.8 成員カテゴリー化装置どうしの相似性（形式的類似性）

このようにして,様々な実践をとおして〈助言者―相談者〉という成員カテゴリー化装置が規範的に作動しているからこそ,この電話相談は相談活動として成立している。とはいえ,もちろん,助言者の資格の維持は,電話相談における適切な助言の必要条件にはなっても十分条件にはならない。相談事項が治療にかんする事柄であれば,少なくともその当該の事項にかんする正しい医学的知識が若干であれ必要である。さらに心配事のような事柄であれば,そうした知識だけでなく,同調的態度なども必要になるかもしれない。

しかし,こうした医学的知識や同調的態度があるだけでも,しばしば適切な助言はなしえない。そうした知識や同調が相互行為の中で織りなされるあり方こそが,正しい医学知識や同調的な態度をまさに適切なものとし,助言を有効なものたらしめ,受諾に至るのである。ここでは,そのように助言を効果的にするあり方の一つとして,〈助言者〉が自らを他のカテゴリーの担い手ともすることに注目したい。

たとえば,看護師としての経験のある〈助言者〉は,しばしばその事実に言及した。

【断片4】
1 (1.4)
2 R：だからまぁ, あの, u::重複ガンって言うて全然別のガンが出るっていうことは, 珍しくな
3 　：いわけっ
4 E：(0.8) はぁ, め, まぁあるにはあるんでしょうけれども, 珍しいのかなっ [と
5 R：　　　　　　　　　　　　　　　　　　　　　　　　　　　　　　　　[いやぁ, あの
6 　：ぅだからね, えばあたし, 婦人科にいたでしょ
7 E：ええ

　このシークエンスでは，重複ガンが珍しくないことを〈助言者〉が教えるものの，容易には受容されないのを受けて，これ以降，看護師時代の経験が述べられていく。ここで問題にしたいのは，その経験の内実の持つ説得力ではない。先に述べた一貫性規則を用いると，看護師としても自らを呈示することはどのような含意を持つのか（Sacks 1972:219-221）。その含意は少なくない。この場面に参与するのは〈助言者〉と〈相談者〉の二人であるが，もしも〈助言者〉が〈看護師〉でもあるのなら，〈看護師〉が属するカテゴリー集合の中から〈相談者〉が別様にカテゴリー化され，そしてそのように認識されても構わない。すると，〈相談者〉は，〈患者〉や〈患者の近親者〉としても認識可能である。つまり，ここでは，〈助言者―相談者〉だけでなく〈医者／看護師―患者／患者の近親者〉という装置も働きうる。
　もちろん，このシークエンスでは助言内容の説得がなされている以上，あくまで〈助言者―相談者〉というカテゴリー化装置が支配的に働いている。よって，他のカテゴリーは助言のためのリソースとして言及されているに留まる。しかし，この枠内で〈看護師―患者の近親者〉という成員カテゴリー化装置は積極的な支援の役割を果たしうる。まず，この装置は〈助言者―相談者〉という支配的カテゴリー化装置と「区分上の一貫性 (partitioning constancy)」(Sacks 1992: i592) を持っている。つまり，二人の成員を二つに分ける点で同一である。しかし，そればかりではない。ここでの支配的装置が持つ非対称性を，この装置もそのまま持っており，かつ助言者が〈看護師〉の担い手でもある。こうした相似性によって，予め働いていた非対称性はさらに強固なものとされるからである。このような，二つのカテゴリー化装置のしかるべき配置によっ

て，〈看護師〉であることは〈助言者〉による助言内容の説得作業において有効に作用している。

3.9 成員カテゴリー化装置どうしの非相似性（形式的非類似性）？
　では，そのいっぽうで，その場において支配的となっている装置と相似性を持たないような装置が用いられる場合はどうなのか。そうした集合の要素たるカテゴリーの担い手となるのはトラブルを生じさせてしまうようにも想定できるかもしれない。以下の断片を見てほしい。

【断片5】
1 E:そでしたらね，5年(1.0)経ったら入れるんですか [5年
2 R:　　　　　　　　　　　　　　　　　　　[いや入れません
3 E:あもずっと入れ [ない
4 R:　　　　　　　[いっぺんな，ゼロ期でもなんでもいっぺんガンになったら保険は入れない
5 E:あ保 [険
6 R:　　 [ガン保険は入れん普通の保険は入れますよ
7 E:あ?=
8 R:=あたしだってガンの手術してから2年目に，簡易保険入ったもん
9 E:(1.4)えっ何の保険です [(か)
10 R:　　　　　　　　　　[簡易保険=
11 E:=簡易保け [ん
12 R:　　　　 [普通の生命保険ね
13 E:はぁい

　この断片は，一度ガンの宣告を受けた者はガン保険には入れないということをめぐるものである。注目したいのは，自らも〈ガン経験者〉であったことを告げる「あたしだってガンの手術してから2年目に，簡易保険入ったもん」という〈助言者〉の発言である。ここで，〈ガン経験者〉を一つのカテゴリーとして持つカテゴリー集合の中で，〈相談者〉が担えるカテゴリーとは何か。それは同じく，〈ガン経験者〉に他ならない。共成員性を持ちうるカテゴリーとは，場面の参与者をそのカテゴリー集合の同じ一部として含むカテゴリー化

装置内のカテゴリーである。直観的には，こうした呈示は，他のカテゴリーに比べて，しばしば，その装置が何らかの形で働く機会を提供するように思われる。つまり，ここで〈助言者〉と〈相談者〉は，あくまで助言の説得作業の枠内ではあるが〈ガン経験者―ガン経験者〉というカテゴリー集合の担い手ともなっているとみなせる。

さらに，この主張は，自分の〈経験〉として呈示されている。サックスが論じているように，〈知識〉を語る資格はその主張者に限らないいっぽうで，〈経験〉を語る資格は経験者しか持ちえない (Sacks 1992: i246)。よって，この自己呈示は，経験者しか持ちえないことに双方がそれぞれ達したことになり，お互いの共成員性が高まる可能性を持つ。

しかし，経験の共有による共成員性の強化は，それだけでは，〈助言者―相談者〉という成員カテゴリー化装置と折り合いが悪い。〈経験〉によって共成員性が確保されるのなら，同種の経験的内容にかんして，共成員が語る資格はさしあたり同等になるはずだからである。共成員性が持つこの対称性は，〈看護師―患者の親近者〉というカテゴリー対とは対照的に，そのままでは〈助言者―相談者〉というカテゴリー化装置が持つ非対称性と齟齬をきたしてしまう。もしも，助言する資格が双方に全く平等に分け与えられてしまうのなら，〈助言者〉という資格が持つ優位性はなくなってしまうのである。よって，一見したところ，助言していく中で共成員性を持つカテゴリーを動員するのなら，助言を差し出す条件が不十分なものとなってしまいかねないように思われる。

しかし，実際には，そのようにはなっていない。「簡易保険」についてのやりとりの後，〈助言者〉は「だぁ，保険，ガン保険諦めて，でもぉあの，元気になったらまた簡易保険でも入ったらよろしい」と直接的な助言を繰り出し，〈相談者〉は「はい，わかりました」と受諾するに至る。よって，助言は成功するわけであるが，それはなぜか。ここでは，助言を差し出す条件がむしろ別様に十分になっているがゆえに，成功を収めたと主張したい。

その根拠は，いくつかの点から考察できる。第一に，このシークエンスにおいては，共成員性が満足に機能する条件が満たされていない。それは，串田が的確に論じているように，共成員性がスムースに働くためには，そのや

りとりに先立ってその共成員性が参与者双方にとって利用可能となっていなければならない，という条件である（串田2001）。

　第二に，この発言は，〈助言者―相談者〉というカテゴリー化装置が支配的であるというシークエンス環境においてなされている。しかも，こうした環境に転換をもたらすような手続きとなる振るまいは何らなされていない。よって，かの発言は，〈助言者―相談者〉というカテゴリー化装置との「区分上の一貫性」に，また同時に，この装置がもたらすカテゴリー間の非対称性に方向づけられるのが自然である。よって，ここで用いられている〈ガン経験者―ガン経験者〉という共成員性は，助言を語る資格にかんして全くの対称性をもたらさない。〈助言者〉はたんなる〈ガン経験者〉ではなく，相談者が現在ある病状をすでに経過済みの経験者として自らを呈示している，と言えるだろう。つまり，ここで〈ガン経験者〉という共成員性は，むしろ〈ガンの経験済の者―ガンを経験中の者〉として立ち現れる。非対称性を担保にしたうえで対称性がもたらされている。この〈経験済の者―経験中の者〉という非対称的なカテゴリー対によってなら，もたらされるのは，やはり〈経験〉を語る資格の非対称性である。したがって，〈助言者―相談者〉という装置が持つ非対称性は，〈助言者〉が〈経験済の者〉であり，〈相談者〉が〈経験中の者〉である限り，維持されるだけでなく，かえって強固にされている，と言えるだろう。

　いっぽうで，この発言の時点では，これに先立つ共成員性は利用可能となっていない以上，非対称的な共成員性という特徴を持つこの装置は〈経験済の者〉という自己呈示をとおして，〈助言者〉によって初めて投げかけられたにすぎない。そうである以上，この投げかけられた非対称的な共成員性の働きは，その後のやりとりにも左右されることになる。〈相談者〉は9行目で，まず，若干の沈黙をはさみ，それにつづいて「えっ何の保険です（か）」という聞き返しを行う。これは，〈助言者〉を〈ガンを経験済の者〉として認めつつ，その詳細を尋ねるものとみなせる。つまり，投げかけられた非対称的な共成員性は受容され，かのシークエンス環境の下で働くものとなっていくのである。

3.10　ダメ押しとしての助言

　さて，こうした重層化されたカテゴリー化装置の下になされている，ここ

での振るまいは多少は複雑である。この断片において〈助言者〉は,〈相談者〉がガン保険に入れないことを主張し,〈相談者〉の方でも「あもずっと入れない」(3行目)と確認の質問をする形で理解を示す。この確認質問にたいして〈助言者〉は相談者を含めた加入不可能者を一般的に定式する。これを受けて〈相談者〉は「あ保険」(5行目)と言いはじめている。この発話は,確認のやりとりを受けて,自分が理解したことを示そうとしているようにとれる。つまり,〈相談者〉は,自らの質問にたいする〈助言者〉の答えを事実として受け入れている。しかし,〈相談者〉がガン保険にもはや加入できないという事実は深刻に残念なことでもあり,できればどうにかしたいことである。よって一つの解決策として,〈助言者〉は理解を示すこの発話に介入して,普通の保険に加入できることを伝えているようにとれる。

　ところが,この〈助言者〉の発言にたいして〈相談者〉は「あ?」(7行目)と述べるだけである。したがって,〈相談者〉の方では途切れてしまった理解呈示を再開しただけかもしれないが,一つの解決策を示した〈助言者〉からすれば,「あ?」は,その解決策への〈不満〉あるいは,そのような解決しか残されていないことへの〈後悔〉の表明ととれるのである。

　自らもガン患者であったことを告げる先の発言は,このような「あ?」を受けてなされている。こうしたシークエンス環境の下で,非対称性の中に対称性を組み込む装置が配置されることは,助言の有効性にたいして大きな意義を持つ。まず共成員性によって,同種の〈不満〉や〈後悔〉といった〈経験〉をした/してもよかった者は,その〈不満/後悔の解決策〉についてなら,現在そうしている者と言わば同じ資格の下に語ることができる。しかも〈経験済の者〉ならば,〈経験中の者〉よりも,これらの〈解決策〉について語る資格があるとされてよいからである。

　こうして,先の発言は,〈不満〉や〈後悔〉にたいする〈諦めの促し〉として有効に働いている。実際,先に述べたように,保険やガンについての相談者の質問に答えた後で,助言者は「だぁ,保険,ガン保険諦めて,でもぉあの,元気になったらまた簡易保険でも入ったらよろしい」と述べている。この明示的に諦めをうながす,解決策としての助言は,すでに先の発言に暗示されていたことへのダメ押しとなっているのである。かくして〈助言者〉は,〈相談

者〉から「はい，わかりました」という助言の〈受諾〉を取りつけるのである。

4. 電話相談の教育への実践的含意，ならびに分析上の課題

　本章では〈助言者―相談者〉という成員カテゴリー化装置を軸にして，その概念的前提を掘り下げ，他のカテゴリー化装置との併用が助言にもたらす効果について論じてきた。
　さいごに，分析上の課題，ならびに相談という営為への含意について述べておきたい。前者については，複数のカテゴリー化装置の同時作動について考察を深め，新たな知見を出す可能性を指摘することができる。本章ではシークエンス上すべき行為が定まっている相互行為を取り上げたため，支配的な装置という観点から分析を施したが，状況に応じて，もっと多様な装置どうしの連関がありうるだろう[6]。経験的研究を重ねることで，その多様性が描けるはずだ。
　後者について具体的に主張できるのは以下の点である。まず，〈開始⇒病態報告⇒（訴え⇒）助言⇒受諾⇒終了〉といった相談の局面ごとに〈助言者〉と〈相談者〉がそれぞれなすべきことは異なるため，局面ごとの指針も必要であろう。また，その際，実践者の営為は想起や反省だけではなく，実践そのものの記録を伴って再考されるべきである。そうすれば，「相手と同じ立場にたつようにすべきである／たってはならない」といった方針では有効な助言の様々なあり様を押し殺しかねないことに容易に気づけるだろう。たとえば，それだけならば相手の立場をとっているように思われる発言でも，それがなされるシークエンス環境に立ち返って検討してみれば，ただちに全く相手と同じ立場に立つことになるわけではなかった。〈助言者―相談者〉という成員カテゴリー化装置がまさに前景に押し出される〈相談の訴え⇒助言⇒助言の受諾／拒絶〉という局面において，そもそも「相手と同じ立場にたつ」ことは不可能である。そうした試みがなされたとしても，それは別の複雑な指し手として働いていたのであった。
　本章の分析から提出できる相談という営為にたいする主張はこの程度のものだけれども，これは実践的営為とその相互行為分析の持つ方向性の相違ば

かりではなく，相互行為の不変的特性に起因する。すなわち，相互行為という実践は，その都度の状況に応じつつ，その都度偶有的に達成されていくものであり，さらには，その実践の知識は命題として把握されている知識ではなく，方法的知識（Ryle 1949）に属するものであり，さらにはそうした知識はしばしば非推論的に産出されるものである以上，いわゆる改善的な介入にそれほど従順ではないという特性である。

とはいえ，こうした知識を対象化していくこと，つまり，一つ一つの指し手を，それが埋め込まれている局所的な秩序の中で詳細に見ていくかたちで様々な実践的営為を対象化していくことは，その実践のあり方に何らかの「問題点」を見いだすことに——このことに保証はないのだけれども——つながりうるものだ。そして，こうした呈示，あるいはそれからの知見は当の実践にとって少なからず有意義なものであるはずだ。それは少なくとも，何が適切かを直接指し示すことは難しいにしても，不適切な方向性が何であるのかを指し示したり，実践者たちが自らの営為にたいして適切なかたちで反省的な眼差しを向ける契機をもたらすことはできるだろう。

注
* 本章は，電気通信普及財団による平成 12 年度および平成 13 年度の研究助成『カウンセリング系電話相談におけるトラブル処理？がん電話相談の準備と連動しての研究？』（研究機関：徳島電話相談研究会，研究代表：樫田美雄）による研究成果の一部として行った学会発表ならびに論文を併せて加筆修正したものである。初出先（中村・樫田 2004）にかんしては，参考文献リストを参照されたい。今回，学会報告分と併せて加筆修正し，新たな論文として本書の一つにしていくにあたって，樫田より了承を得た。記して感謝したい。
(1) この活動の全体的規模や共通性・個別性については（橋本ほか 2001; 安川・安藤 2002）を参照。なお，第 4 節の最後の論点とも関わるが，保健医療の実践にたいする EMCA の貢献については，（中村・海老田 2016）などを参照。
(2) なお，この事例とは異なり，探りをいれない〈先取り〉もある（中村 2015）。
(3) したがって，日常語としての意味をせばめて〈助言者〉という語を用いるのは誤解を招きやすいかもしれないが，代替案が見いだせなかったため，本論文ではこの意味でこの語を用いることにする。〈専門家〉の方が適切な語であるかもしれないけれども，〈相談者〉との結びつきが悪くなってしまう。〈専門家〉と対になるカテゴリーは〈素人〉

以外には考えにくいように思われる。
(4) 〈助言者〉の担い手でない者が助言を行う場合,「意見」として処理されることもあれば,不適切な行為として受け取られる可能性もある。いずれにせよ,この者と助言とには規範的な結びつきがないことに基づき,やりとりが織りなされていくことになる点で,本章が対象とする現象とは異なる。
(5) この点にかんして,育児に関わる訪問看護を取りあげたへリテイジらの研究は示唆的である (Heritage and Sefi 1992)。この事例では〈相談者〉というカテゴリーはレリヴァントではないものの,子育て能力にかんする〈母親〉の不十分さが〈訪問者〉による〈助言〉を正当化している。
(6) たとえば,カテゴリー間の非対称性が逆転する成員カテゴリー化装置の導入とその除去による回復(西阪 1999),特定の行為遂行を目指してなされる区分上の一貫性の破棄(串田 1999),対称性を担保にした上で非対称性を組み込む装置の作動(安川・安藤 2002),また,その逆のかたちでの作動(安藤 2003),表裏一体化した二つの装置の適切な作動(水川 2007),折り合いのよくない2つの装置を橋渡しするような連関を生み出す出来事を創造的に加えることによる,両装置の同時作動(秋谷 2016)といった特質に焦点をあわせた経験的研究が挙げられる。

参考文献

秋谷直矩, 2016,「想定された行為者——プラン設計におけるユーザー概念使用の分析」酒井泰斗・浦野茂・前田泰樹・中村和生・小宮友根編『概念分析の社会学2:実践の社会的論理』ナカニシヤ出版, 240-258.

安藤太郎, 2003,「セルフヘルプにおける"同じ"経験と"違う"経験」『年報社会学論集』(関東社会学会) 16: 212-224.

Coulter, J., 1983, "Contingent and a Priori Structures in Sequential Analysis," *Human Studies*, 6(4): 361-376.

Heritage, J. and Sue, S. 1992, "Dilemmas of Advice: Aspects of the Delivery and Reception of Advice in Interactions Between Health Visitors and First-Time Mothers," Drew, P. and Heritage, J. eds., *Talk at Work,* Cambridge: Cambridge University Press: 359-417.

樋口和彦(監修), 2001,『ひとりで悩まずに……いのちの電話』ほんの森出版.

Hopper, R., et al., 1995, "Two types of institutional disclaimer at the cancer information service," Morris, G. and Chenail, R. eds., *The Talk of the Clinic,* Hillsdale, New Jersey: Lawrence Erlbaum Associates, 171-184.

串田秀也, 1999,「助け舟とお節介——会話における参与とカテゴリー化に関する一考察」好井裕明・山田富秋・西阪仰『会話分析への招待』世界思想社, 124-147.

串田秀也, 2001,「私は—私は連鎖」『社会学評論』52(2): 36-54.

水川喜文, 2007,「障害者介助実習の実践学——障害者自立生活のカテゴリーと介助シーク

エンス」山岸健編『社会学の饗宴』三和書籍，351-373.

中村和生，2006,「成員カテゴリー化装置とシークェンスの組織化」『年報社会学論集』(関東社会学会) 19: 25-36.

中村和生，2015,『ポスト分析的エスノメソドロジーの展望と展開』，博士論文（明治学院大学大学院, 未刊行）．

中村和生・樫田美雄，2004,「〈助言者－相談者〉という装置」『社会学評論』55(2): 80-97.

中村和生・海老田大五朗 2016(forthcoming)「保健医療の実践のエスノメソドロジー＆会話分析研究～録音・録画メディアの利用と臨床への介入的貢献～」『保健医療社会学論集』第27巻第1号

西阪仰，1999,「『日本人である』ことをすること——異文化性の相互行為的達成」（2章）西阪仰『相互行為分析という視点』金子書房，73-103.

西阪仰，1999,「『解釈すること』をする」（5章3節）西阪仰『相互行為分析という視点』金子書房, 172-189.

Pomerantz, A., 1984, "Agreeing and Disagreeing with Assessments: Some Features of Preferred/Dispreferred Turn Shapes," Atkinson, J. and Heritage, J. eds., *Structures of Social Action,* Cambridge: Cambridge University Press, 57-101.

Ryle, G., 1949, *The Concept of Mind,* Hutchinton. （＝1997, 坂本百大ほか訳『心の概念』みすず書房．）

Sacks, H., 1972, "On the Analyzability of the Stories by Children," Gumperz, J. and Hymes, D. eds., *Direction in Sociolinguistics,* Holt, Rinehart & Winston, 325-345.

Sacks, H., 1992, *Lectures on Conversation* (2 vols.), Oxford: Basil Blackwell.

斉藤清二, 2000,『はじめての医療面接』, 医学書院．

Schegloff, E., 1991, "Reflections on Talk and Social Structure," Boden, D. and Zimmerman, D. eds., *Talk and Social Structure,* Polity Press, 44-70.

Schegloff, E. and Sacks, H., 1973, "Opening up closings," *Semiotica,* 7: 289-327.

安川一・安藤太郎，2002,『オンライン・セラピー——メディア媒介的な社会的サービス活動の正確と課題』一橋大学大学院社会学研究科安川一研究室．

セクション2

組織コミュニケーションのデザイン

イントロダクション

1. 探求トピックとしての情報共有と意思決定

1.1 E. ビットナーの提案

　本セクションに収録されている南論文，酒井・粟村・池谷論文，五十嵐・水川・是永論文は，それぞれロボットラボ，IT企業，配管工会社とフィールドは異なるが，いずれも「組織」の「情報共有と意思決定」を扱っている。「組織」における「情報共有と意思決定」というトピックは，古くは M. ウェーバーによる近代的組織論としての官僚制の研究（Weber 1921-1922=1960-1962）を嚆矢として議論されてきたように，社会学では主たる関心のひとつである。

　社会学において「組織」を扱った各論のうち，エスノメソドロジーの文脈をさかのぼれば，おおよそ E. ビットナーにたどりつく[1]。エスノメソドロジーの創始者である H. ガーフィンケルの学生であり，後に組織研究や警察研究で名を成すビットナーは，1965年に発表された「組織の概念」と題された論文（Bittner [1965]2013）において，1965年当時の「組織研究」各論に対して，エスノメソドロジカルな観点での研究の重要性を主張している。

　その主張の骨子は，ウェーバーの官僚制の議論への批判に端的に現れている。すなわち「ウェーバーは，自身がその論考において挙げている官僚制の特質の意味とその正当性の根拠が，A. シュッツの言うところの日常生活的態度と社会的に是認された常識的な諸々の類型化のなかに埋め込まれていることを掴み損ねている」（Bittner [1965]2013: 180）[2]ゆえに，それ自体が探求なされるべきだということである。そして，「概念の意味やその概念のもとに包含されている用語と種々の判定は，それらの概念を使用できる能力を持った社会的に是認された人びとによる実際の行為場面での使用の研究によって発見されなければならない」（Bittner [1965]2013: 180）し，「したがって，（そのような）能力を定義することは，研究者の特権ではない。加えて，組織の概念に包含された合理性の使用に対する適切な方法と，その概念使用にかかる権利を統制する

規則も研究者は探さなければならない」(Bittner [1965]2013: 186) と指摘する。以上は，組織を研究対象としたエスノメソドロジー研究を進めるための基本方針として現在も参照可能である。では，こうした主張は，組織研究に対していかなる価値を有するものであったのか。

1.2 経営管理研究の文脈から

　組織研究を今日に至るまで積極的に展開している経営学——とくに経営管理の議論を見てみよう。時間動作研究や異率出来高制などによるマネジメントの科学化とそれによる作業効率の向上を目指した「科学的管理法」(Taylor 1911=1969) や，マネジメントの合理化に指向した「管理過程論」(Fayol 1916=1985) の提起，そして上述のウェーバーの「官僚制」の議論により，経営における公式的組織の「マネジメント」の重要性が認識されたことに端を発し，その後，経営管理にかかる理論化の試みや探求トピックの発見が積み重ねられていった。たとえばホーソン実験により，作業効率を向上させる要素として，労働者間関係やそこでの規範が影響していることが発見された結果，マネジメントにおける非公式的組織を重要視する「人間関係論」が提起された (大橋・竹林 2008)。

　こうした流れに対して，C. バーナードは，公式的組織にせよ非公式的組織にせよ，「組織は，2人以上の人びとが共通目的に向かって努力し始めるときに生じる」と定義したうえで，組織の要素（たとえば伝達，貢献意欲，共通目的）を挙げ，組織における「協働」の達成について，マネジメントという観点からの検討を進めた (Barnard 1938)。また，この議論を引き継ぎ，H. サイモンは組織の意思決定の重要性を主張し，「意思決定論」(Simon 1947=1989)，そして「組織均衡論」(March and Simon 1993=2014) を展開していく。このように，経営管理研究の展開は，組織研究にかかわる様々な探求トピックが次々と発見されていった歴史だとも言えるだろう。

　さて，再びビットナーである。先の「組織の概念」論文の注釈において，ビットナーはバーナード (1938) に好意的に触れている。すなわち，「形式的組織における行為の素晴らしいエスノグラフィックな記述が含まれた，傑出したいくつかの研究事例」(Bittner [1965]2013: 187) と記している。ただし，ここで

のビットナーの記述を理解するには注意が必要である。あくまでも彼は，エスノメソドロジー的に探求していくトピックを広げていくために——すなわち，研究者たちによって検討されてきた組織にかかる諸概念の再特定化研究プログラムを進めていくという目的にとって，「傑出した (prominent)」なものだと述べているのである。

こうした観点を理解するためには，ビットナーがウェーバーの「官僚制」の議論に対して加えた批判の一節を見てみるとよい。「(ウェーバーの) 官僚制の理論がほんの少しでも理論であるならば，それは，行為者による理論を精緻化し，純化したもののバージョンであるはずだ」(Bittner [1965]2013: 180)。つまり，ウェーバーを含む「組織」の研究者は，当該組織で人びとが活動していくために獲得し使用している概念をほかならぬ当該組織の人びとから学んだからこそ，「精緻化，純化」の作業が可能になっているということだ。ゆえに，ウェーバーらによって記述された組織の理論や特質について，そもそもそのような記述を研究者に可能にしたものを，それが「日常生活的態度と社会的に是認された常識的な諸々の類型化のなかに埋め込まれていること」に留意し，その実践の記述を通して解明せよと主張しているのである。この主張の対象として，バーナードの研究もまた例外ではない。

かくして，経営管理研究の歴史のなかで探求トピックとして発見され，理論的に検討されてきた「意志決定」や「情報共有」といった概念を，「実際に人びとがやっていること」に即した記述から再特定化していくという方針の研究が，従来の組織研究に対して価値を持つものとして展開していくことになる。

もちろん，研究の出発点を経営管理研究の文脈上に常に設定せよと言っているのではないことには注意してほしい。「当該組織のメンバーとなるコンピテンス (能力) を獲得していくことにより，そこで起きていることがわかるようになっていく」という点から見たとき，ウェーバーやバーナードらの専門的記述の前提的知識としてそれは彼らによって利用されるが，それ自体が専門的記述のトピックにはならない。しかし，それこそが明らかにすべきことなのだとビットナーは述べている。したがって，特定の組織において，「当該組織のメンバーとなるコンピテンスを獲得していくことにより，そこで起きていることがわかるようになっていく」ことを可能にする知識や規範，その参

照・使用の方法，そしてそこから生じる秩序の有り様に照準していれば，どのような現象であっても組織のエスノメソドロジー研究の対象になりうるのである。

　以上のような，組織研究におけるエスノメソドロジカルな視点の重要性は，組織研究分野においても，ビットナー以降折々指摘されてきた（たとえば，Weick 1969, 1993; Manning 1979; Orr 1996; Szymanski and Whalen 2011）。そして多様な組織のエスノメソドロジー研究が展開している。そのルーツとして，ビットナーのコンセプトは，「現在もなお組織のエスノメソドロジー研究のランドマークとして評価することができる」（Button 2013, 31）のである。

2. エスノメソドロジカルな組織研究の展開

　ここまでビットナーの議論を例に述べてきたような組織研究のコンセプトは，国際的学際研究領域である，1980年代半ばに発足した「コンピュータに支援された協調作業（Computer-Supported Cooperative Work: CSCW）における情報学とエスノメソドロジー・会話分析の邂逅を経たワークプレイス研究の興隆（Heath and Luff 2000; Luff, Hindmarsh and Heath 2000）と緩やかに交わっていく。

　CSCWでは，道具やテクノロジーの開発によって人びとの協調的作業を支援するシステムの開発が目標である。そのためには，いかにして人びとがテクノロジーや道具を用いて他者と協調的に作業を進めているかを明らかにする必要がある。その目的において，エスノメソドロジー・会話分析が注目され，様々な研究が蓄積されていった（Randall et al. 2007）。人びとがテクノロジーや道具を用いて協調的作業を行う場所として注目されたのは，「ワークプレイス」である。そして，エスノメソドロジー・会話分析研究者は，様々な「ワークプレイス」へと調査に向かった。したがって，「テクノロジー」「道具」「協調的作業」というCSCWのキーワードに「組織」が加わることは自然な成り行きであった。そしてそれは，「ワークプレイス研究」と呼ばれるようになる。

　たとえば，印刷工場における生産管理の秩序の修正と可視化実践（Button and Sharrock 1997），航空管制塔を中心とした航空機の離発着を可能にする実践（Goodwin and Goodwin 1996; Hughes et al. 1992），国際通貨基金における「紙」を含

めた様々なオブジェクトの使用と組織的ワーク (Harper 1998)，緊急通報センターにおける「通報のやり取り」とそこでの情報を記録していくテクノロジーの関係 (Whalen 1995)，ロンドン地下鉄管制室におけるモニターチェック等の管理業務の共同作業 (Heath and Luff 1996) など，様々なワークプレイスでの研究がある。いずれも，CSCW の文脈にある研究ゆえに，ワークプレイスにおける作業者の身体性や道具，テクノロジーのかかわりに注目した議論構成になっている。ただし，それらは，たとえば「生産管理」や「情報整理」，「情報共有」，「意思決定」といった個々の組織独特のワークの規範や秩序の解明と併せてなされていること，このことに留意してほしい。つまり，そこには，ビットナーが提起したような，「エスノメソドロジカルな組織の概念の研究」のコンセプトが通底してある。

3. 本セクションの構成

　本セクションに収録されている論考は，ここまでで述べてきたような「エスノメソドロジカルな組織の概念の研究」のヴァリエーションであり，それぞれ本コラムで示したトピックに関する研究を実践する際の参考事例として読むことができる。それでは，それぞれの論文について概要を紹介しよう。

　第4章の南論文は，とあるロボットラボをフィールドに，そこでの中間管理職たる研究員と大学院生のやり取りを分析している。南論文で注目しているのは，「意思決定」という活動が両者の間でどのように達成されているかということである。明らかにされるのは，様々な作業のただなかで，それぞれの立場を考慮に入れながらその都度の意思決定を積み重ねていっているということだった。こうした知見は，「リーダーによる意思決定」という文言で一般に流布しているような印象とは異なった意思決定の諸相を示すものである。

　第5章の酒井・粟村・池谷論文では，日本の製造業であるカネラー社 (仮名) でのフィールドワークを通して，情報行動がいかなる活動のなかに埋め込まれているのかを記述していくことにより，その特性を明らかにしている。そこでの知見をもって情報行動論において従来議論されてきた「実践」概念，そして「情報」概念を問い直すことにより，ワークプレイス研究，ひいてはエス

ノメソドロジー的なワークの研究の価値を示すものにもなっている。

　第6章の五十嵐・水川・是永論文は，とある住宅設備会社におけるミーティング場面を分析対象としている。ミーティング場面では，配管工事を行う現場の図面を中心に，現場で実際に作業をしている職人と，管理者である社長の間での知識共有と課題解決をすることが中心的課題である。五十嵐・水川・是永論文で注目しているのは，それを可能にする「可視化実践」である。報告発話のデザインや図面に連接して組織される身振りや道具の使用がその例として記述される。これらの知見は，組織コミュニケーションがこうした細かな，しかし合理的な「共有の技法」によって可能になっていることに気付かさせてくれるものとなっている。

（秋谷直矩）

注
(1) ビットナーの来歴については，A. カーリンと R. スラック（2013）を参照のこと。なお，この論考が収録されている Ethnographic Studies 誌 13 巻はビットナーの特集号であり，合計 24 本の論文や対談が寄せられている。この学術誌は，マンチェスター大学，ランカスター大学で学んだエスノメソドロジストたちが中心となって運営されている。
(2) この箇所では，ビットナーはシュッツ（1953=1983）を参照している。

参考文献
Barnard, C., 1938, *The Functions of the Executive,* Harvard University Press.（= 1968, 山本安次郎・田杉競・飯野春樹訳『新訳経営者の役割』ダイヤモンド社.）
Bittner, E., 1965, "The Concept of Organization, Social Research," 132(3): 230-255.（Reprinted in: 2013, *Ethnographic Studies,* 113: 175-187.）
Button, G., 2013, "Meeting Egon Bittner in 1974 and Some Thoughts about Organizations," *Ethnographic Studies,* 113: 30-32.
Button, G. and Sharrock, W., 1997, "The production of order and the order of production," *Proceedings of ECSEW '97,* 1-16.
Carlin, A and Slack, R., 2013, "Egon Bittner: Select Bibliography," *Ethnographic Studies,* 113, 105-114.
Fayol, H., 1916, Administration Industrielle et Generale; Prevoyance, Organisation, *Commandement, Coordination, Controle,* Paris: Dunod et Pinat.（= 1985, 山本安次郎訳『産業ならびに一般の管理』ダイヤモンド社.）
Goodwin, C. and Goodwin, M. H., 1996, "Seeing as a Situated Activity: Formulating Planes," Engestrom, Y. and Middleton, D. eds., *Cognition and Communication at Work,* Cambridge

University Press, 61-95.
Harper, R, 1998, *Inside the IMF: An Ethnography of Documents, Technology and Organizational Action,* Academic Press.
Heath, C and Luff, P., 1996, "Convergent Activities: Line Control and Passenger Information on the Lonfon Underground," Engestrom, Y. and Middleton, D. eds. *Cognition and Communication at Work,* Cambridge University Press, 96-129.
Heath, C and Luff, P., 2000, *Technology in Action,* Cambridge University Press.
Hughes, J. A., Randall, D. R. and Shapiro, D., 1992, "Faltering from ethnography to Design," *Proceedings of CSCW '92,* 115-122.
Luff, P., Hindmarsh, J and Heath, C., 2000, *Workplace Studies,* Cambridge University Press.
Manning, P., 1979, "Metaphors of the Field: Varieties of organizational discourse," *Administrative Science Quarterly,* 124: 660-671.
March, J and Simon, H., 1993, *Organizations,* 2nd ed., John Wiley and Sons.（= 2014, 高橋伸夫監訳『オーガニゼーションズ第2版――現代組織論の原典』ダイヤモンド社.）
大橋昭一・竹林浩志, 2008,『ホーソン実験の研究――人間象徴的経営の源流を探る』同文館出版.
Orr, J., 1996, *Talking about Machines: An Ethnography of a Modern Job,* Cornell University Press.
Simon, H., 1947, *Administrative Behavior: a Study of Decision-Making Processes in Administrative Organization,* Macmillan.（= 1989, 松田武彦・高柳暁・二村敏子訳『経営行動――組織における意思決定過程の研究』ダイヤモンド社.）
Schutz, A., 1953, "Common-Sense and Scientific Interpretation of Human Action," *Philosophy and Phenomenological Research,* 14(1): 1-38.（= 1983, 渡部光・那須壽・西原和久訳「人間行為の常識的解釈と科学的解釈」『アルフレッド・シュッツ著作集第1巻社会的現実の問題 [1]』木鐸社, 49-108.）
Szymanski, M and Whalen, J., 2011, *Making Work Visible: Ethnographically Grounded Case Studies of Work Practice,* Cambridge University Press.
Talor, F., 1911, *The Principles of Scientific Management,* Harper & Brothers.（= 1969, 上野陽一訳『科学的管理法』産業能率出版.）
Weber, M., 1921-1922, *Wirtschaft und Gesellschaft,* J.C.B. Mohr.（= 1960, 1962, 世良晃志郎訳『支配の社会学 1, 2』創文社.）
Weick, K., 1969, *The Social Psychology of Organizations,* Adison-Wesley.（= 1997, 遠田雄志訳『組織化の社会心理学』文真堂.）
Weick, K., 1993, *Sensemaking in Organizations,* Sage.（= 2002, 遠田雄志・西本直人訳『センスメーキング・イン・オーガニゼーションズ』文真堂.）
Whalen, J., 1995, "A technology of order production: Computer-aided dispatch in public safety communication," ten Have, P. and Psathas, G. eds., *Situated Order: Studies in the Social Organisation of Talk and Embodied Activities,* University Press of America, 187-230.

第4章　デモ開発プロジェクトを立ち上げることと運営すること
——ロボットラボにおける意思決定とリーダーシップ

南　保輔

1. リーダーが意思決定する？

　本章では，ある大学のロボットラボ（laboratory: 研究室）＊におけるデモンストレーション開発プロジェクトのワークプレイスを調査対象として，「リーダー」と「意思決定」といわれるものの具体的詳細を描く。ここでの「デモンストレーション」（以下「デモ」と略す）とは新規研究の発表および発表物のことである。この調査のなかで，プロジェクトのリーダーは，自身もデモ開発作業を行うと同時に，チームメンバーである大学院生に対して指示を出すなどリーダーらしいふるまいをしていた。野球の監督兼任選手のことを英語では「playing manager（プレイング・マネージャー）」と言うが，このデモ開発プロジェクトにおけるチームリーダーは，まさにプレイングマネージャーということばがぴったりだった。

　ソフトバンクの創業者である孫正義の講義録に『リーダーのための意思決定の極意』(2011)というタイトルがつけられているように，多くの人は「リーダーが意思決定する」という見方をしているのではないだろうか。ロボットのデモは約1か月のプロジェクトにより完成し，その後に振り返れば，このデモを完成形へと導く「意思決定」をチームリーダーが行ったと言えるのかもしれない。だが実際のデモ開発作業には紆余曲折があり，プロジェクトの各局面においてリーダーは，開発作業を行うと同時に，多種多様な評価と判断とを積み重ねていったのである。

　本章は，チームのミーティング場面から，リーダーが実際に行っていたことの一端を示す。第2節で本章のキーコンセプトの解説及び検討をしたあと，3.1で調査対象プロジェクトの概要を紹介する。そして，プロジェクトの立ち

上げと運営という2つの局面に大別し，3.2において立ち上げのなかから「概要伝達」と「相談して決めること」を取り上げる。プロジェクトの運営として，「スケジュール管理」，「問題状況への対応」，そして，できたものを完成品として「評価する」場面を3.3で見る。それぞれにおいて，リーダーは評価と判断を行い，その積み重ねによって，デモを完成形へと導く航路ができていった。この航路をトランスクリプトを交えつつ描いていく。本章は，「意思決定」は小さな決定の連鎖としてとらえられるべきであり，リーダーは，安楽椅子に座りトップダウンで指示を出す存在ではなく，自身も開発作業に携わりながらプロジェクトを運営するプレイングマネージャーであることを示すものである[1]。

2. 意思決定・リーダー・引用発話

まずここでは，本章において鍵となる用語である，「意思決定」と「リーダー」，「引用発話」についての概略的な解説と検討を行う。

2.1 意思決定

組織研究においては，意思決定（decision making）がひとつの重要トピックとして研究が蓄積されてきた。だが，経営学者のマイケル・A・ロベルトは次のように5つの「意思決定に関する神話と現実」を挙げて，従来の研究を批判的に検討している。

> 失敗を，経営者や大統領や登山隊の隊長という特定の個人のせいにすることが実際にできるだろうか。中心となる人物の知性や専門知識の欠如が本当の原因なのだろうか。その失敗は，ある特定の意思決定の欠陥によるものだろうか。それとも時間の経過と共に行われた，いろいろな意思決定のパターンを順を追って調べなければならないのだろうか。（Roberto 2005=2006: 38）

表1の現実3と現実5で述べられているように，実際の意思決定は「プロセス」である。つまり，「選択と行動の相互作用的なプロセスを通じて進められ

表1　戦略的意思決定に関する神話と現実

	神話	現実
1	意思決定は最高責任者が行う。	戦略的意思決定は，組織の複数レベルの人たちによる同時並行的活動を必要とする。
2	意思決定は会議室で行われる。	現実の作業の多くは「オフライン」で，つまり会議室ではなく，1対1の会話，あるいは少人数のグループで行われる。
3	意思決定は知性の行使である。	戦略的意思決定は，社会的，情緒的，政治的プロセスの複合体である。
4	マネージャーはまず分析してから決定する。	戦略的意思決定は非直線の形で展開し，マネージャーが問題を特定したり，選択肢を分析する以前に解決策が現れてくる場合が多い。
5	マネージャーは行動する前に意思決定する。	戦略的意思決定はしばしば時間の経過と共に発展し，また選択と行動の相互作用的なプロセスを通じて進められる。

（Roberto 2005=2006: 38）（ゴシックは引用者による）

る」ものだ（現実5）。上の引用にあるように「特定の個人のせい」にすることには，疑問が生じるのである。

2.2 リーダー

　上の引用中の「特定の個人」は，ふつう「リーダー」と呼ばれる。組織であれ一時的な集団であれ，複数の人間がまとまって行動するとき，リーダーとはまさにその結果が帰属される，責任者として位置づけられる人ということになる。「リードする (lead)」の元の意味は「導く」ことだが，転じて指導者，意思決定者，結果の責任者となっている。本章においては，「リーダーの意思決定」が構成される場面，そしてリーダーによるコミュニケーションの具体的場面を相互行為の視点から考察する。

　リーダーが意思決定し，その結果に責任を負うという図式は，ロベルトの原著タイトルと『決断の本質——ロセス志向の意思決定マネジメント』という訳書タイトルにも顕著である。原著タイトル『Why Great Leaders Don't Take Yes for an Answer』には「リーダー」のことばはあるが，訳書タイトルにある「決断」ということばは見られない。それにもかかわらず，訳書タイトルに「リーダー」のことばを入れずに「決断」ということばを入れたところからも，

「リーダーが意思決定」するという図式が自明視されていることがうかがわれる。ちなみに，原著副題も興味深い。「Managing for Conflict and Consensus（対立とコンセンサスを求めて運営すること）」というものだが，1節で述べたように，プロジェクトチームリーダーである研究員を，「manage」する存在の「playing manager」であるととらえる本章の主張と通じるところがある。

2.3 引用発話

さて，ロボットラボの調査において，研究員が上司である教授の言葉を借りて，大学院生に話しかける場面が多く見られた。ここでは，この場面に使える社会学概念を紹介し，後の分析の準備をしておこう。ゴフマンの定義によれば，発話において，ことばを選択する人を「著作者（author）」といい，発話によって立場が樹立される人を「責任主体（principal）」，言語音を発する人を「発声者（utterer）」という。この三者は，ふつうの発話においては同一人物であることが多い（Goffman 1974, 1981; 串田 2006: 45）（なお，「立場」というのはわかりにくいかもしれない。本項末尾の，武田鉄矢による渥美清の再演の例を見られたい）。それにたいして，だれかの発話を引用して発言する引用発話の場合，著作者と責任主体は発声者とは別の個人である。

引用は，「所与と見なされることばを実物提示の形で発話の場に再現すること」（加藤 2010: 19）とされる。この「所与と見なされる」ということが重要である。たとえば，研究論文における引用とは，既存の文献のことばを引用することである。しかし，上記定義を採用する本章においては，既に発言されたものであるかどうかにはこだわらない。既に発言されたものと「見なされる」ことが肝要となる。たとえば，チームリーダーが上司に当たる教授の発話と聞かれるものとして，作業チームの組織構成について発言する場面がある。その言語的特徴としては，引用発話であることがわかるように「と」という引用標識が使われ，引用部で敬体（です・ます体）が使われていた[2]。

さらに，ゴフマンによれば，すでにだれかが発した発話を，再演する（replay）という引用発話の形態もある（Goffman 1974; 南 2008）。たとえば，テレビのトーク番組においてゲストの武田鉄矢が，かつて自身が映画の撮影現場で渥美清と交わしたやりとりを再演したことがある。このとき，鉄矢は渥美清の口調

を模して生き生きと発話し (animate) たのだが，この発話内容の著作者と責任主体が渥美清である。このとき，再演されている渥美清を，演じられているものという意味で「フィギュア (figure)」と呼ぶことができる。このようなゴフマンの考え方を応用すれば，たとえば次のように言える。先のチームリーダーは，その教授をフィギュアとする発話を行うことで，大学院生がデモ開発を担当するの (立場) は，自分ではなく教授 (責任主体) が決めたことだと効果的に伝えていたのである。

3. プロジェクトの実践におけるリーダーシップ

3.1 ラボとプロジェクトの概要

　本章で取り上げる調査記録は，大学のロボットラボにおける約1か月にわたるデモ開発プロジェクトのものである。ここでいう「デモ」とは，新開発のロボットを紹介するメディア向け発表会における，ロボットの一連の動き方のことである。2009年の晩夏から初秋にかけて4回訪問し，ミーティング場面を中心に観察・録画と聞き取りを行った (詳細なエスノグラフィック調査情報については，南 (2011) を参照)。

　このラボは，ある大学内の研究センターにある。組織としては，学部や大学院にある研究室とは別だが，大学院生や研究員の個人机も設置されている。開発中のロボットが置かれ，作業スペースや必要な機器もそろっている。

　調査の対象はこの大学に所属する，研究室の責任者である岩本教授のプロジェクトで，そのメンバーは，リーダーである森田研究員と2人の大学院生である。2人の大学院生はともにヨーロッパからの留学生だが，そのうち1人は長期滞在のフリオという大学院生だった。もう1人は短期滞在で一時的なお手伝いとされた留学生 (ドバ) だった。開発作業の大半は，大学院生フリオと森田研究員とで行われた。フリオは日本語でのコミュニケーションに不自由しないようだったが，専門用語については英語が使われることが多かった。このことには，この研究領域において，学会発表や学術論文執筆は英語でなされているということが大いに関係しているのであろう。

　プロジェクトは，「赤ちゃんロボット」と呼ばれる幼児を模したロボットに

関わる。ロボット製造は民間企業が行っている。このロボットは，おおよそ重量3キロで身長50センチという赤ちゃんサイズであり，視覚・聴覚・触覚などの知覚機能と全身運動が可能なシステムを持っている。どんな動きがこのロボットにできるのか，森田研究員のことばを使うと「パフォーマンスをデモンストレーション」するものを「作ろう」というプロジェクトである。

　プロジェクト期間は1か月が予定され，後に見るように3種類のデモを開発することも決まっていた。だが，具体的にどのような動きのデモとなるかは，作業を通じて具体化していったというべきでものである。デモの最終形は，時間と機材などを資源とする，その制約内でできることを追求した結果と理解することができる。もし，デモの最終形の意思決定者はだれかという問いを立てれば，それは森田研究員だったということができるが，そのプロセスではほんとうに小さな意思決定の積み重ねが最終形に導いたということを本章では示していきたい。

　ロボットのデモ開発というのは，単独での地道な作業が大半を占める。ロボットをコントロールするソフトウェア開発が中心であり，PCディスプレイとにらめっこする時間がほとんどだ。調査では，森田研究員と大学院生フリオとのミーティングを中心に観察したが，訪問した日にはそれ以外の活動場面も観察した。そのときには，故障したロボットの修理をする場面，ほかの大学院生にたいしてフリオがモーションキャプチャー装置の使い方を教える場面などが見られた。だが，全体としては，それぞれが単独でディスプレイとにらめっこする姿が観察されるのが大半であった。

3.2 プロジェクトを立ち上げること

　以下において，森田研究員に着目して，ミーティングのやりとり・コミュニケーションを見ていく。全期間中4回行われたミーティングを通じて，森田研究員が，プロジェクトを立ち上げることとプロジェクトを運営することをしているのが観察された。前者は当然のことながら，初回ミーティングでそれがなされた。森田研究員は大学院生フリオにたいし，プロジェクト概要を伝え，開発するデモ内容の相談を行った。

　初回ミーティングは，ホワイトボードを使いながらそのまえに2人が立っ

て行われた。ミーティング中にホワイトボード全面を3回消したが，この消すという行為が標識するように，ミーティングでは4つの議題が見られた。最初の議題はプロジェクトのねらいと3つのデモ内容を述べ，プロジェクトチームの組織を伝達するものだった。

3.2.1 概要を伝達すること

プロジェクトを立ち上げるワークは，まず概要を説明し伝えることから始まった。森田研究員は，使用するロボットを特定したのち，プロジェクトのねらいを以下のように説明した。

森田：でもうわれわれはそのう,こういったような,あのうhigh performance humanoid robot((高性能人型ロボット))を持ってるわけで,そのうロボットをですね,ええっとほかのひとにも使ってもらえるようなベーシックプラットフォームにしていこうと,いうところです.で,そのためにはそのう,プレスリリースを具体的に,プレスカンファランスを考えてるんだけども,プレスカンファランスで,このロボットの,パフォーマンスをデモンストレーションしないといけない.
フリオ：((頷きながら))はい.
森田：というので,このロボットのパフォーマンスというかfeatureを,なんていうんかなあ,ええと,effectivelyに
フリオ：見せるように
森田：見せることができるデモンストレーションを,ま1か月ぐらいで作ろうかなぁというふうに考えてます.

つまり，このプロジェクトのねらいは「このロボットのパフォーマンス」を「見せることができるデモンストレーション」を開発するものであるということを提示している。

上の断片を例に，この2人のやりとりの特徴を説明しておこう。大学院生フリオは日本語母語話者ではないが，かなりの日本語運用能力を有している。森田研究員は日本語母語話者であるが，研究論文は英語で執筆している。ラボにはフリオのほかに日本語非母語話者の留学生も多く，日常的に英語での会話がなされている。ミーティングは主として日本語で行われたが，上例のように英語の単語がはさまることも多い。また，短期滞日の留学生であるド

バは日本語をまったく話さないので，森田研究員とも，フリオとも英語で会話をしていた。そして，ホワイトボードには森田研究員が書きながらミーティングが進められたが，書かれた内容はすべて英語であった[3]。

表2　3種類のデモンストレーション

デモ1	teaching by touching（触って教える）
デモ2	yuragi-based motion learning（ゆらぎに基づく動き学習）
デモ3	simple demo without research issue（調査と直接関係のないただのデモ）

　デモのねらいに続いて，研究員は開発する3つのデモの種類を説明した。表2にそれを示す。まず理解すべきは，3つのデモ開発をするということ，そのうちの2つは「リサーチ」であり，残りのひとつ（デモ3）は，リサーチとは関係しない「ただのデモ」であること，大学院生フリオは，2つのリサーチ関連デモ（デモ1とデモ2）の内容を研究主題としていること，である。

　つぎに，簡単に3つのデモについて解説する。このロボットは，モーターとスピーカーを備えて動きと発声ができるのみならず，視覚と聴覚，触覚にあたる機能を備えている。デモ1の「teaching by touching」（触って教える）というのは，新しい動きを「学習」するときに，タッチされることで動きを止めて，望ましい動きであるか否かを知るということができる。そうやって，たとえば，バイバイという動作を作っていくことができると示すようなものだ。

　デモ2の「yuragi-based motion learning」（ゆらぎに基づく動き学習）というのは，ハイハイ（crawling）を知らない赤ん坊が，もがいているうちに，たまたまある動き（これが「ゆらぎ」にあたる）をしたら前に進んだ。それを繰り返してハイハイができるようになるというものだ[4]。動きをランダムに生み出し，その結果どのような動きがあったか（たとえば，前に進んだ）をセンサーで判断して，その動きを繰り返していけるようになるというシステムが備わっているのを示すのがデモの目的である。デモ3としては，赤ちゃんが声のしたほうを向く，あるいは，人の動きを見て「バブバブ」といった声を挙げる動きができるのを示すといったことである。

断片1は，概要説明の最後の部分である。デモ開発プロジェクトで3種類のデモを作ること，その3種類のデモについての説明が一通り終わったところで生じた短いものだが，プロジェクトチームの組織について重要なアナウンスが2つなされている。

断片1 「ということです」

```
01   森田：    で,teaching by touchingも：え
02            えとゆらぎの話もフリオがやってる
03            ので
04   フリ：    [((頷く))
05   森田：    [まフリオ (0.7) に .h implement
06            してもらおうと.
07   フリ：    はい.
08   森田：    まああとドバさんに手伝ってもらっ
09            てけっこうなので
10   フリ：    ((2回頷く；その間1.0秒))
11   森田：    まふたりで(0.3)なんとか.hh し
12            てくださいと(.)いうことで(す).
```

まず第1に，このフリオという大学院生がプロジェクトに参加することになった理由である。先にも述べたが，2つのデモは大学院生自身の研究テーマである（「teaching by touchingも：ええとゆらぎの話もフリオがやってる」（01-02行））。だから，フリオにやってもらおうというわけである（05-06行）。05行で「implement」という英語が使われている。これは，「実装する」ことを意味する。開発したプログラムをロボットのシステムに組み込むという作業をとくに意識したものかと思われる。

2つ目は，「ドバさん」に手伝ってもらうということである。ドバはフリオの母国とは異なるヨーロッパの国の大学の大学院生であり，短い期間だがこのラボに滞在している。「手伝ってもらって」「ふたりでなんとかしてください」（08-09行；11-12行）と森田研究員は述べている。

つまり，プロジェクトチームの組織と分担がここで大学院生フリオにたい

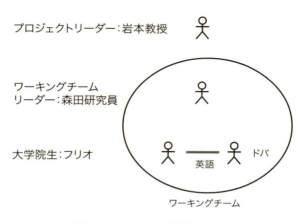

図1　プロジェクトの組織図

して森田研究員から伝えられている。フリオの立場からすればこれは、このプロジェクトに参加する理由と、自分にどんな貢献が期待されているかが伝えられている場面だと言える。すなわち、自身の研究としてやってきた内容を、このロボットに組み込むということと、その作業は単独でやるのではなくて、もうひとりの大学院生と共同で行うということである。「なんとかしてください」という表現からは、課題の難易度が高い、あるいは、時間的制約がきびしいという困難が予期されるが、それに2人で対処するようにということが伝えられている。

　伝えられている内容としては上記2点だが、使用されている表現形式からラボとプロジェクトチームの組織に関わる知識を位置づけることができる。「ということです」と研究員は引用を伝えるかたちを採用している。これにより、フリオがチームに加わることとドバに手伝ってもらうこととは、森田研究員自身の「意思」ではないものとして提示されている。

　それでは、その「意思」は、だれの意思だろうか。このデモ開発プロジェクトの代表者は、図1に見られるように岩本教授である。引用表現は、ゴフマンの用語を使えば (Goffman 1981)、岩本教授を著作者であり責任主体とするものであり、敬体でのアナウンスのかたちをとることで、教授をフィギュアとしていると理解できる。つまり、岩本教授と森田研究員が出席した会議にお

ける岩本教授が発話したアナウンスメントを，森田研究員が再演していると聞くことができる。このような表現形式を採用することで，森田研究員は，デモ開発チームの組織を伝えるとともに，その構成が岩本教授の意思によると伝えて正統性を持たせることもしているのだ。

3.2.2 相談して決めること

決まっているプロジェクトの概要を伝達するほかに，森田研究員は初回ミーティングにおいて，大学院生フリオと相談して決めるということをしていた。3つのデモの内容，すなわちどのような動きにするかという点である。

前掲断片1に続きデモ1についての話し合いが始まった。どのような動きができるかを森田研究員は断片2の15行目で「で(0.8)なにができそう？」とたずねる。これにたいして，立ち上がる動作，床に座る動作，そして，「バイバイ」と手を振る動作とが候補として挙がった。

断片2　「で,なにができそう？」
13　　森田：　　((「teaching by touching」
14　　　　　　　と書く;その間8.3秒))
15　　森田：　　で (0.8) なにができそう？
16　　フリ：　　(2.0) できそうのはteaching
17　　　　　　　by touchingの...

断片2の17行目以後，いくつかの動きが具体的に大学院生フリオから提案され，それについて検討がなされた。最終的にはデモ1として2つの動きを作ることと，ロボットの学習過程を表現するグラフ表象を作ることが決定された。リーダーによる意思決定の例と位置づけられる。

この意思決定には，2つの大きな特徴を指摘できる。一つ目は，森田研究員が実際上の問いを提起して，それに大学院生フリオが回答するというフォーマットを通じてなされたことである。具体的には，以下の5つの問いが検討された。

問1　動きとして可能かどうか
問2　全身動作であるかどうか
問3　動きの実装が時間的に可能かどうか
問4　動きを学習するのにどれだけ時間がかかるか：プレスカンファレンスで実演可能か，それとも「canned video」を見せることになるか
問5　内的状態をわかりやすく表現できるかどうか

やりとりにおいて研究員は何度か「feasible（実現可能な）」という英単語を使った。これには2つの意味があり，技術的な実現可能性（問1と問5）に加えて，時間的な実現可能性（問3と問4）を検討しながら決めたのが特徴的である。

　このロボットには，手首から先はない。腕は上腕と前腕からなっていて，肘と肩にモーターがあって動くようになっている。その可動範囲やモーターの力から，可能な姿勢とそうではないものがある。たとえば，正座することはできない。問1は，候補として提示された動きが実際にロボットに可能なものかどうかを問題にするものだった。

　問2の全身動作であるかどうかというのは，たとえば，バイバイのように右腕だけを振る動作は，ほかの部分を動かさないため，ロボットの性能を示す訴求力にかけるということである。ロボットを広く売り込みたいのであるから，最大限の性能を見せるデモが望ましいことは言うまでもない。

　問3の「動きの実装」というのは，ソフトウェアの開発にかかる時間のことである。全体で1か月という期間内に完成させることができるかという問題である。動きが複雑なものであれば，それを制御するためには大量のコマンドをプログラムで書いていかなければならない。

　問4は，デモをメディア向けに発表するプレスカンファレンスにおいて，その動きを触覚で教えるということが短時間でできるだろうかという点である。たとえば，ロボットが座るという動きを作る。これが問3で問題としたように，どれくらいの時間でできるかという問題がある。さらに，動きとしてできているものを，実際にあるところで動きを止めながら，再度つくっていく。それがメディア発表会（「プレスカンファレンス」）の時間内できるかという点である。時間がかかるようならば，その様子をビデオカメラで撮影して，

再生時間を縮めたりある部分だけを抜き出したりした「canned video」を見せることになる。

　最後の問5は，内容的に一番高度なものであり，専門的な詳細をここで論じることはできない。要点としては，ロボットのそのときそのときの状態を可視化した表現を作成する。それが，専門家ではないメディアの人間や一般のひとびとにわかるものでなければならないという点である。

　以上，大きく5つの観点からデモの動き候補を検討し絞り込んでいくということが初回ミーティングにおいてなされた。ここで2つの特徴を指摘したい。ひとつめとして，大学院生フリオに候補を提案させている点だが，これは，表1の「神話」に示された「孤独な意思決定者」というリーダー像と異なるものだ。

　さらに，第2の特徴となるが，作業の優先順位（「priority」）をつけたということがある。たとえば，2つのグラフ表象の可能性が検討されたが，技術的に難易度の低いものをまず作成するが，難易度の高いもののほうが良い（「非常にわかりやすい」）ので，「うまくいくんなら」そちらを作ってもらいたいということを森田研究員は大学院生フリオに伝えた。

　以上のように，プロジェクト立ち上げワークとして，概要を伝えることと，デモ内容を決定することを森田研究員は行っていた。完成目標が確立されて，つぎに研究員と大学院生は実際の開発作業に取りかかることになった。

3.3 プロジェクトを運営すること

　プロジェクトを立ち上げることとともに，森田研究員が果たしたのはこれを運営する（manage）ことである。目標のデモを期限内に完成させるために，森田研究員はスケジュールを管理し，問題状況に対応し，できあがったものを評価するということをしていた。

3.3.1 スケジュールを管理すること

　1か月というこのプロジェクトの期間は，実を言うとそれほどかっちりしたものではなかった。デモをメディアに公開するのは翌年3月と，半年ほど先のことであった。さまざまな事情から，プロジェクト期間が8月下旬から

の 1 か月と設定された。デモを公開するのが 1 か月先ではないとはいえ，スケジュールに従って作業を進めることは時間的資源の配分に関わることであり，森田研究員の重要な務めであった。

　以下の森田研究員の発話は，初回ミーティングの終わりの部分である（大学院生フリオの相づちなどの発話を削除して，発言内容がわかりやすくしてある）。3.2 でみたことを繰り返しまとめるように，デモ 1 （「teaching by touching」）とデモ 2 （「ゆらぎベース」）について優先順位をつけて作業するように伝えている。

森田：　というわけで，フリオとしてはさきにあのうteaching by touchingのほうのインプリメント，え::ゆらぎベースの，インプリメント，をあのhighest priorityから，順番にやって.hh ください. まあと 2 週間か，それぐらいでまた，どこまでできたか，チェックして，なにがpossibleで，なにがimpossibleかを確認してfeasibleなsolutionを見つけると，いうふうにしましょう.

　そして，「2 週間」後にミーティングを行って進捗（「どこまでできたか」）を「確認」すると述べて締めくくっている。

　進捗をチェックするミーティングを設定するということがスケジュール管理のひとつである。ほかには，未完成のデモが完成まで「どれくらいかかるか」とたずねる場面があったが，これもスケジュール管理である。

　より積極的なかたちでのスケジュール管理は，取りかかる順番を指示することであった。これには，デモ 1 の内容について優先順位をつける（2 つのグラフ表象のあいだで）というものから，デモ 3 を開発していた大学院生フリオに，それはやめてデモ 1 とデモ 2 に専念するように指示すること，あるいは，学会発表の期日が迫っているために，デモ開発プロジェクトの仕事は中断して学会発表の準備をするように申し渡すことなどがあった。

　最後に興味深い例は，4 回目のミーティング終了時に見られた。デモ 2 は未完成であり，「あと two day」で完成ということが判明した。調査者が完成形を見るのに「two day 足りませんでした」と調査を終わることになった。森田研究員は調査者にたいして「すいません」と詫びたが，スケジュール管理者としての立場を反映した行為であった。

3.3.2 問題状況に対応すること

デモ開発においてはさまざまな「問題」が生じる。前項で取り上げたスケジュール管理は時間という「問題」への対応と考えることができる。だが，なかでも大きなものがロボットというハードにまつわるさまざまな技術的問題である。大学院生フリオが問題を特定したり対応できたりした場合もあったが，森田研究員が関与することもあった。観察対象がほぼミーティング場面に限られたために，そこで顕在化した「問題」には森田研究員がなんらかのかたちで関与することになっていた。

顕在的な問題の原因が大学院生フリオによって特定されており，対応も可能だったのがキャリブレーション[5]の問題だった。2回目のミーティングでは，ハイハイ（crawling）の動きをロボットが実演した。開始に際してロボットの姿勢が異常であり，森田研究員は「おかしい，おかしい」と声を挙げた。フリオには原因がわかっており，ミーティング終了後にキャリブレーションをやりなおしていた。

ロボットがまったく動かなくなったという問題が3回目のミーティングに先行して大学院生フリオから森田研究員に報告された。中枢部品がこわれたのか，導線が断線しただけなのかという可能性が話し合われた。その結果，ロボットの中枢部品をすべて入れ替えるということを森田研究員が提案した。修理期間中は，ほかのグループが使っている同型ロボットを借用して使うことも話し合われた。その後断線の可能性がクローズアップされて，とりあえずフリオが修理してみることになった。

この出来事では，自分たちで修理できる問題かどうか，できない場合はどのような修理をメーカーに依頼するかが論点となった。故障の事例は，研究経験の長い森田研究員のほうがよくわかっており，当該ロボット個体の問題なのか，同型ロボットに共通する問題なのかといった比較も行われた。また，予算という金銭資源の管理者としての側面も見られた。修理にかかる費用は，その期間とともに，管理者として森田研究員が決定権限を持つものであった。

大学院生フリオが使っているロボット個体ではない個体の活用は，ほかの場面でも森田研究員から指示された。最終局面では，フリオが使っているロボットの後継機にあたる新型を使うことになっていた。だが，デモ開発作業

においては旧型を使うようにと，初回のミーティングで森田研究員はフリオに伝えた。使っているうちに汚れたり摩耗したりするのを嫌ったからだ。これは，ハードに問題が生じるのを未然に防ぐという対処法であり，プロジェクトを運営することの一環と位置づけられる。

3.3.3 評価すること

　プロジェクトの運営者として森田研究員はさまざまな評価をしていた。前項で取り上げた「おかしい，おかしい」という発話もその例である。ロボットの姿勢が「おかしい」。なにかの対応が必要というわけである。これは，ロボットの動作を始めるべくパソコンから指示を送ろうとしているタイミングで発せられたために，それを中止せよ。さもなければ，ロボットの故障あるいは，ロボットを保持している大学院生がけがをするといった支障が生じる恐れがあるということの警告としても聞かれるものだった。

　デモ開発プロジェクトにおける評価というと，開発したデモが満足できるものであるかどうかについてのものがもっとも重要である。だが残念なことながら，観察したミーティングにおいて森田研究員が，明示的に満足を表明するような場面はなかった[6]。そうではなくて，不満を表明するという評価が多く見られた。

　たとえば，できたデモにたいして「意味がない」，「チーティングだなあ」と森田研究員が述べる場面が3回目のミーティングであった。このやりとりはたいへんに長いものなので詳細に立ち入ることはできない。代わりに，「ずるい」という評価が見られた以下の場面を見ておこう。

断片3　「それはずるいけどな.」
01　フリ：　sitting downはいちばんはら
02　　　　　くしょう
03　森田：　sitting downはらくしょう.
04　フリ：　た,たおれにくい.
05　森田：　こけても:そのまますわり
06　　　　　hhhh
07　フリ：　しょう.((頷く))

08	森田:	それはずるいけどな. まあい
09		いや. あのう,できれば
10		standing upとsitting down
11		とな.
12	フリ:	あ,はい.

　断片3はデモ1（触って教える）の動きを決めている場面である。初回ミーティングで一度は決めたのだが，動きを制御する基盤システムの開発に時間がかかって，4回目のミーティングで再度決めることになった。大学院生フリオの「sitting down はらくしょう（楽勝）」という発言（01-02行）は，森田研究員が「モーション」は3つ（standing up, sitting down, walking）のうちの「なんでもいいです」と言ったのにたいする回答である。それを森田研究員がオウム返しのように繰り返した（03行）のにたいして，その理由を説明する。「たおれにくい」（04行）からというのだ。

　森田研究員は，ロボットがうまく座ることができずに転んでも，「そのまますわ」（05行）ればいいという。フリオが「そう」（07行。発音は「しょう」となっている）と同意したところで，「それはずるいけどなあ」（08行）という評価を示している。

　これは，「そのまますわり」のあとに小さく笑い出しているように（06行），冗談として提示している。ロボットが転んでから，座る姿勢になれば「sitting down」だと言い張ることができる。だが，それは「ずるい」というのである。結果として座位になればいいというのではなく，やはり「sitting down」と呼ぶことができるからには，「こける」ようなことがあってはならない。このことを「ずるい」という評価で表現している。

　「ずるい」や「チーティング」を例とするように，不適切であることを表現する評価が随所で見られた。これは，さらに修正や改良が必要であると主張するものである。ぎゃくに，「いいです」ということばは，合格点であり，完成品とできることを伝える。もちろん，「でも，もうちょっと」と続いて，改良や修正が求められるということもあるが，そういうものが後続しない「いいです」は，評価のことばであり，完成宣言となっているようだった。

4. リーダーは意思決定者かマネージャーか

　デモプロジェクトのような組織の一定期間にわたる活動のアウトプットとしてデモは形作られている。チームリーダーである森田研究員が行った意思決定は数え切れない。また，意思決定の際には，大学院生に提案を求め，その実現可能性を検討し，判断するといったことを行っていた。所用時間の推定を行い，発生するリスクや費用の見積もりも行っていた。研究員が「意思決定者」であることはまぎれもないが，表1の「神話」にあるように，会議室で決断を下す「孤独な意思決定者」ではない。現実の作業のなかで，小さな決定を積み重ねるプレイングマネージャーとしての意思決定者なのである。

　日本の社会と組織では，組織の「管理職」や日本社会を「管理社会」と呼ぶといったように，「管理」ということばがよく使われる。この「管理」ということばは，部下を監視し制限し束縛し，という理解が強いように思われる。英語の「manager」は，野球の監督や組織の管理職を指すことばではあるが，その意味合いは，日本語訳である「管理」のニュアンスとは異なり，「世話役」に近いように思われる。

　組織や集団において物事がどのように進んでいくかを子細に検討すれば，「リーダー」が「manage」して，「意思決定」をするときにさまざまな活動や行為を行っていることが見えてくる。本章はそのような試みのひとつとして，事例と分析例を提示した。最終アウトプットの責任者という「リーダー」像は，活動の詳細と付き合わせてその実態が理解されるべきものなのである。

注
* 調査に協力いただいた岩本ラボ（本章における固有名はすべて仮名である）のみなさん，および，研究のいろいろな機会に寄せられたコメントに感謝する。
(1) 調査対象となったプロジェクトは，大学のロボットラボにおけるプロジェクトである。大学院生がチームに参加していたこともあり，いわゆる教育指導と呼ぶべき活動も多く見られた。研究員は，意思決定者であると同時に教育指導者でもあった。しかし，紙幅の都合で（そしてなによりも，著者にはその内容を適切に理解する知識が欠けているという理由から）本章では，教育指導活動については取り上げない。

(2) 敬体を用いた引用発話は，本章の 3.2.1 で取り上げた組織構成の伝達場面以外にも，デモお披露目の場で説明する教授の発話という未来の引用を提示して，開発するデモの特徴を提示するためにも使われたが，こちらの例は本章では取り上げない。南 (2011) を参照。
(3) なお，トランスクリプト作成において，英語をアルファベットで表記するか，カタカナで表記するかの判断に苦慮するところもあった。ロボット開発の専門用語は英語が「日本語化」しており，発音も日本語らしくなされていた。
(4) 専門的には「生体ゆらぎ」と呼ばれている。Yanagida ら（2007）によれば，生物学的な階層構造をなす生体においては，分子レベルから筋肉の動きにいたる多彩なレベルでゆらぎが観察される。生体がこのようなゆらぎを有効に利用する枠組みの研究が進んでいるという。

　　私事になるが，著者は自分の子どもがちょうどこの時期にビデオカメラで動きを記録していた。ハイハイを始めようとした初日はうまく前に進まずに後ろに進んだ。翌日からは前に進むようになったが，うまく行かずに後ろに進んだ映像が残っている。
(5) ソフトウェアプログラムでロボットの姿勢を管理しているが，その姿勢情報と実際のロボットの姿勢とが合致していないものを，正しく合致させることをキャリブレーションと呼んでいるようである。
(6) 南（2011）で取り上げたアメリカの大学のラボにおいては，開発されたデモをリーダーが明示的に肯定的評価をする場面が見られた。

参考文献

Goffman, E., 1974, *Frame Analysis: An Essay on the Organization of Experience,* Cambridge, MA: Harvard University Press.

Goffman, E., 1981, "Footing," Erving Goffman, *Forms of Talk,* Philadelphia: University of Pennsylvania Press, 124-157.

加藤陽子，2010,『話しことばにおける引用表現――引用標識に注目して』くろしお出版.

串田秀也，2006,『相互行為秩序と会話分析――「話し手」と「共 - 成員性」をめぐる参加の組織化』世界思想社.

南 保輔，2008,「徹子が黙ったとき――テレビトーク番組の相互作用分析」『コミュニケーション紀要』20: 1-76.

南 保輔，2011,「ロボットラボにおけるコミュニケーション――意思決定と教育コミュニケーション」『コミュニケーション紀要』22: 1-22.

Roberto, M. E., 2005, *Why Great Leaders Don't Take Yes for an Answer: Managing for Conflict and Consensus,* Upper Saddle River, NJ: Wharton School Publishing.（= 2006, スカイライトコンサルティング訳『決断の本質――プロセス志向の意思決定マネジメント』英治出版.）

孫正義，2011,『リーダーのための意思決定の極意』光文社.

Yanagida, T., Umeda, M., Murata,T., Esaki, S. and Ishii, S., 2007, "Brownian Motion, Fluctuation and Life," *BioSystems*, 88: 228–242.

第5章　ワークとしての情報行動

――ミーティングにおける情報の実践的マネジメント

酒井信一郎・池谷のぞみ・粟村倫久

1. 情報行動研究における「実践」に対する関心の高まり

　人文社会科学の領域において「構造」「意味」「生活世界」「行為」といった諸概念と並んで近年あらためて重視されているものに,「実践」がある。哲学や社会学, 経営学をはじめとして,「実践」に目を向けるようとする「実践論的転回（practice turn）」と呼ばれる動きが起きている（Schatzki 2001）。本章で扱う情報行動研究の分野も例外ではない。「実践論的転回」を受けた形での展開が近年見られる情報行動研究は, 国外では Information Science（または Library and Information Science）と Computer Science をまたがる形で, 国内では図書館情報学の領域において, それぞれ展開されている。ここでいう情報行動とは,「ひとが自身の必要性に応じた情報を特定したり, そうした情報を何らかの形で探索したり, そのようにして得られた情報を利用あるいは伝達したりする際に関与する活動」（Wilson 1999: 249）を指す。

　ターリャとマッケンジー（2007）によれば, 従来の情報行動研究は個人の「内側」で起こる認知的な処理過程としての情報ニーズと情報行動のモデル化を焦点化してきた。だが個人の行動を基本にしたモデル化は, 情報行動をそれが生じる社会的文脈から切り離された形で扱うことになると彼女らは指摘する。協働作業を支援する技術開発を研究するレディらの言葉を借りれば, 従来の研究はユーザーとしての一個人に焦点をあてるという意味で「シングルユーザーモデル」に則っていた, ということになる（Reddy et al. 2010）。ワークプレイスにおける業務は多くの場合, 協働作業が不可欠であるから, 協働作業を支援する技術開発を行おうとすれば, 当然そうした協働作業の文脈で行われる情報行動に焦点をあてる必要がある。そこで, 人々の「実践」にあらためて

目をむけることが提案された。これが情報行動研究における実践論的転回である。

複数の人間による役割分担からなる分業体制で行われることが多い企業組織で働く人々にとって，情報の探索，発見，共有といった情報とそれらをめぐる活動は業務を進める上で必要な活動の一部である。我々がフィールドワークを行ったある企業のハードウェアデザイン部門においても，それは同様であった。デザイナーたちは分担しあう作業を完遂するために互いの状況を知らせあおうとしたり，組織外部の状況について知る努力をしようとしたり，そのようにして知り得た情報を組織内部の人間に共有したりしながら分業を進めていた。

実践論的転回の下では，分析対象となる「情報行動」は文脈に依存した形で決まることが多い。他方，人々が何を情報として探したり，共有したりするのかについては，分析対象とされることがほとんどない。ところが人々は自分が関わっている活動の特定の状況に埋め込まれた形で「情報」を組織して他者に提示し，また何かをその状況における「情報」として理解しているという事実がある。そこで，「情報」を状況におけるメンバーによる達成として分析することにする。つまりエスノメソドロジー的な分析によって，情報行動研究における実践論的転回をさらに進めることを試みる。

エスノメソドロジーで「実践（もしくは『プラクティス』）」というときには，メンバーによる，何らかの事柄の達成そのものが関心の対象となる。つまり，エスノメソドロジーでは「実践」を理論的概念として扱うのではなく，メンバーが「達成すること（doing）」として扱うことが特徴である。エスノメソドロジーではさまざまな文脈での人々による達成に関わる実践のことを「ワーク」と表現し，分析対象とする。メンバーが日常生活において「達成すること」は実に多岐にわたるが，それに伴いワークのエスノメソドロジー研究は，「授業」や「判決」といったいわゆる「仕事」の領域から，「おしゃべり」や「短歌の歌会」(Sakai et al. 2015) などの「遊び」や「趣味」の領域までをも広く含むこととなる。本章はこの「達成に関わる実践」としてのワークをワークプレイスにおける仕事としての「ワーク」の文脈におき，考察する。特に「情報行動」としてひとくくりにされている行為がいかに仕事において達成されるものであるか

を，実践に着目した情報行動研究の潮流に対する新たな方向性を通じて示す。

　以下，第2節で我々はまず実践概念を強調する先行研究を批判的に検討し，本章の中心的な分析視角であるエスノメソドロジーによるワークの研究を論じる。第3節では情報の探索や発見，共有といった情報行動が集中的に日々行われる企業組織の現場を対象に，既存の情報行動研究が所与としてきた「情報」概念を実践者の現象として検討する。

2.　「実践」を焦点化する情報行動研究

2.1　先行研究とその問題点

　「実践」に焦点をあてた情報行動研究を批判的に再検討するため，まずはボナーとロイド（2011）およびマッケンジー（2009）をとりあげる。結論を先取りすると，既存の研究は，情報行動の実践的側面を強調しながらも，「情報」概念を実践者にとっての現象として検討するにはいたっていないところに限界がある。

　たとえば看護師にインタビューを行ったボナーとロイド（2011）は，現場で明文化されることがほとんどない経験的情報や診断を通じて得られる身体的情報についての価値や実用性の有無の判別がなされる相互行為からなる場の存在を指摘する。看護師の専門的知識というものは，医療業務が遂行されるなかで共有されたり相互に関連付けたりされる異なる様式を持つ情報実践が行われるまさにその場において明示されるものなのであると，ボナーらは主張する。だがボナーらの研究は，そうした場の所在や情報様式の多様性を示すにとどまる。「情報」とそれ以外を区別する実践――なぜある特定の事柄のみがほかならぬ「情報」として扱われ，それ以外のものは「情報」とはみなされないのか――について，さらにいえば何が実践者によって「情報」として扱われるにいたるのかについて，ボナーらはほとんど触れていない。

　マッケンジー（2009）は助産師が妊婦に対して行うインフォームド・チョイス（妊婦が正しい情報を得た上で選択を選ぶこと）の一連の会話の流れを，制度的会話分析を参照したフローチャートにより図式化した。だがこのような図式化により，インフォームド・チョイスを行う際に交わされた実際の会話は脱

文脈化され，理論的かつ抽象的な諸要素に変換されてしまっている。加えて，研究者が定めた枠組みへの変換による脱文脈化は，当該の活動に関わるメンバーの視点よりも研究者の視点を優先することを意味する。研究者が設定した理論枠組みが情報行動を脱文脈化してしまうという点において，マッケンジーの研究は方法論上の問題を抱えているといえる。

2.2 実践的構成物としての情報

　以下では，エスノメソドロジー的な分析によって，情報行動研究における実践論的転回をさらに進めることを試みる。エスノメソドロジー研究者は，メンバーが何らかの方法を用いて達成する「理解可能性」の記述を中心的な課題とする。逐語的には「人々の方法」を意味するエスノメソドロジーは，メンバーが様々な日常的な出来事を組織化する際に秩序立って用いる方法の詳細をメンバーの持つ実践的関心事に即して記述し分析する研究方針である。エスノメソドロジー研究者は「社会現象の性質を『発見（discovery）』したいという志に動機づけられており，社会のメンバーにとって既知であるもの（実践的な出来事に熟達するというかたちで「知られている」もの）の『再現（recovery）』に着手した」記述を行う（Sharrock 2001: 258）。こうした理解可能性の記述なくしてメンバーの実践に接近するという目的は果たせない。組織活動を円滑に進めるために必要な行為や活動は，何らかの事柄を同じ「情報」とする根本的な共通理解がメンバー同士の間でそもそも達成されていなければ，実行不可能であるからだ。

　それでは実際どのように接近すれば，メンバーの視点から彼らの実践を理解することが可能になるのだろうか。他人の行為はその本人にしか理解できない，というような懐疑主義に陥る必要はない。懐疑主義は何よりも私たちが日常的に行っていることを見誤らせる。まずは我々があることがらを「情報」であると記述できるときのことを振り返ってみればよい。たとえば「彼女にとっての情報」という言明を想定してみよう。そのとき「情報」とは，以下のような基準に従い用いられている概念である。

(1)事実性：事実であるか，もしくは事実を含んでいること。

(2)真実性：正しいこと。これは，上記の事実性とコインの裏と表の関係になっている。
(3)未知のこと：その人が知らないこと，あるいは知らないと想定されること。
(4)知りたいこと：その人が知りたいこと，あるいは知りたいと想定されること。
(5)伝達・入手可能性：他者へ伝えたり，入手したりすることが可能な様式の知識のストックであること。ただし，すべての人へ伝達可能であるということでは必ずしもない。入手できる人が限定されている場合もある。
(6)相対性：以上の基準はあくまでも相対的なものである。「情報」とは，あくまでもそれが使用されている文脈に根ざした達成語であり，ある事柄が本質的にもつ属性として用いられるわけではない（池谷 2000: 50-51）。

　ここで提示されているのは，人々が記述の際に用いる日常的な言語的概念をその実践的な用法にもとづき経験的に考察するというウィトゲンシュタイン哲学を援用したエスノメソドロジー研究である。概念の用法とは，まず，自然言語（人々が日常的な意思疎通を行うにあたり使用している言語，自然に発生したものであるという点で特定の個人や集団が定める機械言語の対極にあるといえる）に習熟するメンバーが共有しているとみなせる，つまり共通の基準とみなせるという意味で公的なものであるといえる。複数の人間の間で同意が成立可能なものであり，個人の内部に閉じた認知的過程のようなものを想定することとは異なる。

　そして「基準」には「推測」のような曖昧さはないから（Francis 2005），公的な基準の適用は規則的なものである。時と場合に応じて当たったり外れたりする性質のものではない。以上のような概念分析を通じて，我々は「情報」というものが社会的に組織化されているだけでなく，実践的な用法に基づき組織化されているという側面をも明らかにすることができる（Watson and Carlin 2012）。前掲した諸基準は，我々（研究者であれ一般人であれ）自然言語に熟達した人々が普段何気なく常識的に用いている「情報」という概念について，あえて注意を喚起するために参照するためのものである。以下では，仕事の場面において情報に関わるこれらの公的な基準が実際にどのように作動するのか

を見てみる。

3. 情報の実践的マネジメント

3.1 フィールドワークによってワークを理解する

　我々は日本の製造業であるカネラー社（仮名：以下すべての固有名に対して匿名化を施している）の職場で長期間フィールドワークを行い，7名の構成員からなるハードウェア設計者たちのグループの業務を観察した。このエスノグラフィーは，職場組織における業務の実態を把握するという依頼のもとに行われたものである。

　社会のメンバーとして，たとえば日本語を知っている者として，我々エスノグラファーはその場で起こっていることをある程度理解することができた。だが当然のことながら，この職場のメンバーと同等の適切な能力（competence）を持っていないがために理解できないできごとも多かった。ここでいう「適切な能力」とは，このメンバーがこの職場における自身の仕事に従事するうえで求められる様々なことをその職場のやり方に照らしてその都度「適切な」秩序立った方法で「適切に」実現できるという意味である。職場における適切な能力には，専門用語に精通することから，組織で定められた規則や「うまい」といわれる仕事の進め方まで，さまざまな知識をその都度適切に使えるということが含まれる。エスノグラファーは，フィールドワークの対象となるメンバーの能力を獲得していかない限り，現象の記述をすることができない。

　ガーフィンケルのいう「方法の固有性の要求（unique adequacy requirement）」は，まさしくその場に固有の適切な能力を持ったメンバーが携わるワークの記述において必然的に要求されることとなる，研究上の指針を示す（Garfinkel 2002: 175）。

　メンバーが何らかの現象を達成する際に用いる場に固有な方法の記述，これがエスノメソドロジーにおける「ワークの研究」である。ここでいう「ワーク」とは社会的活動を産出するにあたってメンバーが「成し遂げる（work out）」ことを指しており，仕事や賃労働に限定されたものではない。いかなる社会的活動も，何らかの形で成し遂げられることによって生起する。これは，た

とえ何ら特別なことはないと思えるような事柄であっても，同様である．

　会話をするというワークを研究対象の中心にすえる会話分析者や，自身がすでに研究対象と同等の能力を持った上で自分自身の経験を分析の俎上に載せるオートエスノグラファーは，研究を開始する時点で「方法の固有性の要求」をある程度満たしているといえる．しかしながら複雑な組織活動や高度に専門化された業務やそれらのワークを理解し記述しようとする場合，とりわけ研究対象となる現場や領域に初めて足を踏み入れる場合，この「方法の固有性の要求」はエスノグラファーにとってハードルとして立ち現れる．執筆者のうち酒井は2年間，池谷は1年余り，粟村は半年間にわたり，研究対象であるカネラー社の当該部署に継続的に通った．我々は設計者が日々の業務のなかで何を見聞きし，何を成し遂げようとしているのかをエスノグラフィーを通じて学んでいった．実務内容には参与しなかったとはいえ，我々は設計者の実務作業のなかに新人同様の立場から身を置き，観察と設計者とのやりとりを通じて，設計者の仕事というものを理解する努力を重ねた．本章で行う分析の背景知識はもちろんのこと，本章の主張を例証する「展望のある場面 (perspicuous setting)」(Garfinkel 2002: 181) を特定できたのは，以上のようなエスノグラフィーを通して得られた成果によってである．

3.2 タスク管理を行う場としての朝会

　この部署でフィールドワークを行って我々が最初に学んだことは，機器の設計業務とはコンピューターの前に座りCADで図面を描くにとどまらないということだった．設計者は図面を物理的に実現し製造するために必要な部材の調達にも責任を負う組織上の立場にあったのである．ひとたび自身が過去に担当した業務に由来する問題が発生すれば，複数の組織との連携を調整しながらその問題を解決に導く責任も負っていた．我々が観察したグループは，種々の部品を納める筐体と，発熱の処理を考えた部品の発注やその部品配置も含めた設計を担っていた．これは工場に出荷する直前の工程であるため，工場，品質管理部門，下請け業者，現場のサポートスタッフなど，様々な部署やその構成員と関係する業務を抱えていた．したがってこのグループは，前の工程で何らかの変更が発生した際には，そうした変更にともなう諸々

の事態に対応する必要に迫られる立場にあった。業務の中心に設計図面や設計書類の作成があったことは間違いなかったし，設計者も可能なかぎりそうした設計業務に専念したいとの希望を我々に語った。だが分業体制を敷く組織で働く設計者には，図面を描く以外の業務もまた同等に完遂していくことが期待されていたのである。

　こうした状況を観察するにつれて，我々は設計者たちが日々の業務をこなすなかでどのようにしてタスク管理を遂行しているのかに関心を持つようになった。このグループの設計者は非常に多くの業務を抱えていたが，個々の業務は複数のタスクに分割可能であった。ここでいうタスクとは，業務を構成する作業の単位を指している。図面をデータベースに登録するという業務を例にとれば，図面を描くタスクとその図面をデータベースに登録するタスクのふたつに分解可能であり，前者を設計者Aが，後者を設計者Bがそれぞれ担当するというように完遂することができた。とはいえ技術的な側面または社内規定により分けることが不可能な業務もまた存在した。したがって自他の業務の範囲の区別やその認識なくして自分の業務の遂行は不可能であった。優先順位の決定もまたそうであった。

　設計者たちはタスク管理の計画業務それ自体を日々の業務の一部に組み込んでいた。「朝会」と呼ぶミーティングを定期的に毎朝行い，グループとしてのタスク管理を行う場としていた。チームをまとめるグループリーダーは個々の設計者が現在抱えているタスクを集約し，負荷・時間枠・人員といった諸要素の配分を試みていた。朝会では直近に発生した問題が主に議論の対象となった。問題発見とその早期解決は，開発の進捗のうえでも生産性の向上のうえでも重要な要素である。だが問題は当然ひとつとはかぎらなかったし，問題もまた複数のタスクに分けることが可能であったから，どの部分から対処するべきかという優先順位の判断と対処に動く時期の判断とは密接に絡み合っていた。これらの判断を可能なかぎり的確にするためにも，時宜を得た情報共有が互いに求められていた。

3.3「悪い情報」を知らせる

　この日の朝もグループでは定例の朝会を開いていた。グループリーダーは

部下のフジモトに対して現在進行中の業務の進捗具合や彼女が本日中に実行を想定している個々のタスクの内容やその範囲についての聞き取りを行っていた。フジモトは装置に電子部品の仕様を組み込む実装業務に豊富な経験を持つベテラン女性社員であり，ケーブルやコネクター等の部品の発注や供給元となる部品製造会社の選定を行う仕事を任されていた。以下に示すものは，ある部品を採用するにあたり発生した問題の対応の仕方についての議論を，二者の会話が展開する段階ごとに会話を区切り行った分析的記述である。議論の背景にあるのは，出荷間近の装置に必要な部材「Ｓケーブル」の調達である。以前の供給元であった部品製造業者が廃業したため，このたびエンテメール社が新たにカネラー社よりＳケーブルの発注を受けていた。だがこのエンテメール社が新たに納入したＳケーブルではカネラー社の要求する品質水準に達さないことが社内試験の結果判明したのである。このＳケーブルの発注を含め，自身の所属するカネラー社内とエンテメール社，そして製造を外部委託している工場との三者間を調整する役割にあったのがフジモトであった。我々の分析的関心は，つぎのとおりである。ふたりがこの問題を認識し，解決案を検討し，ひとまずの結論を導くまでの一連の議論を通じて「悪い情報」というものはどのようにして組織化されていったのだろうか。またそうした「悪い情報」というものは，実践者の目線から見た際どのような意味において「悪い」といえるのだろうか。

(1) 情報を共有し，援助を求める
【会話断片1】(FUはフジモト，GLはグループリーダー)
FU: 今日終わったらあとは新しい装置なんだけど，1個すごいすごい大問題が発生してね。
量産中の装置のＳケーブル，いま評価したじゃないですか。
GL: はいはい。
FU: NGだった。
GL: モノが？
FU: うん。
GL: モノがNG。
FU: どうしようか？

フジモトはグループリーダーに現在評価中であったSケーブルについて「すごいすごい大問題が発生」したという知らせを伝えることから始めた。フジモトがここでいう「評価」とは，部材の品質に関する評価試験のことを指す。カネラー社における生産は多数の外部の部品製造業者より供給を受けた部材を用いて行われていた。そうした部品の品質管理はカネラー社内の専門部署による試験により保たれていた。社内規定に従い，同じ部材であっても製造元に変更があるたびに評価試験は改めて行われていた。Sケーブルはこれに該当した。カネラー社内の評価試験を通過しない部材，すなわちカネラー社の設定する品質基準を満たしていないと判断された部材は，採用から却下される。このような事態が発生するとフジモトはその代替品を急ぎ調達する必要に迫られた。部材不足は出荷遅延につながるからである。後述するように，出荷遅延は最も避けるべきトラブルとして位置づけられていた。タスク管理の点からいえば，緊急事態の発生は彼女自身のタスク管理や仕事の計画を乱す十分な要因となりうるものであった。

　「ケーブル問題」の，組織における重要性は，フジモトがグループリーダーに「どうしようか？」と相談をもちかけた事実にも示されている。フジモトのこの発言は彼女の上司であるグループリーダーに彼女が直面する問題についてともに考えて欲しいという要求に聞こえる。だが普段のフジモトは問題に遭遇する度にグループリーダーに相談したり助けを求めたりしていたわけではなかった。ベテラン社員である彼女にはタスク管理の裁量がある程度任されていたため，タスク管理のうえで彼女は，自身の業務の範囲内で解決可能な問題とそうではない問題を切り分けていたからである。

　複数の組織と仕事を進めるなかで発生するある程度の範囲での「予期せぬ事態」は，普段からしばしば起こるものだった。フジモトはそれらの多くを自身の責任範囲の下，ひとりで対応していた。フジモトがグループリーダーに状況を相談するときは，たとえばタスクが一時的に集中し負荷が高まっているようなときであった。このようなときフジモトはチーム内の他の設計者に代行してもらったりグループリーダーに他組織との間のスケジュール調整を依頼してもらったりすることで，負荷の分散を図っていた。

　以上のような彼女の日常業務のやり方を踏まえると，Sケーブルが評価試

験において不合格となった事態が彼女およびグループにとってどんな重みを持つかが見えてくる。この問題は複数の組織にまたがる問題にまで発展しうるというだけではなくて，彼女ひとりの業務範囲では到底解決できない「大問題」に発展しうることが彼女には予想できたのである．

　フジモトの話題の切り出し方に対するグループリーダーの反応からは，彼がこの時点でSケーブルについて知っている範囲についてふたつのことが見て取れる．グループリーダーはいま話題に出ているSケーブルが評価試験に提出されているところまでは知っている．しかし昨日の時点でSケーブルに採用上の問題が判明していたことや，その問題の所在についてはいまだ知らない．かりにフジモトがいま伝えようとしている「大問題」がグループリーダーにとって「既知のこと」と予測できるとしたら，彼はフジモトが「情報」として伝えようとしている事柄に対する反応を別の形で示していたであろうと想像するに難くない．

　ケーブルが評価試験で「NGだった」と報告するフジモトに「モノが？」と重ねて尋ねたグループリーダーの質問は，自身にとって「未知」の情報を得ようとする情報探索に出たといえる．グループリーダーはいまフジモトが伝えようとしている情報が「新しいもの」であり，さらに継続して聞く「価値がある」ものとしているのである．何らかの「異常」な出来事が発見された場合，その原因の特定と他の要因との区別の実践を通じて後続の活動が組織化されていくことが医療検査の現場で報告されているが (河崎・池谷 2013)，不採用結果の報告に対してグループリーダーが真っ先に質問したのも，そうした不採用の判定が下った原因の特定である．評価試験を通過しなかった理由が物理的な事由以外にあった場合，たとえばケーブルについた埃が原因であったというのであれば，試験対象を改めて再試験を行うことも可能であった．だがこの場合の原因はケーブルそれ自体の物理的な問題にあったとフジモトは回答している．前述した通り部材の採用が却下された場合には新たな調達先を急遽確保せねばならないから，この「大問題」の原因がケーブルの物理的な問題にほかならないという共通認識にいたる情報共有が質問と回答を通じて行えたことは，今後の工程管理や追加タスクの有無を方向付けるうえでも組織的な協働作業に影響を与える情報行動であった．グループリーダーにしてみれば，

この一連の会話は一種の「情報遭遇」(三輪 2012) ともいえる。彼は何か特段悪い知らせを聞き出そうとしてこの会話を始めたのではなかったし，情報との遭遇は会話を交わすなかで明らかになっていったものだったからである。

　以上の分析から，我々は「情報」という概念の実践的用法の一側面を得ることもできよう。すなわち情報とは「伝達可能なもの」であり，その情報の「受け手にとって未知もしくは新しいもの」であるということである。そしてこの朝会において提供された情報は，その受け手であるグループリーダーにとっての使用可能性もあわせ持つ。グループリーダーはフジモトより伝えられた情報を使用することによって，自身が今後とるべき動きであるとか，この場で引き続き検討すべき事項を判断していくのである。

(2) 問題の詳細を具体化し，その影響範囲を推定する
【会話断片2】(断片1の続き)：
FU：　途中経過を昨日ローカルに教えてくれたんだけど，抵抗値がむちゃくちゃあがってオープンになってるピンもあるって。だから解析してないから原因わかんないんだけど，なんか治具ではないような気がするって言うんだよね。品質管理部門の人が。
GL：　えぇー……
FU：　どうしよっか。もうなんか昨日の夜からすごいブルーなんだけど。
GL：　エンテメール社しか作れない？　前の工場ではもう全然作れない？
FU：　作れない。
GL：　設備がなくなっちゃってんだ。
FU：　全部もう撤去しちゃってる。
GL：　ストックは十一月？
FU：　十末。
GL：　十末まで。1ヶ月しかない。

　断片1に続く断片2の会話で，フジモトがこのケーブル問題について持っている情報源とその既知の範囲が判明する。フジモトの発言より，彼女がここで行っている報告は「報告の報告」であること，すなわち「品質管理部門」よりもたらされた情報の伝聞であることがわかる。我々はここで「伝達可能性」には「所有」がともなうことを指摘できよう。ケーブル問題に関する情報が品

質管理部門からフジモトに伝達されるとき，その情報を所有する，したがって語りうるものとして知っている人々の人数や範囲も同時に変化しているからである。「ローカルに教えてくれたんだけど」という前置きからわかるように，ここでフジモトがグループリーダーに共有しようとしている情報はいまだ一部の人々の間にのみ限定的に伝わっている，つまり限られた人に所有され知られている段階にあることがわかる。伝聞ではあったが，「品質管理部門の人」(コヤスという技術者であることがのちに判明する) よりもたらされた情報は「真実」かつ「信憑性」のあることが認められている。フジモトを昨晩から悩ませているのも，代替品を用意するための解決案として以前頼んでいた工場での生産可能性の検討をしているのも，そうした前提に基づくものである。

　出荷遅延ないし出荷停止は個人や組織の問題をはるかに凌駕した，企業としての問題 (たとえば経済的や販売機会の損失，信用の失墜など) に波及する事態である。出荷遅延こそは最も避けねばならない事態であると，部署の統括者は設計者たちに繰り返し念を押していた。出荷遅延に対する設計者自身の危機意識の高さもまた，出荷遅延に関連しそうなおそれのあるタスクから優先的に対処していたことからうかがい知れた。グループリーダーが「ストック」，すなわち現時点でのケーブルの在庫についてたずねたのは，こうした出荷遅延という最悪の事態がどこまで差し迫ったものであるかを評定しようとするための情報をフジモトから聞き出そうとする探索である。日程計画と歩調合わせは組織的なプロジェクトの進行上不可欠な要素である。プロジェクトに携わる実践者は，実際的な行動をとるためにそれらを概算する必要に迫られる (Button and Sharrock 1996)。評価試験を通過し今日まで生産に使用してきた以前の部品製造業者によるSケーブルの在庫分に関して問題はない。一ヶ月分の在庫があるということは，明日にも出荷が停止するような喫緊の事態ではない。だが工場で在庫が切れるまでの一ヶ月の間に，エンテメール社に代わる新たな部品製造業者を探し，Sケーブルの製造を新たに発注し納品を受けたうえで再度評価試験を経て量産体制を整えるまでの一連が実現されなければならない。これらの段取りを調整する立場にいるのがフジモトなのである。

(3) 解決策を探りながら，現時点での結論を導きだす

【会話断片3】(断片2の続き)
FU: 本当のラインで作ってるの?っていうのをもう1回確認はしてるんだけど。本当のラインで作ってますでNG品だったらもう救いようがない。
GL: なんかそれって大量に作って選別とかっていう方法は取れないのかな?
FU: だから結果にもよるんだけど。
GL: うん。
FU: もともとなんかゴミとかがついてて,それが悪さしてるんだったらそれで一応できる んだけど,ピンの埋め込みが甘いとかなんかだったらもう全然ダメ。
GL: コネクターそのものの話?
FU: だからわかんないんだ。いまアセンブリでやってもらってるから,ちょっとそれはだからコヤスさんが昨日今日出張してて,出張先からこんな情報が入りましたーって昨日電話くれたのね。で,明日かえってきて解析を始めるって言ってるんだけど。
GL: はー……(ため息)はい。
FU: ということらしいすよー。どうしよっかねえ?
GL: うん。ちょっと後で考えましょう。
FU: うん。これちょっとここで考えてもしょうがないよね。

　情報の伝達には所有者の変化がともなうものであるが，伝達可能な情報の内容は，その情報の所有者が知りえた範囲に当然限定される。グループリーダーは大量に製造し選別するという解決案を提示するが，この対策案に対するフジモトの返答は「はい」でも「いいえ」でもなく「結果によるんだけど」である。この実現可能性を検討する情報が現時点では不足しているからである。フジモトが現時点で持ち合わせているのは品質管理部門のコヤスから昨日電話でもたらされた情報に限定されている。その情報では，グループリーダーによる対策案の検討は仮定や想定の範囲内に限定せざるをえない。グループリーダーに現時点で伝えたり彼からの質問に答えることのできたりする内容やその範囲も，コヤスから得た伝聞にとどまる。当然のことながら未所有の情報を伝えることはできないし,「すでに知っている」のでなければ伝えられないのである。
　また，対策案の検討が既知の情報にもとづく必要があるということは，情報は「何らかの行為や活動を構成する際に資源として使用可能なもの」でもある。グループリーダーによる解決案の前にフジモトが述べていた「本当のライ

ンで作っていない」可能性を「可能性」としてしか提示できないのも，同様の理由からである。目下問題となっているこのケーブルの評価試験が「本当のライン」で製造していない，市販を想定していない段階での生産品を対象としていたのであれば対処のしようもあるとフジモトは述べている。

　フジモトは製造元に状況確認を問い合わせるという情報の探索と収集を通じて，コヤスからの情報を待つだけでなく，自ら問題解決に向けてすでに動き始めていることもグループリーダーに伝えている。だが現時点で確認中という発言からもわかるように，フジモトはこの可能性についてもグループリーダーに渡せるだけの情報や回答をいまだに得ていない。ここでもフジモトの持つ情報の内容の範囲が，グループリーダーに渡せる情報の限界となっている。

　断片2までの会話でSケーブル問題の所在については二人とも共通認識をある程度持つことができてきたが，断片3で判明したことは，問題の程度や今後の対応策をふたりが詳細に検討するにはいまだ情報が不十分であるということだった。ふたりの議論はここから終わりに向かう。フジモトは現在伝達可能な情報はもはやないことを示し，どうしようかとグループリーダーにたずねる。グループリーダーの回答は後で考えようというものであった。この会話を経ても対応策や方針が結論として決定したわけではなかったが，現時点で得ている情報に限りがある以上，これ以上この場で議論しても解決策を導き出せることは期待できないからである。ここで解決策の出ない議論を続けるよりも，現在確認中の情報やコヤスからの追加情報を待つ間に他の業務に移った方が効率的であるという合理的な理由もまた挙げられよう。分業体制というものは，自分が仕事を進めている間に他人もまた同様に進めているであろうという期待のもとに作動するからである。

4. 実践の「内側」から記述をするということ

　本章で我々は「実践的展開」の潮流を背景に既存の研究が所与としてきた「情報」概念を，情報行動とそれが生起する社会的文脈とを切り離さずに検討してきた。データとして用いた三点の会話断片で確認できるように，グルー

プリーダーとフジモトは「情報」という言葉そのものを用いて行為や活動を組織化していたわけではなかったし、ましてや自身らの現在進行中のできごとを「情報行動」と名指していたわけでもない。それにもかかわらずグループリーダーとフジモトのやりとりを「情報」をめぐるメンバーによる様々な実践として適切に記述可能であったのは、「情報」という概念の公的な基準がメンバーにとっても記述可能な形で作動しているのが実践において見出せたからにほかならない。

　我々が「実践論的転回」に関心を持つ研究者らと関心を共有しつつも限界を指摘したのは、既存の研究は「情報」を中心的概念とし、言語とその使用に着目しながらも、それらの概念的な運用法についての記述が欠けていたがゆえである。「社会学の専門用語のほとんどが、日常言語の共通のストックから引き継がれている」(Rose 1960: 196) とかつて社会学的な専門用語と日常語との関係について述べたローズによる指摘は、情報行動研究においても検討されるべきであろう。もとより「情報」は日常的な語である。

　第3節で示したように、情報の実践的マネジメントは設計者たちが業務を遂行するにあたり重要な位置を占める関心事であった。本章は情報行動がどのように活動に埋め込まれた形でなされているのかを考察し、その特性を実践に即して丹念にみていくという新たな方向性を示すなかで、過去の情報行動研究の成果の捉え直しの必要を示唆した。情報行動を認知的なモデルで捉えたり図式化したりしていた従来の情報行動研究による理論的想定は、実践を理解する上では不必要であるばかりか、妨げとすらなる。我々は過去の論文においてもこうした主張を行ってきたが (Ikeya et al. 2010; Sakai et al. 2012)、本章では、現状を把握し、将来的な結末を予想し、それらにどう対処していくべきかといったような実践的問題と情報行動が組織活動においていかに不可分であるかをもって、論証した。

　「ワークプレイス」は字義通りには「仕事 (work) 場 (place)」もしくは職場を指す。本章はまさにワークプレイスの研究ということができる。しかしもうひとつ、エスノメソドロジー的な意味での「ワーク」の観点からいえば、本章が研究対象としたのは、情報の実践的かつ実際的な管理のマネジメントというワークがなされる場という意味での「『ワーク』の場 ('work' place)」の研究と

いうことができる。

参考文献

Bonner, A. and Lloyd, A., 2011, "What Information Counts at the Moment of Practice?: Information Practices of Renal Nurses," *Journal of Advanced Nursing,* 67 (6): 1213-21.

Button, G. and Sharrock, W., 1996, "Project Work: The Organisation of Collaborative Design and Development in Software Engineering," *Computer Supported Cooperative Work,* 5 (4): 369-86.

Francis, D., 2005, Using wittgenstein to respecify constructivism. *Human Studies*, 28(3): 251-290.

Garfinkel, H., 2002, *Ethnomethodology's Program: Working out Durkheim's Aphorism,* Lanham, MD: Rowman & Littlefield.

池谷のぞみ, 2000,「生活世界と情報」田村俊作編『情報探索と情報利用』勁草書房, 41-90.

Ikeya, N., Awamura, N. and Sakai, S., 2010, "Why Do We Need to Share Information?: Analysis of a Collaborative Task Management," Jonathan, F. ed., *Collaborative Information Behavior: User Engagement and Communication Sharing,* New York: Information Science Reference, 89-108.

河崎宣史・池谷のぞみ, 2013,「医療スタッフの協働を支援する」『情報処理』54(10): 15-20.

McKenzie, P. J., 2009, "Informing Choice: the Organization of Institutional Interaction in Clinical Midwifery Care," *Library and Information Science Research,* 31(3): 163-73.

三輪眞木子, 2012,『情報行動——システム志向から利用者志向へ』勉誠出版.

Reddy, M. C., Jansen, B. J., and Spence, P. R., 2010, "Collaborative Information Behavior: Exploring Collaboration and Coordination During Information Seeking and Retrieval Activities," Jonathan Foster ed., *Collaborative Information Behavior: User Engagement and Communication Sharing,* New York: Information Science Reference, 73-88.

Rose, E., 1960, "The English Record of a Natural History," *American Sociological Review,* 25(2): 193-208.

Sakai, S., Awamura, N. and Ikeya, N., 2012, "The Practical Management of Information in a Task Management Meeting: Taking 'Practice' Seriously," *Information Research,* 17(4). (Retrieved July 26, 2014, http://www.informationr.net/ir/17-4/paper537.html)

Sakai, S., Korenaga, R. and Sakai, T. S., 2015, "Learning to Become a Better Poet: Situated Information Practices in, of, and at a Japanese Tanka Gathering," *Information Research,* 20(1). (http://www.informationr.net/ir/20-1/isic2/isic30.html)

Schatzki, T. R., 2001, "Introduction: Practice Theory," Schatzki, T. R., Knorr-Cetina, K. and von Savingny, E. eds., *The practice Turn in Contemporary Theory,* London: Routledge, 10-23.

Sharrock, W., 2001, "Fundamentals of Ethnomethodology," George Ritzer and Barry Smart eds.,

  Handbook of Social Theory, London: Sage, 249-60.
Talja, S. and McKenzie, P. J., 2007, "Editors' Introduction: Special Issue on Discursive Approaches to Information Seeking in Context," *Library Quarterly,* 77(2): 97-108.
Watson, R. and Carlin, A. P., 2012, "'Information': Praxeological Considerations," *Human Studies*, 35(2): 327-45.
Wilson, T. D., 1999, "Models in Information Behaviour research," *Journal of Documentation,* 55(3): 249-270.

第6章　対面における知識共有と課題解決

――配管工事のミーティング場面から

五十嵐素子・水川喜文・是永論

1.　対面のやりとりにおける知識共有と課題解決

　遠隔におけるリアルタイムのやりとりを可能にする様々なコミュニケーション・メディアが用いられるようになり，様々な組織において電子メールやクラウドシステムなどを用いて文書等が共有され，メールや電話，オンライン会議等で課題解決や意思決定がなされつつある。他方で対面での会議はいまだに多く，それが何か特別に感じられたり効率的に感じられたりすることがあるのも事実である。

　本章では，ある住宅設備会社のオフィスにおける現場監督と職人の朝のミーティング場面を分析し，どのように彼らが知識を共有しながら，配管上のトラブルを報告し，プランの再検討を行い，修正案を決定するのかを検討する。彼らは現場の作業の秩序や配管に関わる知識をお互いが持っていることを前提とし，それを推論の基盤としながらトラブルを際立たせる形で報告を行っていた。またそこでは，配管という作業に関わって作業環境の三次元／空間的な説明をすることが不可欠であったが，彼らは言葉で説明を尽くそうとするのではなく，互いが参加している場において共有している道具（図面）をペンや指さし等で参照し，それと身体動作を組み合わせることで現場の作業状況をわかりやすく説明していた。このようなやり方は，彼らが慣れ親しんでいる知識共有の仕方であり，それが彼らの朝のミーティングでの課題解決の効率性を生んでいたのだった[1]。

　本章は，こうした事例の検討から，業務上別の空間に分かれて作業をしている人々が対面でミーティングをしながらどのように知識共有し課題解決を

していくのかを示していく。さらにそのことを通じて，組織における対面での知識共有や課題解決の方法に示唆を得ることにしたい。

2. 知識共有としての業務の報告や説明

さて本章で述べる知識共有の「知識」とは業務において必要となる知識であり，その「共有」とは，具体的には「報告」，それについての「質疑」，「説明」，「理解の達成」などの一連の過程を指している。以下ではこうした過程の分析に必要となるキー概念や先行研究を紹介しておこう。

2.1 業務から生まれる「ノーマルな秩序」，実践の資源としての「プラン」

ガーフィンケル（1967: 187）が病院のカルテの研究で指摘したように，業務において情報が「報告」されるやり方は，その業務のルーティーンに組み込まれた形で決定されている。そして業務のルーティーンは，ただ私たちが従っているだけの決まりきった慣習にとどまらない。それは当該の現場に「固有の秩序」を作り出していくものでもある。

私たちはやりとりにおいて他者の行為を理解し，相手に自分の行為を理解可能なものとして提示することで，意味ある世界を作り上げている。特に組織においては，その現場の固有の歴史に根ざした「秩序（order）」が理解可能なものとして存在しており，そうした秩序の理解可能性があるおかげで，業務上生じている事態を把握したり，予期をしたりすることができるのである。例えば，業務において定型的になされる行為の流れやある道具やテクノロジーの使い方といったものも，そうした理解可能性をもたらす秩序であり，その現場における「ノーマルな秩序」（normal order）となりうるのである（Suchman 1997）。

また，組織においては業務の計画（プラン）があり，一般的にはこの「プラン」に従って業務が遂行されているとみなされているのに対して，サッチマン（1987=1999）は，プランとは行為をもっともらしく説明する，先行条件と行為の結果の形式化をしたものであり（p.3），状況的行為の効率的定式化である（p.178）という見方を示している。そしてプランの定式化では，複数の状況を横断する一様性（uniformity）を抽象化しているため，過去の経験や予測される

結果によって現在の行為に影響を及ぼすことができる (p.178) が，そうしたプランの説明としての効率性や一様性によって，個別の状況に照らしたときにはあいまいさが生まれるため，プランを改良することが必要になるのだと指摘している。

こうした見方では，プランとは私たちの行為を制御するものではなく，あくまで業務における行為の資源であり，行為が行われている特定の周辺環境や状況に埋め込まれた活動の実践との関係によって，決定されるものであるといえるだろう (pp.178-81)。

以上のように，業務において，ルーティーンとしてのノーマルな秩序とは，出来事や事態を理解するのに欠かせない資源であり，プランは実践を展開していく資源である。ノーマルな秩序を参照することで私たちは「トラブル」に気がついて「報告」することができるし，周辺の環境やその場の実践との関係から，それまでのプランを再検討し解決することができる。このようにワークプレイスでは，「ノーマルな秩序」や「プラン」を利用することで，問題の発見，報告，プランの修正，問題の解決，秩序の再構築をしているのである。

2.2 「プラン」を表す「図面」と空間的事物を表象する「身体動作」

対面においてコミュニケーションの主要な手段は会話であるが，視線や身体動作や道具も同時に用いられる。特にミーティングの場面では，配布資料やスクリーン，ディスプレイ等が参照され，知識共有のための重要なツールになることがある (秋谷 2013)。

図面と身体動作の利用方法に関しては，マーフィーの研究（2005, 2011）が先行研究となるだろう。マーフィーは，新築ビルの設計プランについてのミーティング場面を分析している。そこではある参加者がプランの変更がすでになされていることを理解していないまま設計に関わる提案してしまう。これに対して他の参加者は，図面の変更点を説明しながらその建造物の利用者がどのように歩行するのかを指の動きによって表現しその提案が不要であることを説明したのだった。この事例からは，設計図面が設計に関わる「プラン」として扱われていること，そしてミーティングにおいて周囲の者に見えるように図面と関係づけて身体動作を行うことで図面内の事物に意味を付与して

共有することができることが分かる。

　本章で検討するミーティング場面でも同様のやりとりが見られる。職人は配管を通すにあたって2階の床下と1階の天井裏の間の空間の状況を把握しているが，現場監督はそこまではまだ見ていない。このような知識のギャップを埋めるために，職人は図面を配管プランとして参照しながら，それと結びつけて身体動作を行うことで，現場の状況を立体的に表現して報告したのであった。

3. 住宅設備会社における朝のミーティングの特徴

　本章では第2章，第10章でも調査対象となっているW住宅設備（以下W社）の事務所における朝のミーティングを検討していく（調査概要やW社の詳しい説明内容については2章を参照）。

　W社の事務所内の業務の流れは以下のようになる。個人もしくは施工会社からの依頼で仕事を受注し，スケジュールを事務所のカレンダーに記入して管理する。複数の注文を同時にこなす形で，複数の現場が同時に進行するため，現場監督（以下「監督」）は一日ごとに職人を配置する指示書を作成する。監督はあらかじめ現場を視察し，施工会社から送られてきた図面に設備の説明図や部品の一覧表などを添付した現場図面のセットを作成しておく。作業が始まる前の朝のミーティングでは，職人たちはこのセットを見ながら前日までの作業の進行の報告を行い，監督はそれをもとに当日の作業や必要な部品の調達を指示する[2]。

　ミーティングと一言でいっても，経営方針を決める役員会議から，アイディアを出すためのブレインストーミングに至るまで，様々な目的があるが，本事例のミーティングは，分業を円滑に進めるための知識共有と課題解決の場であるといえる。またそのコミュニケーションの特徴は，ミーティングのコミュニケーションに関する先行研究（Svennevig 2012）の観点に従えば，以下の5点が挙げられるだろう。

　(1) ミーティングでは，前日までの作業進行の報告や説明を職人側から受け，それをもとに監督が当日ごとの作業や，必要な部品の調達を決定・指示

することがなされることになっており，議題事項や作業課題があらかじめルーティーンとして固定化している。(2)ミーティングの場には監督と職人のみが参加し，ミーティングの進行は監督のもとで進められる。(3)職人が現場の作業について報告・説明を行い，それにもとづいて監督が判断するというように，ミーティングにおける役割行為がある程度固定化している。(4)多くの場合，住宅や施設の現場の作業について議論するため，現場の図面やジェスチャーなどを利用している。(5)現場に行く日の朝に行なわれているため，迅速・効率的に行なう必要に迫られている，などである。以下の分析では，このような特徴をもった対面ミーティングにおいて，知識共有と課題解決がどのように展開していくのかを確認していこう。

4. 対面のミーティングにおける知識共有

4.1 「ノーマルな秩序」を前提としたトラブルの報告

　このW社の朝のミーティングは，工事があれば毎回行われているが，議題の内容はいつも同じではない。それまでの作業が順調であれば職人が報告することも少ないまま，監督から仕事が割り振られ，工事に必要な道具が渡される。しかし現場について報告し解決すべき事項があれば，それを職人が説明し監督は何らかの判断をしてから，そうしたことがなされる。監督は長年にわたる職人としての経験から，工事前の現地の視察と手元の図面を基にして，配管のルートや作業のプロセスについて，一定程度のプランを立てている。しかし新築の場合とは異なり，リフォームの場合には，クライアントからもらった図面が現状と異なっていたり，情報が不十分であったりすることがある。このため，風呂やトイレの新設などによって新しく配管を通す場合には，あらかじめ決めていた配管ルートを現状を確認した後になって変更することがある。

　以下の場面は，ミーティングに参加している3人の職人のうちの1人のからなされたトラブルの報告から始まる。職人は，依頼された家の2階の床下（つまり2階の床と1階の天井の間の空間）を見て，配管を通すために必要な空間的余裕がないということを，その現場を見ていない監督に対して，自分がス

ケッチした図面を用いて説明し始めた。

断片1　配管作業上のトラブルの報告,解決プランの提案

((職人が金曜日にX家の床下の排水工事をすることを頼まれた旨を監督に伝えた直後))
01　職人: で昨日,
02　監督: うん.
03　職人: あの::
04　　　　((職人がスケッチ図面を監督の前に置くと監督は暦から図面へと視線を向けた))
05　職人: いろいろ床下:調べたんですけど＝
06　監督: ＝うん.
07　職人: 結局はここに大梁はいっちゃってて,((図面のある地点をなぞりながら:図1))
08　監督: うん.
09　職人: なんもないんですよ((親指と人差し指で隙間を作って上下に動かす:図2))
10　監督: うん.
11　職人: で::::こっち側に迂回して?こういう形で持って行かないと排水もっていけ
12　　　　ないんですよね.((図面を人差し指でなぞりながら:図3))

図1　「ここに大梁」(07)　　図2　「なんもない」(09)　　図3「こっち側に迂回」(11)

　この断片1で職人は,工事をする場所の床下を調べたところ,そこに家の中心を支える梁(「大梁」)が入っていて,配管する空間がないというトラブルを説明・報告し(05-09行),新たに配管プランの提案(11-12行)をしている。ここでのやりとりは非常に簡潔だが,こうした簡潔なやりとりでも十分に理解可能なのは,業務の流れとしての「ノーマルな秩序」を参照することによって,職人の一連の発言と身体動作の意味が理解可能になるからである。
　例えば職人は,07行目で「ここ」と図面のある部分を指で繰り返しなぞりな

がら「大梁が入っちゃってて」と述べている。これは「いろいろ床下：調べた
んですけど」(05) という発言の後に述べられたことからみて，その図面上でな
ぞられた部分の「床下」の状況を説明している。そして配管前の業務の流れ上，
床下を調べた際に判断されるべきことは，その空間に配管が可能かどうかであ
る。こうした業務の流れを前提にすると，この後に職人が図面の上でジェス
チャーをしながら「なんもない」(09) と言っているのは，「配管をする空間がな
い」ということを述べており，図2で職人が指で示している隙間がその「空間」
であるとみなせる。このようにノーマルな秩序としての業務の流れからみる
と，「なんもない」という発言が配管上のトラブルの報告であると分かるのだ。
そして，トラブルを解決するためには配管プランを再構築しなければならな
い。こうした推論によって，職人の「こっち側に迂回して？こういう形でもっ
ていかないと」という発言 (11) が，プランの提案なのだと分かるのである。

4.2 図面上で可視化される配管プランの確認と修正の提案

　この後，監督は職人のスケッチの図面を参照しつつ，職人に確認しながら，
正規の図面に修正プランとしての配管ルートを書き込もうとする。だが職人
は別のルートを示し，その理由として障害物があるために監督のプランが無
理であることを，身体動作を用いて説明したのであった。それが以下の断片
2の19-25行目のやりとりだ。

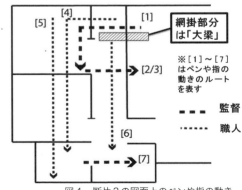

図4　断片2の図面上のペンや指の動き

断片2　監督によるプランの再検討と職人による配管空間の状況説明

19　監督: こうか? ((ルート[1]を書き始める))
20　職人: ええ.
21　　　　(0.2) ((監督 がルート[2]を書き終える))
22　職人: そ-
23　　　　(0.4) ((監督 がルート[3]を書く))
24　職人: そっち回して[4]こっちが:わで[5]行かないとここ[6]も((図5)) (.)
25　　　　下の((図6))天井がせりあがってきてんですよ一段((図7))=
26　監督: =あ:::>はいはいはい<, 居間の分な=
27　職人: =ええ.
28　監督: ああ:. したらこ-こう来て, こっからこう渡る(([7]を書きながら))=
29　職人: =そ::いう形にとるしかないっていう.

　　配管を計画する際には，下水管に排水を流すための出口が終点となるようにしなければならず，排水が出てくる場所と出口の場所を参照するために図面の利用が欠かせない。このため，本事例でみられるように,「図面に書き込まれた配管ルート」は「配管計画（プラン）」を表すものとなり,「ルートを図面に書きこむ・なぞる」ことを通じて配管プランを検討することになる。図面を開いた監督は，職人が提案した解決策をシャープペンシルでルート[1]（図4）のように書きはじめ,「こうか？」と確認要求を行っている(19)。職人は監督が書き始めた段階ですぐに「ええ」と確認の認めをするが(20)，監督が書き終えたルートが，前述（断片1）の障害物「大梁」を避けた後，すぐに直角に曲がってから最終地点に進んでいる（ルート[2]：図4）を見て，言葉を言いかけた(22)。監督がもう一度同じルートをなぞる([3] 図4)のを見て「そっち回して」と言いながら，監督のルートの一部[4]をなぞり,「こっちが：わで行かないと」と言って，監督の書いたルートとは別のルート[5]（図4）を指し示した(24)。このように，新しい配管プランについての確認(19-23)も，その案への修正の提案(24)も，発言だけでなく，図面に書き込んだり，なぞったりという動作を通じてなされていることが分かる。
　　さらに，ここでの配管プランの検討作業においては，図面が互いに参照可

能な道具となっており，互いの動作も観察できるような参加の枠組が形成されている。

このため，ルートを図面に書き込むことによってプランが可視化され，参照可能になり，発言によって言語化せずとも，プランについて互いに確認したり修正の提案をしたりすることができているのである。

4.3 身体で表象される「障害物」としての「天井のせり上がり」

職人が監督の書いたルートを修正し，別のルートを提案した理由は，作業の妨げになる物理的な障害物があったからである。この障害物は図面からは読み取れない場所にあるが，職人はこの点について監督にまだ説明をしていなかった。そこで職人は，図面からは読み取れない2階の床下の空間の現況について，図面を参照しながら身体動作を加えながら説明していく（以下，断片2と図5～図7参照。図5～図7の左右の映像は同じ時に撮影され，左図は監督の背面上方から，右図は右斜め上から撮影されている）。

職人は「ここも」(24)ではルート [6]（図4）を指でなぞって示している（図5）。そして，「も」の後の少しの間「(.)」から手を上げはじめ，「下の」(25)のあたりで，目の前で両手の甲をそろえて平面を作り（図6），それを頭の上まで上昇させながら「天井がせりあがってきてんですよ一段」(25)と説明している（図7）。つまりここでは，図面のルート [6] の部分は，下（＝1階）の天井が一段せりあがっているために，監督が書いて確認しようとしたルート [2/3] のような配管はできない，という説明をしているのである。

図5「ここも」(24)

図6　「下の」(25)

図7　「天井がせり上がって」(25)

　このように職人は，別のルートを提案する理由として，図面を参照しながら (図5) 身体動作を用いることによって (図6, 図7)，図面だけでは表せない，三次元／空間的な「天井のせり上がり」という障害物の存在を説明している (24-25)。この説明も非常に簡潔である。というのはこの説明は以下の2つの点で，監督が理解しやすいように組み立てられており，そのことによって監督は自分の見てない床下の状況を即座に理解できた (26) と思われる。

　1点目は，断片1の場合と同様に，身体動作で事物を表現する前に，それが図面上のどの位置にあるのかを示し，身体動作と図面の間に参照関係を作っている点である。職人は，「天井のせり上がり」が位置する場所を [6] のように図面をなぞって示している (図4, 図5)。2点目は，配管ルートとの位置関係から配管上の障害物 (「天井のせりあがり」) を示していることである。偶然かもしれないが職人はその図面の [6] の配管ルートに平行になるような方向へ体を傾けたまま，その位置で手の甲をつなげて平面を作っており，それは監督の書いたルート [2/3] にぶつかるように「せり上がった天井」を表現してい

るように見える（図7）。表象された物体の位置から，監督が確認しようとした配管ルートが不可能であることが推論しやすいものとなっているのだ。

図面と身体動作を用いた説明がこのように組み立てられたことによって，配管ルート [6] に「天井のせり上がり」が位置しており，それが配管上の障害物であることが，現況を見てない監督にも想像できたといえる。

5. 対面のミーティングにおける課題解決

5.1「現場の知識」を前提とした発言のデザイン

断片2の後，職人が提案したルート（断片2：24）が修正プランとして適切かどうか，つまり実行可能かどうかを検討する課題解決のやりとりが続いていく。ここでも図面を利用してプランを確認し合い，身体動作によって三次元の事物を表象していることがわかる。

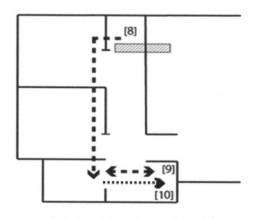

図8　断片3の図面上のペンや指の動き

断片3　修正「プラン」としての「配管ルート」の実行可能性の検討
※以下のルート番号はペン等でその部分の図面をなぞりながら話していることを示す．
　　　　((　前略　))
42 監督: こっから [8] 今度こっちへ持っ [てきて　[9]]

43 職人:　　　　　　　　　[ええあの::] (図9, [10])

図9「ええあの::」(43)

44 監督: 大丈夫なんですか.
45 職人: こっちの方は逆に((図10))一段((図11))上がってますから((図12)),
46 　　　上げ気味に:(.)排水取ってかないと((図13)),下のあの天井上がってきて
47 　　　るもんですからね((指を図面に伸ばしながら:図14)).

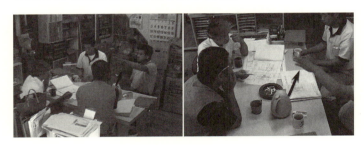

図10「逆に」(45)

図11「一段」(45)

図12「上がってますから」(45)

図13「上げ気味に：(.) 排水とっていかないと」(46)

図14「下のあの天井上がってきて」(46)

　監督は42-44行目で,「居間の天井のせり上がり」の範囲を迂回したルート[8]（図8）の終わりから[9]（図8）へ向かってシャープペンシルで指しながら「今度こっちへ持ってきて大丈夫なんですか」と職人に確認している。職人が「ええあの：：：」(43)と監督の発言に割り込んだのは,監督が配管ルート[8]

から [9] に曲がった地点にシャープペンシルを動かしたときである。そして，タバコを持った右手の指でその場所をなぞり（図8［10］，図9），監督が発言し終わったところで右手を戻して，その配管ルートが作業可能である理由を身体動作とともに説明しはじめた。

このやりとりで問題になっているのは，[9] のルートの作業の実行可能性であり，監督は，その前の会話（断片2：24-25行目）で障害物とされていた「一階の天井のせり上がり」がこのルート上でどうなっているのかということが気になっているのである。これに対して，職人は現場の状況とその配管の作業の具体的な方法について身体動作を交えながら表現し，このルートの作業が可能であることを説明するのである。

職人の身体動作は，図面の該当場所を指で示した（図9）後に開始された。職人は「こっちの方」と言いながら図面を示していた左腕を引いて，「逆に」と手の平で空中に平面を作り（図10），手をはね上げながら「一段」（図11）と言った後，「上がってますから」で手を体のほうに引き寄せ（図12），「上げ」で斜め上に手先と腕を伸ばし，「気味に」で腕をまっすぐ伸ばし切って「排水とってかないと」と言い終わるまで腕を保持した（図13）。「下の」と言ってすぐに図面を指す体勢になり，「あの天井」で指で図面を指し，「上がってますから」と言って［9］の先あたりを指している（図14）。

このような職人の説明は私たちにとって必ずしも理解しやすいものではない。私たちは自分の発言を会話に参加している特定の相手に指向してデザインしており（Sacks and Schegloff 1974: 727），この職人の説明は，配管作業についてよく理解している監督にとって分かりやすいようにデザインされているからだ。

彼らがこの会話で前提としている「現場の知識」[3]として，排水を二階から一階へと流していく際には，配管に一定の勾配を取るという原則がある。目安となる一定の数値の勾配を取っていくのが通常だが，この現場がそうであるように，配管する空間の高低差が少ない場合，通常よりも勾配を緩やかにするなどして配管の位置を調整することがある。つまり職人は，この [9] の部分では，一階の天井（「下のあの天井」）が一段上がっているために，通常よりも高い位置で（＝「上げ気味に」）配管する必要があると説明しているのであっ

た．ここでの職人はそうした配管の仕方を身体動作で示したのである．

5.2 身体で表象される「天井のせり上がり」に関連づけられた「配管」

そして，この職人の身体動作による説明は，断片2と同様に図面上の配管ルートとの位置関係に配慮して組み立てられているように見える．さらに興味深いのは，障害物である「天井のせり上がり」(図11)を避けて配管が可能である(図13)ことを示すために，職人がこの二つを関連づけて示している点である．

まず，「天井のせり上がり」についての表現を見ていこう．職人は図面の配管ルート [10] を参照しながら「こっちの方」と言うことで，身体動作で表現している対象を，配管ルート上に位置づけている．そしてその後の「逆に一段上がってますから」という発言 (45) は，平行してなされる一連の身体動作によってその意味がより補強される．職人は「逆に」(45) と言いながら左手の甲を水平ぎみにしていたが [図10]，その後「一段上がって」と言いながら，その手の甲をはね上げている [図11]．これは，ルート [10] の流れからみると，ルートの左側の部分から右側の部分にかけて急なせり上がりがあることを手の動きによって対照的に強調している．次に職人は，「配管ルート」を腕で表現する．いったん手を下げた [図12] 後に，今度はさっきまでその手で作っていたせり上がりの場所の上に被さるような形で腕を伸ばし，そのまま保持したのだった [図13]．

このように二つの身体動作 [図11, 13] が組み合わされることで，せり上がった一階の天井とその上を通す必要がある配管の位置関係が明確になっているのである．こうして [10] の配管ルートは，職人による図面に結び付けられた身体動作によって，「作業可能な空間」に位置付けられて表象されたのである．

こうした説明は監督にとって理解しやすく納得できるものだったようだ．このあと，監督はコーヒーを飲んだ後すぐに，職人が説明した配管の仕方を理解したと繰り返し述べている (50)．

断片 4　監督による理解の主張と「修正」プランの了承

```
48 監督: (　　　)
49 (0.8) ((監督はコーヒーを飲んでいる))
50 監督: あ::そかそかそか [わかっ]たわかったわかった言ってる意味わかった.
51 職人:              [ええ. ]
52 監督: うんうん.((書類を閉じ始める)) (1.0) 了解了解.そうかい.
53       そっち置いて.((書類を閉じて職人に差し出す))
54 職人: はい.
```

　監督はさらに同意の言葉を繰り返してそれ以上言うことがない，つまり，説明に疑問の余地がないことを示していく (52)。さらに，書類を閉じはじめ，了解の言葉を繰り返した (52) ことで，図面上になぞられた配管のルートは，ようやく正式な配管のプランとなったのだといえる。そして職人に書類を渡し (53-54)，この件についての打ち合わせが終了したのだった。

6.　組織コミュニケーションにおける知識共有に向けて

　本章では配管工事に関する監督と職人の朝のミーティング場面を分析し，彼らがトラブルの解決にあたってどのように知識共有と課題解決をしていたのかを示してきた。

　順を追って振り返れば，まず彼らは，配管工事の作業工程の「ノーマルな秩序」を前提としてそれを推論の基盤としながら業務上のトラブルを報告していた。また修正プラン（案）の検討時は，図面に配管ルートが書き込まれる形でプランが可視化されていたため，詳細について言語化せずとも，ペンや指による参照等によって，その確認や修正が可能になっていた。また二次元の図面上では表現できない床下の空間内の事物については，図面との参照関係を示しながら身体動作によって表現していた。こうしたやりとりは現場写真さえも用いない簡素で短いものであったが，業務上でお互いが知っていると期待される「現場の知識」を前提とし，対面の場で共有している空間的環境を利用することで，適切に情報共有がなされており，結果として修正プランを決

定することができていた。

　もちろん，こうしたミーティングにおけるトラブルの報告やプランの修正のやり方は，他の現場でも同じようになされるとはいえない。参加者がどの程度現場の知識や情報を共有しているのか，またその内容をどの程度記録として残しておく必要があるのか，ミーティングに割ける時間がどの程度あるのかなど，そのミーティングの業務上の位置づけによって参加者が配慮すべき事柄が異なるからだ。そうした意味でこの現場のミーティングのやりとりは，監督と職人が共通の知識を持ち合わせていること，その決定事項を全て言語化して記録する必要はないこと，迅速に行うことが求められていることなどが織り込まれたやり方になっている。また職人は，ふだん言語化することなく作業している事柄――配管の通し方や勾配の角度の取り方などについて図面への指さしや身体動作を行いながら説明していた。そうした説明の仕方は，彼らの業務の仕方になじみやすいやり方となっていたといえる。

　こうした現場固有の特徴を踏まえたうえで，より一般的な意味で，組織の業務において対面で知識共有する際に参考となる点について触れておきたい。

　本章でみたように，日常的なトラブルが業務のルーティーンを背景として報告される場合には，文書等であえて報告されることなく，対面で簡潔な表現がなされることがある。これは，ある意味で効率的であるが，他方ではどのルーティーンを前提としているのかについての理解が不足すると，誤解や行き違いが生まれ，記録が残されていないために，その後も誤解に気が付かないままとなってしまう可能性があることに注意したい。

　また，ある特定のトピックについて対面で議論する際には，互いが参照できるツール（配布資料，プレゼンテーションのためのスライドなども含む）を用意することが効果的である。そうしたツールによって議題の中心となる事柄を可視化することができるのであれば，そうした表象物に対する指さしやジェスチャーといった身体動作を用いて情報を付け加えながら確認や説明することが可能であり，より効率的な話し合いができるといえる。特にこの事例でみたように，それがある空間的な環境に位置する事物や，立体的な構造物として説明を必要とする場合はそうであろう。こうしたことは，すでに多くの組織の現場で行われているように思われるが，こうしたことを行う際には，参

加者がお互いにどのように参照物を参照しているのかが見え，場合によっては，参加者がその参照物に関わりあえるような参加の仕方を可能にする空間的環境が整えられていることが重要だと考えられる。

謝辞

　度重なるフィールド調査やインタビューに際して，業務中にも関わらず快く協力してくださった W 社の皆様には大変お世話になりました。関係する皆様には心より感謝申し上げます。

注
(0) 本章は酒井・是永・水川・五十嵐（2014）が分析している場面と重なりをもつものであるが，同論文がどのように職人の身体動作によって表象としての「物」が達成されているのかということに焦点を当てて考察しているのに対して，本章ではそうした資源をもとにどのように知識共有と課題解決がなされているのかについて中心的に考察を行うなど，大幅な改稿をしている。

　またこれらの研究は，科学研究費補助金（基盤研究（B））「視覚イメージ伝達のカテゴリー分析——モバイル技術を利用した相互行為における教示実践」（研究課題番号：17330120，研究代表者：是永論）の研究成果の一部である。
(1) なお，当初我々はある種のコンサルタント的な立場で，この現場に新しいメディアを導入しようと考えてフィールド調査を行ったが，こうした調査の結果，現状の業務の進め方をそれほど変える必要がないならば，新しいメディアの導入はかえって非効率なものとなる可能性を感じたほどであった。
(2) こうした際には写真が活用されることもある。例えば，監督は撮影しておいた現場の写真を添付して指示することもある。指示された作業が完了した場合や，監督が現場について確認したい場所がある場合は，職人が監督の指示に基づいてその箇所を撮影し，その記録メディアを監督側にミーティングの場で渡すことで確認作業としている。
(3) 本章でいう「現場の知識」とは，この現場において分かち持たれており，そこに参与しているメンバー（Garfinkel 1967）にとっては習熟し理解されているものだが，そうでない者にとっては理解できない知識内容といった意味で用いている。しかし，両者には断絶があるのではなく，そうでない者も現場に参与していくことによって，こうした知識に習熟していくことができるものである。このため，我々はフィールド調査での参与観察を行ったうえで，会話の内容については事後インタビューを行い，分析を行っている。

参考文献

秋谷直矩, 2013,「観察のための撮影」南出和余・秋谷直矩『フィールドワークと映像実践』ハーベスト社, 37-63.

Garfinkel, H., 1967, "Good organizational reasons for 'bad' clinic records" *Studies in Ethnomethodology,* Polity Press, 186-207.

Murphy, K. M., 2005, "Collaborative imagining: The interactive use of gestures, talk and graphic representation in architectural practice," *Semiotica*, 156: 113-145.

Murphy, K. M., 2011, "Building stories: The embodied narration of what might come to pass," Streeck, J., Goodwin, C., and LeBaron, C. eds., *Embodied Interaction: Language and Body in the Material World,* Cambridge University Press, 243-253.

Sacks, H. and Schegloff, E., 1974, "A simplest systematics for the organization of turn-taking for conversation," *Language*, 50: 696-735.

Sakai, S., Korenaga, R., Mizukawa, Y. and Igarashi, M., 2014, "Envisioning the plan in interaction: Configuring pipes during a plumber's meeting," *Interacting with Objects: Language, Materiality and Social Activity,* John Benjamins, 339-356.

Suchman, L., 1987, *Plans and Situated Actions: Problem of Human-machine Communication,* Cambridge University Press. (＝ 1999, 佐伯胖監訳・上野直樹・水川喜文・鈴木栄幸訳『プランと状況的行為――人間 - 機械コミュニケーションの可能性』産業図書.)

Suchman, L., 1997, "Centers of coordination: A case and some themes," Resnick, L. B., Saljo, R., Pontecorvo, C. and Burge, B. eds., *Discourse, Tools, and Reasoning: Essays on Situated Cognition,* Springer, 41-62.

Svennevig, J., 2012, "Interaction in workplace meetings," *Discourse Studies,* 14(1): 3-10.

セクション3

プロフェッションと実践の中の道具／メディア

イントロダクション

1. 研究テーマの中心としての「道具／テクノロジー」

　序章でも述べられているように，ワークプレイスを対象にしたエスノメソドロジー研究（以下「ワークプレイス研究」）は，情報学，特にCSCW研究領域を出発点としている。CSCW研究の大きな関心は，コンピューターやグループウエアといったテクノロジーやシステムをどのように設計し，いかに共同作業を支援するのかというデザインへの問いに向けられていた。こうした領域において展開されたワークプレイス研究は，初発から「『テクノロジーに支援されたワーク』のエスノメソドロジー研究」であり，そうした意味で「実践の中の道具／テクノロジー」は，ワークプレイス研究の伝統的かつ中心的な研究テーマでありつづけてきた。

　例えば，本セクションには，専門家の業務と道具やテクノロジーとの関係について考察した第7章の前田論文，第8章の海老田論文，第9章の北村・五十嵐・真鍋論文の計3本が収録されている。また同様に，これまでのセクションに収録された論文のほとんどでも，実践のなかで道具／テクノロジーがどのように使用されているのかが考察されている。さらに後のセクション4の各論考では，CSCWが持ち続けてきた「デザインへの問い」に対して，ワークプレイス研究が，どのように応えようとしているのかを反映したものとなっている。

　そこで以下では，ワークプレイス研究が「道具／テクノロジー」を研究対象としながら，どのようにその対象への認識を深めてきたのかを再確認し，専門家実践と道具／テクノロジーの関係についてどのような視点が得られてきたのかを紹介しよう。

2. 実践の中で「道具／テクノロジー」を捉える方法論

　現代のワークプレイスにおいて，テクノロジーの利用は欠かせないものとなっており，他者と共同作業していくために，それらをどのように取り入れ，それらをいかに用いるのかという問題は，まずは私たち自身の関心事であることは疑いえない。しかし初期の CSCW 研究，特に当時その認識論の基盤となっていた認知科学や HCI の見方からみれば，いわばそれは開発者側の問題であった。例えばコンピューターとユーザーは 1 対 1 の関係で捉えられ，その利用の研究は実験的環境に基づいてなされ，ユーザーの活動は目標達成に向かうプロセス（「プラン」など）として認知モデル化されて捉えられていた。

　こうした見方に対しては多くの批判がなされたが，特にサッチマンが『プランと状況的行為』(1987) において展開した批判は，ワークプレイス研究における道具／テクノロジーの捉え方，研究の進め方に対して，いわば「方法論」を与えていくことになる。彼女は，認知科学や HCI のプラン・ベースモデルを，ユーザーが実際にコピーマシンをどのように利用しているのかを描くことで批判したのだった（彼女のプランについての見方については，第 6 章の五十嵐・水川・是永論文なども参照）。そのモノグラフには，テクノロジーやそのプラン等はその場の状況の文脈に依存して利用されているということ，またプラン等をどのように利用してテクノロジーが使用され，相互行為が組織され，そこでの活動が作り上げているのかということが具体的に指摘されていた。そしてユーザーの活動をコンピューターとの関係に限定せず，実験室ではない自然な状況のなかで，ユーザーがどのようにその場の文脈に応じてテクノロジーを用いているのかを明らかにしようとするものであった。そのようなサッチマンらのアプローチは「道具としてのテクノロジー」を実践の中で捉えていく方法論とみなされていったのである (Heath, Luff and Knoblauch 2004)。

3. 「共同作業」の「資源」としての「道具／テクノロジー」

　その後，上記の方法論のもとでは，CSCW 研究の元来の関心に沿って，多くのワークプレイス研究が蓄積していくことになる。その多くは，道具やテ

クノロジーがいかに「共同作業」を支援できるのか，という問いから発したものであった。ではそこでの彼らは，「共同作業」をどのように捉え，「テクノロジー」による「支援」をどう捉えたのだろうか。

　ヒューズや，ヒース，ラフらによる初期の論考（Hughes et.al. 1992; Heath, Luff and Knoblauch 2004）にみられるように，ワークプレイス研究は単なる現場における実践の観察にとどまらず，「共同作業」／「個人作業」，「分業」「テクノロジー」「支援」といった研究対象を名指す概念自体を再特定化していく形で展開していった。

　例えば，航空管制のワークプレイスを研究したヒューズら（1992）が指摘したのは，ワークの社会性というものは，個々の作業を結び付けるリンクを見つけるような問題としては捉えられないということであり，まずは「個別化」（individuation）がどのように成立しているのかを考えるべきだということであった。個人として仕事ができるためには，ある特定の文脈に根ざした，彼ら自身のタスクとして受け止められるべきものがあり，それが他者のタスクとどのように独立しているのかを理解していなければならない。しかもその際のワークとは，その都度変化し，状況に根ざしているものである。このためそこに参加しているメンバーは，決まりきった手続きを超えたスキルや経験を求められ，そこで展開していく状況に応えていくことになる。そこでは，自分自身の活動へ取り組みながら，他者の活動の境界を意識し，自分が決定できることや自分ができる行為を，他者が扱っているタスクに照らして考えることになる。またタスクの流れのなかでの作業では，「私ができること」をして，「他者がやれることができるように」他者にタスクをひき渡すことになる。こうしたことが分業のワークを成り立たせているのである。

　こうした分業のワークにおいては，コンピューター・システムといったテクノロジーもまた，単なる「機械」のままではありえない。ワークの流れのなかに組み込まれることによって，またその分業のワークの実践のなかで位置を占めること，つまりそれを使う人によって，知られ，動かされ，作業させられ，予測のために用いられ，修正され，環境に埋め込まれることによって，「道具（instrument）」として使用可能なものとなるからだ（Hughes et.al.1992：116-117）。

さらにヒューズらが述べるのは,「コンピューターに支援された」ということの意味は,使用者が判断を下すときやある行為をするときに,コンピューターがなんらかの「資源を提供してくれる」という意味であるということ,そしてその「システムの特徴」とは,そのシステムの設計において「特徴」として抽象化されて存在しているものではなく,ワークの中でそのシステムが用いられる際に,そのシステムから現出している特性なのであるということである。例えば,サッチマン(1997)の「協調のセンター」の議論(詳細は第9章の北村・五十嵐・真鍋論文参照)が指摘したように,お互いが離れた場所で分業をする場合でも,システムが人々のワークを調整しているのではなく,人々がシステムから必要な情報を選び取ってワークに生かし,そのことによって仕事を調整することができているのである。

　このような意味で,ワークプレイス研究は「道具／テクノロジー」がそのワークの支援になっているのか,つまりワークの資源としての有用性を持っているのか,またシステムがどのように利用可能な特性を持っているのか,という点を明らかにすることができ,ひいてはそれがセクション4で議論されるようなシステムのデザインや,ワークのデザインに役立つと考えられるのである。

4. プロフェッションと「道具／テクノロジー」

　これまでのワークプレイス研究においては,「専門家実践」と「道具／テクノロジー」の関係をめぐって,一般的な知見が発展してきたというよりは,専門的実践自体が特有の規範やルールを伴って展開されていることが多いため,その領域ごとの知見の蓄積を足掛かりに,両者の関係が考察されてきたように思われる。そこで以下では,先行研究とのつながりにおいて本セクションの論文の知見を位置づけながら,両者の関係についての視点を紹介していこう。

　ある専門家に特有の実践においては,配慮されるべき最優先事項があり,それが現場のワークにおける道具の利用に広く反映されており(そのやり方はそのタスクに応じて様々であるが),そうした形で専門性が表れることがある。

典型的には，航空業務や管制業務などにおけるリスク管理としての，相互確認の作業があるだろう。例えばヒューズ (1992) は管制官の業務をフィールドワークし，そこでの「ストリップ」(Strip) の用いられ方に着目した。「ストリップ」とは，航空機の飛行経路や高度，予定飛行速度などの情報を表示したものである。彼はストリップに書かれた情報がいろいろな人に利用され目に触れること，インフォーマルな会話の中で参照されるなど，その情報が様々な人によるクロスチェックの可能性に開かれていることで，その情報への信頼性が維持されていたことを指摘している。

　本セクションの第9章の北村・五十嵐・真鍋論文では，管制官らがペアワークの参与枠組みを維持しながらレーダー画面に対する相手の作業を互いにモニターし合い，リスク管理をしているやり方が示されている。当時のイギリスの航空機の情報管理のシステムと現在の日本のそれとは異なっており，ワークの内容も異なる。しかし管制業務という「ミスがあってはならない」現場におけるリスク管理のために，相互に情報がチェックできるように道具／テクノロジーの利用を他者に開いておくやり方があるという事実は，管制業務という専門家実践において，何を最優先にしてワークをすべきかについての理解と，そのための道具／テクノロジーの用い方に，一定の共通点があるということを示唆している。

　また，「専門家」が関わるワークフローとその中のタスクには，多かれ少なかれ「標準化された手続き」があり，そこで同じような目的のために「道具／テクノロジー」が用いられていることがある。そこに注目することで，道具／テクノロジーの使用に関する，ある現場特有のやり方の知識の存在が見いだされ，そこに専門性の根拠を見出すことができるだろう。例えば近年の高度化した医療の現場では，医師が患者に画像等の映像資料を見せながら診断に関わる説明をすることがある。西阪 (2008) は産婦人科での超音波診断の説明の場面を分析しているが，医師が患者とのやりとりの中でその道具をどのように利用するのかということは，問診や診断といった専門家実践のワークフロー上のタスクの性質と関わってくる。本セクションの第8章・海老田論文でも，柔道整復師が超音波画像観察装置やそのディスプレイを使いながら，患者の身体の一部をいかに可視化し，治療方針を説明するのかが分析されて

いる。西阪（2008）の説明でも，海老田論文においても，その画像に何を見るべきであるのか，ということの判断については「専門家」としての整復師や医師の側にその権利と義務が生じている。そしてそこでの道具／テクノロジーを用いながら，医師や整復師がそうした「見え」を示す際には，そこでのタスクに志向しながら慎重にデザインしていることがわかる。

　さてここで，その現場に特有な道具／テクノロジーの使用の仕方と相互に支え合う関係を持つものとして，専門家に特有の見方（プロフェッショナル・ヴィジョン）の存在を紹介しておこう。グッドウィン（1994=2010）によれば，考古学の作業においては，意味ある対象（例えば柱痕やある種の土）を見出していく際には，土の色味などのある対象の特徴となりうるものを指でマークしてハイライティングすることを行って，その対象を知覚している。また「マンセル・カラーチャート」といった道具を土のコーディング・スキームとして用いることで，ある種の土の色を知覚し，分類を行う。

　この議論が示しているのは，ある作業においては，しばしばその作業のタスクに特有の専門家ならではの見方（プロフェッショナル・ヴィジョン）が求められ，様々な状況で諸条件が変化するなかで，ある対象への知覚が可能となるように，実践者は道具を使用する必要があるということである。同様の論点は，科学的実践におけるあるやり方で指示関係が示されることで「トレース図」が顕微鏡写真の「表象」としての参照関係を得ていることを分析したリンチ（1988）の知見にも見出すことができる。

　このため，ある現場であるプロフェッショナル・ヴィジョンを共有するためには，そこでの道具／テクノロジーの使用法を共有することが必要になってくる。例えば，本セクションの第9章の北村・五十嵐・真鍋論文における管制官らは，レーダー画面上の見るべき対象（指示の対象となりうる航空機）が，ペアとの間で異なることを慎重に回避しようとしており，画面に対する指さしによってお互いにその共有を図っていた。また海老田論文では，柔道整復師は患者に対して画像を用いながら，腱とそうでない部分を指で示すなどして比較して示しながら，患部の説明を行っていた。他のセクションの論文である五十嵐・水川・是永論文においても，職人らが社長に現状の報告や配管プランを提案する際に，図面に接続させながら身体を用いることで，ある空

間における配管の仕方を効率的に示すことを行っていた。

5. 論理文法分析／概念分析の知見とワークプレイス研究

　さて，ウィトゲンシュタイン派エスノメソドロジーの論理文法分析や概念分析の知見（Coulter 1979=1998; 西阪 1997）と本セクションの論文を含めたワークプレイス研究で明らかにされる知見は，矛盾なく地続きのものである。
　例えば，「見る」(see) ことをめぐる論理文法分析の議論は，先に述べたグッドウィン（1994=2010）の議論を支える視点を提供しているといえる。西阪 (1997: 137) は，ウィトゲンシュタインとクルターの議論を引きながら「見る」(see) という心的現象の根拠としての認知主義的な，あるいは解釈主義的な見方を斥けている。かれらによれば，私たちは椅子を見るときに，「木片の集まり」を見て，それを解釈するなどしてそれを椅子として見る，というようなことはしていない。もしそうならばその前に，「木片の集まり」として解釈されるような，何か別のものが見られていることになる。あるいは「光の影」が網膜などに映し出され，その見えが加工されるなどして「木片の集まり」を「見る」のだとするならば，その前には，その「光の影」が「木片の集まり」として加工されるべきなんらかの手がかりがどこかに「見」つけられていなければならない。いずれにせよこうした説明は，無限後退のパラドックス (ibid: 136) におちいり，論理文法上の混乱が生じてしまう。ある活動においてなにかを「見る」(see) ことは，その対象の概念がそこで関連するものとなるような「活動の組織化」における達成なのであり，そうした視点から「見る」ことがどのようになされているのかを考察することができるのだ。
　こうした議論は「見る」(see) ことを含む，知覚に関わる様々な現象を，ある概念の連関を生み出していく実践の編成に根拠を持つものとして探究していくという方針を与えてくれるものであり，そうした議論として先のグッドウィンの議論も捉えることができるだろう。なんらかの特徴を手がかりにして，柱痕というカテゴリーを使用することで，土の色の違いもより見いだされるし，指で土に輪郭を描くことで，柱痕の特徴としてそれがよりハイライトされるのである。本セクションの第8章の海老田論文もまた，柔道整復師が「腱」という

概念と結び付けてある画像に映し出された特徴をハイライトすることで，患者に「腱」を「見る」ことをインストラクションしているといえる。

また，第7章の前田論文では，緩和ケアにおけるペインコントロールのために，看護師のカンファレンスで「痛みスケール」を用いてある患者の「痛み」をどのように評価するのかということについて議論している場面を取り上げている。「痛み」の概念の使用に関わる論理文法分析の知見では「痛み」などの感覚は，一人称的には心の中の対象ではない。しかし三人称的に記述され，評価される場合には，対象として位置づけられる（Wittgenstein 1958；前田 2008: 82）。前田論文が示しているように，こうした「痛み」をめぐる私たちの概念の使用の仕方は，看護師にとっては患者の「痛み」を評価するという問題の前提をなしている。私たちは普段，痛みを自分の心の中の対象として捉え，評価することはないが，看護師らは「痛み」を対象化し評価しなければならず，ときに患者とそれを共有する必要があるからだ。だからこそ痛みスケールという道具を患者と看護師の間でどのように用いるのかが問題となる。また，痛みの一人称による表出は，三人称的な介入に対して強いものである（ibid.: 82）。こうした概念の使用もまた，看護師の議論のなかで配慮すべきものとして維持される。例えば，看護師の語りにおいては，患者の「痛み」を「しびれ」と区別し評価するべきものとしながらも，その区別の前にあるものとして患者が感じている「苦痛」「つらさ」の存在を措定し，それに対する配慮をみせている。

このようにワークプレイス研究においては，ある概念の文法がある特定の現場の実践の方法論的規則としていかに用いられているのかを描きだすことが可能であり，そうした意味で，論理文法分析・概念分析の知見は，実践を見る際の一つの着眼点や補助線になりうる。また，ワークプレイス研究で得られた知見をそうした概念の使用に関わる知見として差し戻すこともできるのである。

6. 道具／テクノロジーの利用と「専門家—素人」という境界

さて，こうした実践がひときわ専門性を帯びて問題化するように感じられることがあるかもしれない。例えば，第7章の前田論文における患者は，通

常は対象化することのない自らの「痛み」を，看護師とともに痛みスケールで測定し，評価することに携わっている。そこで対象化され意味を持ち共有されていくものが，普段そうした経験がない人たちにとってはなじみがない経験であり，また，そのように対象化されたものについて判断する権利を彼らがどのように持つのかという問題が生じることもある。

専門家は，そうした対象化に習熟しないという意味での「素人」と対峙する際には，「専門家」はその道具の使用に際して，彼らのそうした経験と矛盾しないよう配慮したり（第7章前田論文），彼らの経験と接続するように説明したり（第8章海老田論文）している。またそのうえで，専門家の見方の有用性を示すこともなされている（第8章海老田論文，第2章水川・是永・五十嵐論文）。そこでは，道具／テクノロジーの使用のなかで専門家—素人という関係性が立ち上がり，見いだされたものを巡ってそれをどう扱うのかについての折り合いがつけられる必要があるのだ。

このように，専門家実践と道具／テクノロジーの利用をめぐる議論は，専門家がそのワークのために道具をどのように使うのかということだけにとどまらず，その使用によってどのような見方が可能になり，現象を対象化し，共有していくのか，そしてそれがどのようにして，ある社会的関係のなかである位置を占めるものとなっていくのかという点に着目することによって，知識論の議論に接続していくといえるだろう。

7. 本セクションの構成

本セクションの構成は以下のとおりである。

第7章の前田論文では，看護師のカンファレンスで，ある患者の「痛み」を「痛みスケール」を用いてどのように評価するのかを議論している場面を取り上げている。緩和ケアのペインコントロールのためには，患者の「痛み」を信頼できるやり方で継続的に評価，記録していく必要があり，どのように道具を用いて，その患者から「痛み」の評価を引きだすのかということを，看護師の間で共有しておく必要があるからである。その分析では，カンファレンスが「痛みスケール」の使用を巡って，チーム医療全体としての治療方針の決定

と患者本人の感覚とを調停する場面として機能していることが示される。

　第8章の海老田論文では，柔道整復師が患者の患部を診ながら治療方針を説明するに至るまでのやりとりの場面の分析である。柔道整復師は患者のアキレス腱を超音波画像観察装置で調べ，そのディスプレイを使って患者に「腱」がどのような見え方をするのかを説明していく。そこでは指さしをし，比喩表現を使うなどしながら，ある特定の部分が「まだ腱になっていない」ことを可視化していくやりとりが行われる。さらにそのうえで，柔道整復師はあらかじめ計測していた患者の脚の状態とその画像とを関連づけた説明をしていく。このように，柔道整復師にとって超音波画像診断装置は単なる診断のために用いられるだけでなく，いわゆるインフォームド・コンセントの成否にかかわる説明に用いられているため，柔道整復師と患者がその画像の「見え」を共有することが重要なタスクとなっており，その詳細が示される。

　第9章の北村・五十嵐・真鍋論文は，航空管制業務研修におけるシミュレーターを利用したトレーニング場面の分析である。そこでは，二人一組で行われる管制官らの協同的なリスク管理の仕方が示されている。例えば，レーダー画面に対しては，対空席と調整席の双方からレーダー画面だけではなく，ペア相手の作業を含んだ二重のモニターがなされている。パイロットへの指示を行う前には，静穏さを保つ現場独特の身体動作を用いたやり方で，レーダー画面を用いながら，その内容を確認することによって相互の認識のずれが生じないよう業務を進めていた。このように管制業務は高い専門性と迅速な判断を要求されるだけでなく，レーダー画面という道具／テクノロジーを含み込んだリスク管理の技法への習熟が必要とされていることが示される。

　このようにいずれの論文も，ある専門家の実践におけるタスクのなかで，その現場固有の道具／テクノロジーの使用法が必要とされていること，またそれに支えられた専門家に特有の見方が存在していること，それが「専門家」同士あるいは「素人」と共有されている／されていく場面が考察されており，こうした点で興味深い論考となっている。

（五十嵐素子）

参考文献

Coulter, J., 1979, *The Social Construction of Mind: Studies in Ethnomethodology and Linguistic Philosophy,* London: Macmillan.（＝1998, 西阪仰訳『心の社会的構成』新曜社．）

Goodwin, C., 1994, "Professional Vision," *American Anthropologist,* 96(3): 606-633.（＝2010, 北村弥生・北村隆憲訳「プロフェッショナル・ヴィジョン：専門職に宿るものの見方」『共立女子大学文芸学部紀要』56: 35-80．）

Heath, C., Luff, P. and Knoblauch, H., 2004, "Tools, technologies and organizational interaction: The emergence of 'workplace studies,'" Grant, D. et. al eds., *The Sage Handbook of Organizational Discourse,* Sage, 337-358.

Heath, C and Luff, P., 2000, Technology in Action, Cambridge University Press.

Hughes, J., Randall, D and Shapiro, D., 1992, "Faltering from Ethnography to Design," *Proceedings of CSCW'92,* ACM Press, 115-122.

Lynch, M., 1988, "The Externalized Retina: Selection and Mathematization in the Visual Documentation of Objects in the Life Sciences," *Human Studies,* 11(2): 201-34.

前田泰樹, 2002,「ヴィジュアル経験へのエスノメソドロジー的アプローチ」安川一編『視覚メディアにおけるジェンダー・ディスプレイのミクロ社会学的分析』(1999〜2001年度科学研究費補助金研究成果報告書), 33-51.

前田泰樹, 2008,『心の文法』新曜社．

西阪仰, 1997,『相互行為分析という視点』金子書房．

西阪仰, 2008,『分散する身体』，勁草書房．

西阪仰・川島理恵・高木智世, 2008,『女性医療の会話分析』文化書房博文社．

Suchman, L., 1987, *Plans and Situated Actions: The Problem of Human-Machine Communication,* Cambridge University Press.（＝1999, 佐伯胖監訳，上野直樹・水川喜文・鈴木英幸訳『プランと状況的行為――人間‒機械コミュニケーションの可能性』産業図書．）

Suchman, L., 1993, "Technologies of Accountability," Button, G. ed., *Technology in Working Order: Situated of Work, Interaction and Technology,* Routledge, 113-126.

Suchman, L., 1997, "Centers of coordination: A case and some themes," Resnick, L. B., Saljo, R., Pontecorvo, C. and Burge. B. eds., *Discourse, Tools and Reasoning: Essays on Situated Cognition,* Springer, 41-62.

Wittgenstein, L., 1958, *Philosophische Untersuchungen,* Werkausgabe Bd. 1., Suhrkamp Verlag.（＝1976, 藤本隆志訳『哲学探究』大修館書店．）

第7章 「メンバーの測定装置」としての「痛みスケール」
—— 急性期病棟における緩和ケアの実践

前田泰樹

1. 急性期病棟における緩和ケア

　本章は，急性期病棟に勤務する看護師たちによってなされる，「痛み」をめぐる実践を記述する。看護師たちは，苦痛を訴える患者の傍らにいて，それを和らげようとしている。そのために，患者の痛みを評価する必要がある。そうした評価は，記録され，共有されなければならない。とりわけ緩和ケアにおけるがん疼痛のコントロールをめぐって，どのように患者の痛みの強さを評価するか，ということが重要な問題として論じられてきた。その議論の中で，「視覚的アナログスケール」「数値的評価スケール」「カテゴリースケール」「フェイススケール」といったスケールを用いて痛みを評価する方法が標準化されている[1]。看護師たちは，スケールを，患者の痛みを評価する方法として用い，評価された痛みは記録され，共有されていく。スケールをどのように用いるか，といった方法論も，「緩和ケアマニュアル」のように文書化されるとともに，看護師たちが勤務交代時に情報や問題を共有するために行うカンファレンスにおいて議論されることもある。本章が注目するのは，このように複数の参加者たちが協働しながら行っている実践である。

　そもそも，「痛みを評価する」というのは，特異な実践である。呼吸器・循環器病棟というフィールドで出会った緩和ケア委員の看護師 ([12] さん) は，肺がん患者のケアをめぐって，「痛い人ではっきりと語れる人はいない」(fieldnotes)「苦しくて苦しくてしょうがないとき」は，本人にも「わからない」(interview) という言い方をしていた。この言葉は，「痛み」をめぐってなされる実践の特徴を，指し示している。痛みを訴える病者にとっては，痛みは，まずどうしようもなく感じられてしまうものであって，自ら評価するような対象ではな

い[2]。痛みに苦しむ患者を前にした看護師にとっても，正確な評価を行うより前に，その人が痛くてどうしようもないのだということが理解されてしまうものである[3]。その意味で，あえて痛みスケールなどを用いて「痛み」を「評価」の対象として扱うことは，ある特異な実践である。

緩和ケアという実践においては，この意味での数値化され標準化された「痛みの評価」に重要な位置が与えられている。ペインコントロールの方針と鎮痛薬の使用量を決定する必要があるからだ。しかし，他方で，痛みの数値を過剰に繰り返して問われることが，患者にとって負担に感じられる場合も存在してしまう（西村 2007）。だから，痛みの評価は，マニュアルにもとづいてスケールを用いてなされるものでも，単に所与の対象に所与の基準をあてはめるような評価としてなされているわけではない。それは，一定の難しさを抱えながら折り合いをつけていくような実践においてなされている。

2. 参加者たち自身の問題としての「痛み」の理解

痛みをどのように理解するかという問題は，看護師，医師，患者本人を含め，その実践に参加する参加者たち自身の問題である。参加者たちは，単に痛みスケールという方法を用いて痛みを評価するだけでなく，カンファレンスにおいて，痛みスケールをどのように用いていくべきかについての方法論的な議論も行っている。この意味での「人々の方法論」を，エスノメソドロジー（以下 EM）は記述してきた（Lynch 2000 = 2000）。本章でも，こうした方向性にならって，以下の三点に留意して，「人々の方法論」を記述していく。

まず，「痛み」を理解するという実践の細やかさを切り詰めてしまわないようにしたい。（ウィトゲンシュタイン派とよばれることもある）EM は，痛みの理解をめぐる問題を，私たちの実践へと差し戻して記述してきた（前田 2008: 第 2 章）（前田・西村 2012）。私たちの参加する実践においては，他人の痛みをいやおうなく理解してしまうこともあれば，理解することが難しく困ってしまうこともある。EM は，このような実践において，「痛み」という概念と「理解（できる／できない）」という概念がどのように結びつけられて用いられているか，その用法を記述してきた。つまり，他人の痛みが公的に理解可能なものであるこ

とや，一人称的な痛みの主張が疑いの向けられにくい強さを持つことを，痛みの「文法」の一部として記述してきたのである．本章でも，このような意味での「痛み」の文法に則って編成される実践の細やかさを，記述していきたい．

次に，「痛みスケール」を用いた「評価」という活動の位置づけを明確にしたい．「痛みスケール」は，単に所与の対象に所与の基準をあてはめるだけのものではなく，それが用いられる実践の中で与えられた適切さとともに，用いられるものである．H. サックスの言葉を用いれば，「痛みスケール」もまた，その適切さがメンバーの参加する実践に依存しているという意味において，「メンバーの測定装置（members' measurement system）」(Sacks 1988) なのである[4]．この意味での「痛みスケール」の用法を，看護師のワークの一つとして記述していきたい．

最後に，この「痛みスケール」の用法が，カンファレンスという場において議論されていることの意義にも，注意しておきたい．カンファレンスでの議論は，さまざまな看護師のワークと結びついている．たとえば，病院でのカンファレンスにおける医療者のワークを記述した池谷ら（池谷・岡田・藤守 2004, Ikeya and Okada 2007）は，ケースの報告が，同時に経験の浅い医師へのトレーニングの機会を作り出していることを明らかにしている．このように，病棟でのカンファレンスは，さまざまなワークを複層的に見ることのできる場面である．本章では，これらの実践の多様さを切り詰めることのないように，痛みの文法に則ってなされる推論と，「痛みスケール」を用いた評価についての方法論的議論とが，ともに支え合って，カンファレンスにおける看護師の実践を成り立たせていることを示す．

3. カンファレンスにおける実践

3.1「痛み」のコントロールの難しい事例

本章で記述する事例は，ある総合病院の呼吸器・循環器内科病棟での調査によって得られたものである[5]．病棟の看護師は20数名であり，入院患者は，日々若干の増減があるものの，35名前後であった．看護師たちは A，B の2チームに分かれ，それぞれリーダー1名と患者を担当する3〜4名の看護師が

配置されている。また，勤務帯は，日勤（半日 8:30～13:00/1 日 8:30～17:10），中勤（12:20～21:00），夜勤（20:30～9:20）の変則 3 交代によって編成されている。

　日勤（半日）の看護師と中勤の看護師とが交代するさいに行われる昼の病棟カンファレンスにおいては，病棟の看護師が気になった患者についての議題をあげたうえで議論し，情報を共有し，対応の仕方を確認するといったことがなされている。本章の事例においては，A さんという，高齢の男性患者の痛みのコントロールについて，日勤および中勤の看護師総勢 12 名が参加する中で，議論がなされている。看護師の間で情報交換をする機会は，非公式のものまで含めれば多様にあり，その中で一人の患者の名前があがり続けることは，あまりない。A さんについては，毎日，いろいろな報告や相談がなされており，他の患者よりも長い時間を要していた。話題は，A さんの訴える「がん」による痛みやしびれを理解することが難しく，それらがコントロールできていないのではないかという問題であった。

　A さんは，肺に原発のあるがんを患っており，化学療法と放射線療法，がん性疼痛のコントロールのために入院している。頚部や腰部への骨転移や肺の腫瘍による神経の圧迫もみられ，腕や手の痛みやしびれ，脱力が日常生活を難しくさせ，転倒をすることもあった。このカンファレンスの行われた日の朝，A さんのケアを担当した看護師（[29] さん）は，ある特徴的な経験をしている（fieldnotes）。[29] さんが，A さんに「痛みはどうですか」と聴くと，「ほとんどない」という答えがかえってくるのに，「数字で言うとどのくらいですか」と聴くと，「6 ぐらいかな」と答えがかえってくる。そこでフェイススケールを取り出しで見せると，「しびれはあるから，調子は 6 だ」という返答が続く。痛みスケールの使用法に問題を感じ取った [29] さんは，この経験をきっかけとして，当日昼の病棟カンファレンスにて，問題提起を行うことになる。

3.2 「問題」を報告する

　これから検討する痛みをめぐる議論は，この看護師 [29] さんによって，カンファレンスにあげられたものである，問題の報告箇所である断片 1 をみてみよう。

断片1:「問題を位置づける」

```
01 [29]: (前略)Aさんなんですけど::,痛み::::はね,あの,痛みスケールを使って::,
02       やってもらってたんですけど,でも今日ね,
03       検温に行ったら痛み::はないけ-,痛みはなくて調子いいよと
04       言ったものの,痛みは,じゃあ,量で言ったらどれくらいですかね
05       って言ったら,6って言われたんですよ。
06       でね,どうも話を聞いていくと,あの::::,痛みスケールを
07       使っているんだけど,それは痛みだけで使っているんじゃなくて,
08       痛みが1,しびれが5か6あるもので,トータル評価今日の調子は6
09       っていう調子で使っていたみたいで::。
10       でもね,痛みスケールとしての理解は,なかったんですよ。
11       で,話をすると,ま,今日,今,現時点での話しかないし::,
12       今までのことっていうのは,あの人の,あのキャラ的に,
13       そんなに昔のことまで振り返って自分の調子を語れるタイプじゃないんで,
14       わかんないんだけど,今日話を聞いた感じだと,その::,頓用の::::,
15       薬を使っているときにも,しびれが出てくるもんで,
16       痛みを感じるような気がして,使っている,っていう感じの表現で,
17       じゃあ,効いているんですかって言うと,いや,
18       効果はないけど気の持ちようだなみたいな,そういう感じの返答で::。
19       で,ちょっと突き詰めて聞こうかなと思って,じゃあ,
20       そのときには痛み::,痛みじゃなくてしびれが出てくると
21       お薬もらってるんですかと言うと,それはもう分からないみたいな感じで,
22       はぐらかされちゃって終わっちゃって::,
23       結局のところ話が,こう突き詰めて,あの,しびれだったらしびれを
24       何とかする薬に変えてみようかみたいに話を進めていったんだけど::,
25       あの,話があちこち行っちゃっているもんで全然分からなくって,
26       しまいには,まあ,今日は,昨日今日は調子いいからまあこれでいいや
27       みたいな感じで話が終わっちゃったんだけど::。あの::,どうしようかな。
28       先生が,しびれに対して,頓用の薬を使ってて::,それでいい,
29       いいっていうか,いいんだったらそれでいいんだけど,
→30      もしその,Aさんが::,痛みっていうとき,頓用の薬を使っているときが,
→31      もししびれなんだとしたら,しびれ::を止める方向に焦点を持って
→32      いったほうがいいのかなって,いうのもある。
33       ちょっと先生とも話をしてみますけど,
```

	34	受け持ちさん::にも,言ってみましたが::。
	35	なんか,なんていうか,言いたいことがよくわからないんだけど。
	36	なので::,あの人自身が::,あの,痛みスケールが::,痛みスケールとして
	37	使えてなかったので,もう一度説明はしてあるので::,今後検温とかで
→38		聞くときに,痛みは,どのくらい,しびれはどのくらいって,
→39		ま,今までも聞いてくれているのかもしれないんだけど,
→40		その辺をはっきり::,して::,あの::,あの人が,かん-感じている,
→41		こう::,苦痛?　が何なのかという焦点を絞って,
	42	聞いてもらったらいいかな::と思ったので,
	43	カンファレンスにあげさせてもらったんですが。

　導入部では,「痛みスケールを使ってやってもらってたんですけど」というふうに,当日の朝の検温での経験が語られている。そして,「痛みスケールとしての理解はなかった」ことが問題として定式化されている。続けて,「頓用の薬を使っているとき」(14-15)が焦点化され,「しびれが出てくるもんで,痛みを感じるような気がして,使っている,っていう感じの表現」(15-16)がなされていることが示されている。ふたたび「頓用の薬を使っているとき」(30)と繰り返されるところで,[29]さんは,「もししびれなんだとしたら」(31)と,一つの条件を設定している。続けて,この仮説的な表現のもとで条件付けられた主張(「しびれを止める方向に焦点を持っていったほうがいい」)が,「いいのかなって」(32)という推測を示す表現をともなって,主張を弱める形でなされている。

　なお,ここで「しびれ」が問題とされているのは,「頓用の薬」と言われているオキノームのようながん性疼痛を抑えるために用いられるオピオイド製剤が,神経因性疼痛には効きにくい場合があるからである。そして,「しびれを止める方向に」という先の弱められた主張は,「先生とも話をしてみますけど」というように,方針の決定を医師に帰属させつつなされている[6]。さらに続けて,「しびれを止める方向」へいたる手前の段階として,「痛みスケールとして使えてなかった」ことがもう一度確認されたうえで,「痛みは,どのくらい,しびれはどのくらいって」「あの人が感じている苦痛?　が何なのかという焦点を絞って」(38-41)聞いてもらうことが提案されている。

この提案において用いられている「痛みはどのくらい，しびれはどのくらい」(38)＋「あの人が感じている苦痛？」(41) という表現は，注目にあたいする。まず，前半部分においては，痛みスケールを用いる際に分節化される「痛み」と「しびれ」が区別されつつ並置されている。そして続けて，後半部分においては，その区別をこえた総称であり，かつ分節化されるべき対象として，痛みスケールの使用よりも論理的に先行して「苦痛？」が定式化されている。この「痛み」と「しびれ」をわける前の総称として位置づけられるべき感覚に，「苦痛」という「痛み」に類する言葉が与えられてしまうことが，分節化を試みることの難しさを表している。そして「こう，苦痛？」と語尾を挙げながら提示された言葉の選択の仕方に，適切な言葉の探しがたさが示されているようにも思われる。いずれにせよ，ここでは，分節化以前の，分節化されるべき対象として「苦痛」が位置づけられ，「あの人が感じている」という表現と結びつけられることで，当人自身の感覚が焦点化されていることを確認しておこう。

　その上で注目すべき点は，当人自身の感覚と医師の治療方針とが両極におかれ，その間に「痛みスケール」を用いてなされる看護師のワークが位置づけられていることである。こうした両極の設定は，繰り返しなされている。断片1の直後に続く断片2をみてみよう。

断片2：「問題を位置づける」【断片1の続き】
01 [02]：(5.0)　しびれについてはね,1週間ぐらい前に先生に言って,
02 　　　　（中略）
03 [02]：なんか化学療法をやることとかを考えると::,その::,なんかこう,
04 　　　薬::の副作用とかいろいろ考えちゃって,ちょっと難しいケースがあって
05 　　　というのは,悩ま-　悩んでで,先生も。で::,なんか,ステロイド？
06 　　　を使おうかな::::って言ったんだけど,そのピリピリに。
07 　　　神経痛になれば,ステロイドを使うにしても::,あの::,どっちにしろ
08 　　　速効性はないものだから,それも神経痛がすぐになくなるとか,
09 　　　そういうのは期待できないし,なんか温熱療法とかも,聞いたんだけど,
10 　　　う::::んどうかな::みたいな。ま,全部,先生としては情報は
11 　　　知っているんだけど,彼にどういうのが適切なのかっていうのを,

```
12        こう? 考えて考えて,やなhh-,やれてない感じ,なんか。
13 [29]：う::ん。
→14 [02]：本人も何かね。(2.6)言うことがあちこちするもんでね。
15 [29]：そう。
→16 [02]：でも言うことはあれだけど,本人にしかわからないからね。
```

　ここで，看護師長代理である [02] さんは，[29] さんの問題提起を受けて，「しびれ」については医師に伝えてあることを示した上で，医師の考えを伝えている。その上で「先生としては」「情報は知っているんだけど」「やれてない感じ」とまとめている。ここでは,（「化学療法をやること」を中心とした）治療方針の全体像が提示されることで，医師がしびれのことを情報として知らない（もしくは問題だと考えていない）可能性が否定され，同時に「わかっていても」「やれてない」ことの「理由」が述べられていると考えられる。

　そして [02] さんは，医師への言及にすぐ続けて，本人についての言及を並置している。「本人も」「言うこと」が情報の収集という観点からみて「あちこちする」(14)。しかしただちに「でも」という逆説とともに,「言うことはあれだけど」「本人にしかわからない」(16) という表現で，本人の「言うこと」と，本人の「わかっている」ことが区別されている。ここでは,「言うこと」が「あちこちする」としても,「本人にしかわからない」感覚を区別して考慮することがなされている。このように，看護師たちが協働して成し遂げているワークによって，医師の方針や評価と患者本人の感覚や主張とが調停されている。

3.3 痛みスケールの用法を検討する

　さらに続けて，断片 3 をみてみよう。断片 1 において仮説的になされていた主張（「しびれを止める方向」）が，もう一度繰り返された後で,「痛みスケール」の使用法をめぐる検討が開始される箇所である。

断片3：「痛みスケールの検討」

```
01 [29]：なんか,そっちが改善するんだったらね::::。その根本のしびれが改善
02       すりゃあ痛みも感じないんだったらそこをとってあげればいいのかなと。
```

03 [12]：そのさあ，【[29] の方を見る】
04 [29]：(うん)【[12] の方を見ながら椅子を後ろに引いて [12] の視界に移動する】
05 [12]：評価はフェイススケール使ってやっている？
06　　　それか数字だけ聞いてる？
→07 [29]：本人はね，＝【手の甲を前にして，両手を胸の前まであげる】
08 [12]：＝こうやって，出してる？【掌を上にして，両手を前に出す】
→09 [29]：今日はね，これっ::ていってみせても＝【掌を上にして両手を前に出す】
10 [12]：＝うんうんうんうん，で，6とかそういう感じ。＝
→11 [29]：【両手をおろしつつ】＝そうそうそうそう。ただ [, フェイススケールは,
12 [12]：　　　　　　　　　　　　　　　　　　　　[ふ::ん。
13 [29]：痛み::::スケールとは，とらえてなかったんですけど。

　ここで，病院内の緩和ケア推進委員会の委員である [12] さんは，評価の方法について質問している。その質問は，「数字だけ」を聞いているのか，「フェイススケール」を用いているのかを対照化させている (05-06)。それに対して，[29] さんは，手の甲を前にして，両手を胸の前まであげて，評価をどのように行っているかの提示を開始する (07)。[12] さんも，「こうやって，出してる？」と確認しながら，掌を上にして，両手を前に出し，「フェイススケール」を用いた実演に参加していく (08)。続けて [29] さんも，[12] さんが行ったのと同じように両手を前に出し，「フェイススケール」の実演を協働で行っていく (09)。そして，[12] さんの確認に区切りをつける形で，[29] さんは「そうそうそうそう」と同意を示し，両手をおろして協働でなされてきた実演を終了する。

　なお，この「そうそうそうそう」という「同意」は，ただちに「ただ」と補足されている。この補足で示されているのは，実演通りに「フェイススケール」は用いられていたが，「痛みスケール」としては理解されていなかった，ということである。つまり，「フェイススケール」が「痛みスケール」として適切に使えているかどうかをめぐって，方法論的検討が開始されているのである。この検討は，断片3の直後の断片4に続いていく。

断片4:「痛みスケールの検討」【断片3の続き】

```
01 [29]：(2.0)そう、い- 今までもそう::？ って言うと、痛みが0で,
02      しびれが6だったらトータル6っていう、そういうトータル6を,
03      フェイススケールを使って答えてる。(2.0)そう、痛みスケールで＝
→04 [05]：＝別個にわけて書いているよね、あれ。
05      【自分の後ろにいる[29]の方に振り向き、記録を指さしながら】
06 [29]：うん。でもその、それ自体は::::,それなりに納得のいく結果が、そこに,
07 [05]：う::ん
08 [29]：書いてはあるんだけど、本人に。例えばオキノームを、飲むときに::,
09 [05]：う::ん
10 [29]：じゃあ、どれくらいですか、10のうちどのくらいですかと例えば漠然として
11      聞いた場合にね、こっちは痛みとして聞いているとしても、漠然と,
12      じゃあ、1から10と言ったらどれくらいでしょうねと、う::ん、6って。
13      それが、じゃあ、痛みなのか、しびれなのかは,
14      もう定かじゃないと思う　[んですよ。
→15 [05]：                   [あ::::,この間のときもそうだったんだけど,
16      痛みとか、しびれが強いときって、なんか痛みに
17      【[29]の方をいったん振り向きつつ】とらえ[ちゃうみたいで。
18 [29]：          【[05]の方へ身を乗り出しつつ】[そうそうそうそう,
19      そう言っていたんですよ。【元に戻る】
20 [05]：そう、だから、[オキノームを飲ませるんだけど::,
21 [29]：           [そうそうそう。
22 [05]：でもそれはすごい効くですよ本当に。
23 [29]：hhh
24 [05]：で冷静になって、今のしびれはどれくらい？　って聞くと,
25      【[29]の方を振り向きつつ】わかるんですよ。
26 [29]：ふ::ん。
27 [05]：【前に向き直しつつ】うん。で痛いときはね、なんか,
28      どうもね::その::::,何ていうのかな、痛みとしびれが::＝
29 [?]：＝ごっちゃになっちゃうんだ　[よね
→30 [05]：                        [そう。わからなくて,
31      表現がなんかうまくしきれないな::、っていうのは感じたんですけど。
```

　ここで[05]さんによって「別個にわけて書いているよね」(04)と確認され

ているのは，記録自体は適切になされている，ということだ。この確認は，「(Aさんには)フェイススケールは痛みスケールとしては理解されていなかった」という主張を堀崩してしまう可能性がある。それに対し [29] さんは,「納得のいく結果が，そこに，書いてはある」(06-08)と記録自体は適切になされていることを認めている。その上で，続けて「書いてはあるんだけど」(08)と述べつつ条件づけしているのは,「例えばオキノームを，飲むとき」「例えば漠然として聞いた場合」のように,「痛みなのか,しびれなのか,定かじゃない」(13-14)というふうに，評価の難しい場合があるということである。

　この評価の難しい場合があるということについて, [05] さんは,「この間のときもそうだったんだけど」(15)と，自らの経験を語りはじめる。「痛みとか,しびれが強い」ときは,「痛み」にとらえてしまう，というのが，その難しい場合である。この [05] さんの語りは, [29] さんの方を向いた時点で,「そうそうそうそう」(18)と強く同意されている。ここでは，互いに独立に接近することのできる同じ経験について，重ね合わせるように語ることによって，互いの経験についての理解が承認されている。

　この後も [05] さんは，語りを続けていく。「オキノーム」は「すごい効く」こと,「冷静になって，今のしびれはどれくらい？　と聞くと」「わかる」こと,「痛いときは」「痛みとしびれが」「わからなくて」「表現が」「うまくしきれない」といったことが語られていく。注意すべきなのは,「しびれ」について,「わかる」ときと,「表現しきれない」ときが，区別されて対比されていることである。つまり，この対比のもとで,「痛み」と「しびれ」の評価が難しい場合について，方法論的検討が，継続されているのである。

3.4 本人の「つらさ」を位置づける

　断片4において提示された「表現しきれない」場合は，直後に続く断片5において，より明示的にとらえ返されることになる。続けて断片5をみてみよう。

断片5:「痛みスケールの検討」【断片4の続き】
　01 [29]：[なんか,今日もね,

```
    02 [02]：[効くならいいような気もするけれど。
    03 [29]：ねえ,そうそうそうそう。
    04      だから最終的に効果が得られていればいいんだけど::,
→05 [13]：どっちかわからないもんだと思うよね::。【[12]の方を向きながら】
→06 [12]：わからないというか、わけれないよね::::
    07 [29]：痛みと::  痛み::が出てくると::,ああ違う違う違う,
    08      しびれが出てくると::,痛むように感じるんだろうなって,ま,それは
    09      納得なんですよ。痛い-,しびれているのに痛いって感じる。それで,
    10      じゃあ,オキノームを飲んで効果が得られているんだったらいいんだけど,
→11      私が聞いたときには,効かねえなっていう返事だったもので::。
    12 [12]：それは::,飲んだ後の何分か後,っていう [感じで(しょうか?)
    13 [29]：                                      [ああ違う違う違う。
    14      あの::[痛みコントロールについて [全般的な話を私がしだしたので=
    15 [12]：      [あとで::               [あ::あ::あ::あ::
→16 [12]：=それはあまりあてになんないかもし [んないねhhhhhhhh。
    17 [29]：                                  [そう,わかんない [(○○○○)
    18 [05]：                                                   [過去のこととか
    19      忘れちゃうんだよね。【[12],[13]の方をみながら】
    20 [13]：[そうですよね。う::::ん。
    21 [29]：[今現在の,なので痛み1でしびれ6ということについて話を
    22      始めたんだけど::::,その,で,しびれは痛みに感じて,オキノームを
    23      飲んで効果があるんだったらもうそれは,結果オーライっていうか::,
    24      あれなんだけど::。本人に聞いて,じゃあ,しびれが先に来て,それで,
    25      じゃあ,痛みになっちゃうんですねったら,う::ん,わかんないみたいな。
    26      もうそれは,今,今の状況じゃないからもちろん,わか-
→27      わからないんだけど::。その::  本人のね,言葉もあて-,
→28      あてにならないと言ったら悪いけど,あてにならないので::,
→29      なんか指標がないんだけど。=
    30 [13]：=頓用とか希望してくるのは,やっぱコールとかで呼んでくるんですか。
    31 [29]：とか,検温(に行ったとき)とか。
    32 [02]：でもナースコールもおしてくるよ。
→33 [13]：(○○)つらい(っていう) [つらいということは言える [んだ。
    34 [02]：                       [うん,                    [うん,うん。
    35 [29]：そう感じるんですって。一応。頓用が欲しいっていうのは,はっきり,
```

```
     36      あるらしいですよね。
     37      (2.4)
→38 [02]：でもしびれも痛みも,(.)区別つかないのが正直なところ [なんだよね。
→39 [29]：                                              [つらいって,
     40      いうところなんでしょうね。つらいから,頓用くださいって。＝
     41 [13]：＝それで,頓用のんで::,楽にならなければ,またきっと言ってくる,
     42      かな？ 言ってこないということは効いてるのかな。
     43 [02]：で,その後聞くと,楽になったよ::::::って言う。
```

　冒頭部では,「効くならいい」(02)「最終的に効果が得られていればいい」(04)と，目標が確認されている。つまり，問題とされている「しびれ」が，ペインコントロールの対象としての「しびれ」であると確認されているわけである。そして，この直後に，「どっちかわからないもんだと思うよね」(05)という確認と，それに対する「わからないというか，わけれないよね」(06)という返答がなされている。これ以降,「効いているか／いないか」という区別と,「痛み／しびれ」の区別が，それぞれ相対的に独立な問題として議論されることになる。

　つづく，07行目で [29] さんは,「痛みが出てくると」と言い始めたのを,自ら修復して「しびれが出てくると，痛むように感じる」と言い直している。この言い直しには，本人には「痛むように」感じられるけれども，ペインコントロールの対象としては「しびれ」であるかもしれない微妙な感覚を区別して表現しようとする試みをみてとることができる。この試みは，ふたたび「オキノームを飲んで効果が得られているんだったらいいんだけど」(10)という条件づけをともないつつなされている。この条件づけは，ただちに「私が聞いたときには，効かねえなっていう返事だった」(11)と続けられている。それに対し [12] さんは,「飲んだ後の何分か後」に聞いたのかを確認している。[29] さんが,「違う」と否定しつつ「痛みコントロールについて全般的な話を私がしだしたので」と答えると,「それはあまりあてになんないかもしんないね」(16)と続けている。ここ以降確認されているのは,「効かねえなっていう返事」をはじめ，時間がたってしまった「過去のこと」については，本人の言葉があてにならないことがある，ということだ。21-29行目においては，みたび「効果があ

るんだったらもうそれは，結果オーライ」という条件づけをともないつつ，「効いているか／いないか」の判断を保留したまま，「しびれが先に来て」「痛みになっちゃう」と，区別して表現しようとする試みが続けられている。そして，この試みにとってもまた，本人の「言葉」は，「指標」としては，「あてにならない」ということが語られているのである。

それに対して，30行目では，本人が「頓用」を「希望してくる」方法が確認されている。その方法として，ナースコールを押して「つらい」ということを訴えてくることがある，ということが確認されているのである。「つらいということは言える」(33) ことが確認されて以降，「しびれも痛みも区別がつかないのが正直なところ」(38)「つらいっていうところ」(39) と繰り返される。ここでは，「しびれ」と「痛み」というふうに評価の対象として分節化される以前の，(本人によって主張可能な) 本人の感覚として，「つらい」という語が用いられていることに，注目しておきたい。「つらい」という語で名指されている感覚も，他の感覚と区別可能なものであるが，分節化された「しびれ」や「痛み」と並置されることによって，分節化以前の感覚という位置が与えられているのである。

このように位置づけられた「つらさ」を，断片１で言及されていた「あの人が感じている苦痛？」と比較してみよう。ここで重要なのは，「苦痛」や「つらさ」といった，どの語を用いるか，ということではなく，その語をどのように用いるか，ということである。断片１の問題の報告の中で言及されていた「苦痛」は，評価における分節化以前に本人が感じているものであっても，あくまで分節化されるべき評価の対象として位置づけられている。それに対して，ここで述べられている「つらさ」は，評価における分節化以前に本人が感じているものであると同時に，評価のために分節化することが難しく，むしろ評価の文脈から逃れるものとして位置づけられている。

そしてこの意味での「つらい」ということは，本人にもわかるし，また，かかわり合う看護師にとってもわかってしまう。このＡさんのプライマリー・ナースによれば，申し送りの中でも「痛そうだった」という報告があるだけでなく，「もうあんだけ痛そうな顔をしていたら，ちょっと大変そうだったから」という理由で頓用の薬を飲んでもらったという主旨の報告もある (Interview)。

つまり，あまりにも「大変そう」なとき，厳密な評価以前にもうそのことがわかってしまい，より直接的な応対がなされることがある，ということだ（西村・前田 2011）。もちろん，このカンファレンスにおいても，本人の「つらさ」の訴えは，それ自体として尊重されているし，その「つらさ」には，その都度，応じられていることがうかがえる。本人の言葉が，評価のための「指標」としては「あてにならない」としても，そのことと矛盾なく，評価の手前のところで，「つらさ」への応対自体は，なされているのである。

このあと，「痛みとしびれってわからない」けれども「しっかりとわかるときもある」こと，その場合においても，「この間飲んだときはどうだったか」は「わからない」が，「そのときの痛みの状態と部位とどういう性質のものか」「わかる」聞き方があること，などが確認されていく。このような対比を行うことで，本人にとってもその区別がとれない事情を尊重しつつ，それと矛盾しない仕方で評価の方向性が提示されていく。その上で，チームのリーダーから医師にしびれについて聞いてみること，フェイススケールの使用を徹底することと，といった方針が再度確認され，この A さんについての議論は終わることになる。

4．メンバーの測定装置

本章では，急性期病棟におけるカンファレンスの記述をとおして，複数の参加者たちが協働しながら行っている，患者の痛みを評価し，記録し，共有するという実践に展望を与えてきた。「痛みスケール」を用いてなされる評価は，単に所与の対象に所与の基準をあてはめるような評価ではない。むしろ，痛みスケールを用いた評価は，そもそも「一番痛いのが10だとすると」という表現方法自体が示しているように，評価されるべき対象を措定し，分割し，評価のための基準を作り出すワークである。その使用の適切さが，徹頭徹尾，その使用の実践に依存しているという意味において，「痛みスケール」は，「メンバーの測定装置」(Sacks 1988) なのである。

カンファレンスでなされていたのは，その測定装置をどのように用いるべきか，という方法論的な議論である。冒頭では，「痛みはどのくらい，しびれ

はどのくらい」＋「あの人が感じている苦痛？」という表現のもとで，分節化以前の，分節化されるべき対象としての「苦痛」を，「痛み」や「しびれ」として区別して評価するために，スケールを用いていくことが提案されていた。カンファレンスは，こうした方法論的な議論によって，病棟に勤務する看護師たちのあいだで問題を共有していく実践として成り立っている。それだけでなく，この議論において，スケールの使用法は，医師の考えを参照しつつ，全体としての治療方針の中に位置づけられてもいた。

そして，このカンファレンスにおいては，本人には「痛むように」感じられるけれども，ペインコントロールの対象としては「しびれ」であるかもしれない微妙な感覚を区別して表現しようとする試みは，つうじょうのスケールの使用法の確認という形式で行われていた。同時に，「痛み」と「しびれ」の区別が「わかる」ときと，「わからない」ときが区別され，本当に「つらくて」わからないとき，スケールが使えないようなとき，どうしていくべきか，ということも論じられていた。この「つらさ」は，評価における分節化以前に本人が感じているものであると同時に，評価のために分節化することが難しく，評価の文脈から逃れるものとして位置づけられていた。こうした議論の中で，本人の感じている「つらさ」とその訴えとが，気にかけられていることもみることができた。そして，その「つらさ」自体に対しては，対応がなされていたことも確認されていた。カンファレンスにおける方法論的議論は，患者本人の感じている感覚への配慮を含み込むものでもあるのだ。

もちろん，痛みのコントロールを行うことの中心は，「痛み止めを有効に使う」(interview) ことにあるのだろう。それでもなお，病室に赴いた1人の看護師が，病棟組織を代表するものとして，1人の患者に投薬を行うことができること自体，それを支える看護師たちのさまざまなワークがあるからだ（前田・西村 2012）。そうしたワークの一つとして，カンファレンスは，看護師たちのあいだで，共有すべき問題を議論する場となっている。その上で，このカンファレンスは，チーム医療全体としての治療方針の決定と，患者本人の感覚とを調停する場面としても機能していることがわかる。「痛みスケール」についての議論は，この両極のあいだで，その使用法と適切さをめぐってなされていたのである。

謝辞

一人ひとりお名前をあげることはできませんが，本章のもとになった調査にご協力してくださったみなさまに，心より感謝申し上げます。

注
(1) 各スケールについては，国立がんセンター中央病院薬剤部（2006）などを参照。
(2) 「痛み」のような感覚は，三人称的に記述され評価される場合には，対象として位置づけられる。他方，一人称的には，「痛み」は，心の中の対象ではないし，痛みを訴える呻き声のような一人称的な表出は，心の状態を記述しているわけではない（Wittgenstein [1953] 1958 = 1976）（Hacker 1993）（前田 2008）。
(3) 西村・前田（2011）においては，看護師たちにとって，患者の「痛み」の理解は，厳密な評価のもとで「痛み」を対象化する手前で経験されていた，ということを示した。たとえば，A さんの訴える痛みスケールの数値と看護師が「受け止める」「平気そうな」あるいは「大変そうな」「顔」との間にギャップが経験されることがあるが，こうした「ギャップ」が経験されるのも，患者の訴えに先立って，看護師が患者の痛みの経験をわかってしまっているからである。
(4) 「測定」という実践の EM については，Lynch（1991）を参照。（測定を含む）定式化実践に対するワークの研究については，Garfinkel and Sacks（1970），Lynch（1993 = 2012）を参照。
(5) 本章は前田・西村（2010）の一部をもとに適宜修正を加えたものであり，詳細はそちらも参照してほしい。本章のもとになった調査は，科学研究費補助金基盤研究（C）（研究課題番号：23593133）の助成を受けて，研究代表者の西村ユミ（首都大学東京）とともに行われた。前田・西村（2012），西村・前田（2011）もその成果の一部である。
(6) この病棟におかれている緩和ケアマニュアルにおいても，オピオイド製剤が効きにくい場合として，神経因性疼痛があげられ，その対処法としてステロイド剤や抗痙攣剤が記載されている（fieldnotes）。このカンファレンスの中でも，その使用が検討されており，そこでは医師の見解が参照されている。

参考文献

Garfinkel, H., and H. Sacks, 1970, "On Formal Structures of Practical Actions," J. Mckinney and E. Tiryakian eds., *Theoretical Sociology: Perspectives and Developments,* Appleton Century Crofts, 337-66.

Hacker, P. M. S., 1993, *Wittgenstein: Meaning and Mind: Volume 3 of an Analytical Commentary on the Philosophical Investigations, Part I: Essays*, Blackwell.

池谷のぞみ・岡田光弘・藤守義光, 2004,「病院組織のフィールドワーク」山崎敬一編『実践エスノメソドロジー入門』有斐閣, 192-203.

Ikeya, N., and M. Okada, 2007, "Doctors' Practical Management of Knowledge in the Daily Case Conference," D. Francis and H. Hester eds., *Order of Ordinary Action: Respecifying Sociological Knowledge,* Ashgate, 70-103.

国立がんセンター中央病院薬剤部, 2006,『オピオイドによるがん疼痛緩和』, エルゼビア・ジャパン.

Lynch, M., 1991, "Method: Measurement-Ordinary and Scientific Measurement as Ethnomethodological Phenomena," Button, G. ed, *Ethnomethodology and the Human Science,* Cambridge University Press, 51-76.

Lynch, M., 1993, *Scientific Practice and Ordinary Action: Ethnomethodology and Social Studies of Science,* Cambridge University Press.(= 2012 水川喜文・中村和生監訳『エスノメソドロジーと科学実践の社会学』勁草書房.)

Lynch, M., 2000, "Ethnomethodology and the Logic of Practice," T. R. Schatzki, Knorr Cetina, K. and von Savigny, E. eds., *The Practice Turn in Contemporary Theory,* Routledge, 131-48.(= 2000 椎野信雄訳「エスノメソドロジーと実践の論理」情況出版編集部編『社会学理論の〈可能性〉を読む』情況出版.)

前田泰樹, 2008,『心の文法──医療実践の社会学』新曜社.

前田泰樹・西村ユミ, 2010,「『メンバーの測定装置』としての『痛みスケール』」『東海大学総合教育センター紀要』30: 41-58.

前田泰樹・西村ユミ, 2012,「協働実践としての緩和ケア──急性期看護場面のワークの研究」『質的心理学研究』11: 7-25.

西村ユミ, 2007,『交流する身体──〈ケア〉を捉えなおす』日本放送出版協会.

西村ユミ・前田泰樹, 2011,「『痛み』の理解はいかに実践されるか?──急性期看護場面の現象学的記述」『看護研究』44(1): 63-75.

Sacks, H., 1988, "On Members' Measurement Systems," G. Psathas ed., *Interaction Competence,* Irvington Publishers.

Wittgenstein, L., [1953]1958, *Philosophische Untersuchngen,* Basil Blackwell.(= 1976 藤本隆志訳『ウィトゲンシュタイン全集8 哲学探究』大修館書店.)

第8章　柔道整復師のプロフェッショナル・ヴィジョン

海老田大五朗

1.　柔道整復師の静止画を見る方法

　柔道整復師は，初めて接骨院[1]に来院した患者に対して患部の見立てを説明し，これからなされる施術やリハビリテーションについての情報を提供し，それらについての同意を患者から得ていくというプロセスを経ることがある。本章[2]ではそのような場面の映像データを分析し，柔道整復師の「プロフェッショナル・ヴィジョン」(Goodwin 1994=2010) とワークプレイスの関係を検討する。

　本章の問いの1つは，「柔道整復師が患者に対して，超音波画像観察装置[3]を使用して切りとった静止画（写真1参照）の見方[4]を，どのように患者に教えるか」である。この画像は，柔道整復師から見れば，患者のアキレス腱が「まだ腱になっていない」ことを示す写真である。他方，患者は初見ではそのようなことを示す写真として見ることができていない。両者の相互行為の中に，この写真の見方の非対称性が表れる。そして，患者が感じているアキレス腱の違和感は，「この画像をどのように見るべきか」についての教示を通じ，柔道整復師によって説明される。この場面については，2.1で論じる。

　もう1つの問いが，今後のリハビリテーションの方針についての同意を，どのようにして柔道整復師は得ていくかである。患者の腱についての疑問に対して，柔道整復師は，患者の筋肉に触れながらその筋肉について説明をし，この説明が今後のリハビリテーションに関連付けられていく。こうし

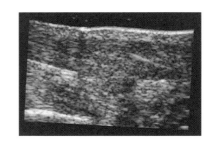

写真1　静止画

た場面での柔道整復師と患者との相互行為は,「行為者が参与しているワークプレイスのなかでどのように『見る』という達成をしているか？」,「どのように『〜として見る』という説明をしているか？」と深く関連している。その内実を記述することによって,どのようにして「インフォームド・コンセント」が達成されたかを示す。これについては, 2.2. で論じる。

　これら2つの問いの発生には,患者と柔道整復師のあいだにある,見方(vision)の違いが関わっている。見ている対象（写真1）は同じでも,見方が異なるのだ。柔道整復師にとって,写真1を「アキレス腱になっていない」ことを示す写真である。つまり,写真1が無秩序な縞模様ではなく,構造化されて見えている。結論を先取りして言うならば,柔道整復師のプロフェッショナル・ヴィジョンとは,柔道整復師が写真1を「アキレス腱になっていない写真として見る（あるいは患者に説明する）」というような,「〜として見る」[5]実践そのものである。しかしながらこのような結論自体にそれほど意味はない。本章で示したいのは,「〜として見る」実践の内実である。「〜として見る」ことを人びとの単なる認知的・知覚的活動としてとらえるのではなく,「行為者が参与しているワークプレイスのなかでどのように『見る』という達成をしているか？」,「どのように『〜として見る』ための説明をしているか？」という問いを立て,柔道整復師と患者の,写真1の見方をめぐる相互行為を検討し,柔道整復師のプロフェッショナル・ヴィジョンの構成の一部を明らかにする。

1.1　グッドウィンによる「プロフェッショナル・ヴィジョン」

　C・グッドウィン (1994=2010) は,考古学のフィールドワークにおける焦点化 (highlighting) の考察や, 1991年アメリカ・ロサンゼルスで起きたロドニー・キング事件の,裁判で証拠として取り上げられたビデオ映像の使用方法の分析することで,「プロフェッショナル・ヴィジョン」の例示をしている。

　グッドウィンによれば,この考古学のフィールドワークにおいて,発掘された化石の検討対象となる領域を「地と図」へと区分けし,その領域が化石発掘活動に関連あることを際立たせるということがなされていた。検討対象となる化石を焦点化することによって,「地と図」の構造を浮かび上がらせ,自己の知覚を形づくる（自分がわかる／みえる）のみならず,他者の知覚をも形成

する（他人もわかる／見える）ことが可能になる．この焦点化の例でいえば，考古学の指導者と学生が相互に意見を展開し，精緻化し合っている．すなわちこの焦点化の実践では，両者によってガーフィンケル（1967）のいう「解釈のドキュメンタリー的方法」[6]によって形成される知覚が用いられていた．たとえば，専門用語である「柱痕（post mold）」[7]というカテゴリーが，異なる色を帯びた土を1つの整合的な対象へと統合するような理解の文脈を与えると同時に，これらの異なる色の土が，この「柱痕」というカテゴリーによって提起された対象物の存在を示す証拠を提供した．

　グッドウィンによれば，ある専門職の社会的・認知的編成の中心にあるのは，その専門職の探求領域における出来事を，その専門職にとって有意味な現象や対象として定式化しうる能力なのである．この能力とは，少量の土色の変化に考古学的な意味を持つ柱跡などの現象を見出し，それによって図を描く能力や，人間の身体の動きの中に，法的に意味のある攻撃性や協調性の現われを見出すことができる能力のことである．

　グッドウィンの論文は「考古学の発掘調査」と「法廷」という2つの専門職における，実際に生じている条件変化の影響を受けやすいワークを通して達成される活動場面で，プロフェッショナル・ヴィジョンを達成するために使われる実践（たとえば焦点化など）について検討されたものである．プロフェッショナル・ヴィジョンをこのように考えるならば，意味ある事象を見出す能力は，個人の心の中にではなく，専門職としての能力をもった実践者たちのコミュニティやワーク，相互行為にこそ宿っていることになる．

1.2 接骨院における「出会い」

　本節で使用するデータは，2010年3月に，関東地方のB接骨院にて，筆者によって撮影されたものである．患者は，孫と遊んでいてアキレス腱断裂し，ある整形外科で手術を受けたが，2ヶ月以上経っても違和感があり，初めてB接骨院に来た60代女性であった．

[断片1:「出会い」](P:患者, J:柔道整復師)

201 P　　だって　あとこういうの見せていただいたりしてない [から
202 J　　　　　　　　　　　　　　　　　　　　　　　　　　[あ　そう=
203 P　　=わかんないです
204 J　　そう
205 P　　¥そう:::なんですよ¥

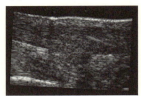

写真1

　ここであらかじめ指摘しておきたいことは，患者はここでの「出会い」[8]でいわゆるセカンドオピニオンを求めているということだ。患者は整形外科[9]で手術を受けているのだから，そのアキレス腱の調子が悪いのであれば，手術を受けた整形外科に診てもらえばよい。しかし，この患者はスポーツ外傷のケアについてのB接骨院の評判を聞きつけ，B接骨院に来院している。断片1の201行目「こういうの」が指示している対象は，写真1である超音波画像観察装置の静止画のことである。患者は203行目の発話からもわかるように，手術を執刀した整形外科医からの説明では超音波画像なども示されていないため，自分のアキレス腱がどのように手術されたのかが「わかんない」と述べている。こうした，Pの「こういうの見せていただいたりしてないから」「わかんないです」という表明は，執刀医の説明不足への不満にも聞こえるし，この出会いがセカンドオピニオンを求めているものとも理解できる。もしそうであるならば，患者がこの接骨院に来院した理由説明にもなり得るだろう。

　本データの症例では，柔道整復師が患者から聞きとりを行い，アキレス腱がどのように断裂したか，アキレス腱の手術，術後の様子などについて聴きとりをしている。患者のニーズとして，「自転車に乗りたいが恐くてまだ乗れない」という話がなされた。また問診，視診，触診時に，「まだ筋肉ができていないんだ」という発話が柔道整復師によってなされている。

　超音波画像観察装置を使用する前には，ゴムボールの上に乗ってバランスをとる，メジャーを用いたふくらはぎまわりの計測，角度計を用いた足関節の関節可動域の計測，デジタルカメラによる患部の撮影などが行われた。これらの計測で明らかになったことは，以下の3点である。

(1)左足(健側)[10]の指の筋肉は使えているが,右足(患側)は使えていないこと
(2)患側の筋肉が健側と比較して細いこと
(3)患側の足首の関節可動域が健側と比較して狭いこと

　超音波画像観察装置は,上記3点の要因と考えられる患部の皮下を可視化する装置として使用されている。

2.　超音波画像観察装置に映し出された静止画を見る

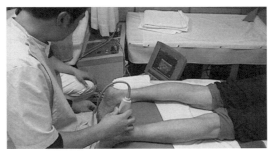

写真2　超音波画像観察装置の導入

　まず,柔道整復師(以下J)は,超音波で腱の状態を調べると言って,超音波画像観察装置を準備し,患者(以下P)の患部にプローブを当てて調べていく。

[断片2:超音波画像観察装置の導入]
001 J　　え:::今度ね　超音波で腱の状態を調べます
002 P　　はい
003　　　(1.0)
004 J　　最近調べてないでしょ
005 P　　ええ
006 J　　ねっ
007　　　(5.0) ((Jは超音波画像観察装置の準備をする))
008 J　　よし::::hh

第8章　柔道整復師のプロフェッショナル・ヴィジョン　　　193

```
009        (45.0)((写真2参照))
010 P      まだねえ　腱になってないんだよ
011        (2.0)
012 P      ↑え
013        (20.0)((Jが超音波画像観察装置に映し出された映像を静止画(写真1)にした))
014 J      清水さんね　つながってはいるんですけど　きちんと腱になってないんです
015 P      °はあ:::°=
016 J                    =うん 見て見て
```

その後，断片1の010, 014行目でJが「腱になっていない」[11]と述べている。また，「腱になっていない」という発話が写真1の画像を見てなされることから，Jが写真1を「腱になっていない」ことを可視化した画像として扱っていることがわかる。016行目で，Jは患者(以下P)に対して，起きあがって画像を見ることを促す。Pはうつ伏せの体勢から起きあがり，モニターを見るための体勢を調整する。

2.1 画像をハイライティングする

[断片3:画像のハイライティング]

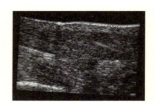

写真1（再掲）

```
025 J      こっち踵の骨寄りね
026        (2.0)
027 J      踵の骨寄り
028 P      あ　はい
029 J      こっちがあの:::膝寄りね
030 P      (×××)
031 J      あのね　超音波で見たときに　これが腱なんです((写真3及び4参照))
032 P      はい
033 J      腱ってね　あの::　線維の層と
034        (1.0)
035 J      さい- 腱の細胞の層とってかさねがさねにね
036 P      うん
037 J      明るいとこ暗いとこって見える　のが　そうなってるでしょ　この幅が　ほら
```

写真3　ハイライトする　　　　　写真4　焦点化の軌跡

```
038 P    あ　はい
039 J    ね これ::ちゃんとした腱なんです((写真3及び4参照))
040 P    うん
041 J    うん　ね
042 P    うん
043 J    こっちのほう　も　な-ちゃんとなってるでしょ
044 P    ふ::[:ん
045 J       [こ-ここが縫い口なのよ((写真5参照))
046 P    はい
047 J    これ　い-糸が残ってるところ　これ
048      (1.0)
049 P    それは糸です[か
050 J              [そうそうそう
051 P    °ああ　そうですか°
```

　断片3の025，027，029行目で，「こっち踵の骨寄り」，「こっちがあの:::膝寄り」というように，画面（写真1）の左右が，どこと結びつけられて見るべきかをJは指示している。このJの説明によれば，向かって画面の右側が踵寄りで，左側が膝寄りということになる。

　037と039行目では，「腱」が「線維の層と腱の細胞の層」とから構成され，「明るいとこ暗いとこ」と見えることを示している。実際に写真1と写真4を比較すればわかりやすいが，Jが親指と人差し指の2本の指でなぞった箇所は，はっきりと白く見える箇所である。ここで柔道整復師は，2つの仕方で超音波画像観察装置の静止画を説明している。

　1つはこの静止画（写真1）における画面の中心部分と，画面の左側および右

写真5　縫い口

写真6　だんごの比喩

側の比較である。これは039や043行目のJによる「ちゃんとした」という発話から明らかなように、画面右側と左側は、アキレス腱の健全な部分であり、そのような意味で規範的な「あるべき状態」として扱われている。もう1つの説明の仕方は、031行目でJは左手の親指と人差し指を使用した画面のなぞり(写真3及び4参照)[11]である。Jは2本の指でなぞることで、注目すべき箇所を焦点化し、「ちゃんとした腱」は「層化」して見えることを示している。2本の白く見える間を単なる隙間とは見ず、「ちゃんとした腱」として見ることをJはPに教示している。

045-051行目で、Pが手術を受けたとき、アキレス腱のどの部分で縫合されたかについて説明している。ここでもJは画面をなぞることで焦点化[12](写真5で黒く見えるところ)を行うのだが、Jの指の使い方は先ほどの層化を示すときの仕方と異なり、左手の中指のみを使用する。さらに、これも腱の焦点化とは対照的に、静止画面のとりわけ黒く見えるところ(写真1と5を比較するとわかりやすい)をなぞっている。

2.2.　「だんご」の比喩はどのように使用されているか

［断片4:「だんご」という比喩の使用］

```
051 P    °ああ　そう　[ですか°
052 J              [ここみて　だんごになってるでしょ((写真6参照))
053 P    はい　[うん::↑↑::::
054 J        [だんごになっているところがこういうふうになってないでしょう
055 P    ふ:↓ん
056 J    うん　これまだねえ　はんこんっていう線維だけなの
057 P    ふ:::::::ん　はh=
058 J                 =だけじゃないんだけど　あの:::　腱の細胞の生えぎ悪い
059 P    ふう:::::ん=
060 J               =うん
```

ここで最初に検討したいことは,「だんご」という比喩のJによる使われ方である。本来,「だんご」という比喩が意味するものは多様なはずである。「だんご」という比喩から味や食感を連想することも可能であるし，三連の串団子のような形状を連想することも可能である。

　しかし，断片3の052行目「だんご」の比喩の意味がここでは「だんご」は球状（もしくは円状）という形状を意味するものになっているし，Jによってそのように指示されている。このような記述が可能である理由を2点挙げる。1つは，052行目のJの「だんご」という発話と同時になされる「なぞり」（写真6;Jがなぞった軌跡は太い白線で示している）が，円を描いていることである。2つめとしては,「層になっていない」＝「腱になっていない」こととの関連が指摘できるだろう。054行目でJが述べている「こういうふうに」とは，画面左側の層化している箇所である。ここではJによって「こういうふうになっていない」＝「層になっていない」＝「腱になっていない」というように,「静止画像の見方」から「症状の理解の仕方」がJによって導かれている。[断片4]を参照すれば，層は縫い口で分断され,「だんご」になっていることがわかる。球や円を連想させる形状の「だんご」は，縫い口を境にして複数の直線を連想させる「層」と対比的に用いられている。Jはその「層」が分断されている箇所を,「だんご」という比喩を用いながら静止画上に円をなぞっている。

　Jは，052行目と054行目で,「だんご」，056行目では瘢痕（はんこん）[13]という術語を使用している。言いかえるならば,「だんご」という日常的に使用される語から「瘢痕」という解剖組織学の術語へと置き換えるような仕方で，058行目で「腱の細胞」が再生しきれていないことを示している。

3. 柔道整復師によるインフォームド・コンセント場面

　ここまでのJの静止画の見方についての説明の意義は，後続する場面を検討することによって，さらに明確になるだろう。本項では，柔道整復師の言うインフォームド・コンセント場面[15]における，JとPの相互行為を記述することによって,「具体的にはどのような種類の知識が非対称なのか」を明らか

にし，ここでも柔道整復師のプロフェッショナル・ヴィジョンについての一例を提示する。そもそも，インフォームド・コンセントは「説明と同意（承諾）」と日本語に訳されることが多いが，この訳語には役割期待が先取り的に埋め込まれている。つまり，インフォームド・コンセントは「専門職者側の説明」と「患者や利用者側の同意」によって構成されるというように。他方で，医療場面において専門職者が非専門職者に「何かを説明する」ということは，説明する側とされる側の知識の非対称を前提としてよいだろう。この知識の非対称性についても本項で検討する。

3.1. 関節可動域の計測結果と皮下の状態をどのように整合させるか

［断片5］に続く場面で，Jは超音波画像から手術時にアキレス腱を縫合したときのアキレス腱の整形手術の仕方を推測し，Pに対して図を描きながら説明を行っている。Jの説明によれば，092-094行目からわかるように，手術を行った医師は「腱を少し短くし」て，アキレス腱を「丈夫に」縫い合わせている。Jによれば，アキレス腱を短くした分だけアキレス腱が伸びず，「だんご」になってしまったという。さて問題は，このような説明について，どのような説得力の高め方をしているかである。

［断片6：アキレス腱の縫合の仕方を説明する］
092 J　　うん　だから　腱を少し短くしてるんです
093 P　　はあ
094 J　　で　引っ張って
095 P　　ええ
096 J　　丈夫に縫い合わせてるから＝
097 P　　　　　　　　　　＝ええ

皮下の状態は直接見ることができない。メスで切れば皮下の状態を確認することも可能であるが，確認のためだけに，もしくは確認するたびに皮膚を切っていたのでは，あまりに患者の身体にかかる負担が大きい。そのようなときに，皮膚を切らずに皮下の状態を可視化するために使用されるのが，こ

の場面でも活用されている超音波画像観察装置である。このような医療機器の使用目的は，Jの使用実践にこそよく表れている。

[断片7:関節可動域の計測結果と皮下の状態の整合性]

104 J　うん
105　　(1.5)
106 J　それ(注16)が膝を伸ばしたところ
107 P　はお
108 J　緩めたところ
109 P　うん
110 J　で足首の角度((写真7参照))
111 P　うん
112 J　比べたでしょ
113 P　うん
114 J　で　見てみた(.)の((写真1参照))と一致してるんですよね
115 P　ふ:::ん=
116 J　　　　=う::ん
117　　(3.0)
118 J　この結果と

写真7　関節可動域の計測

　104-118行目では，足首の関節可動域についての事前になされた(写真7参照)計測結果と，超音波画像観察装置を使用して得られた皮下のアキレス腱の状態との整合性について述べている。たとえば110-112行目の「足首の角度」を「比べる」というのは，関節可動域の計測(写真7参照)を指している。数値化された計測結果(足首まわりの太さは何センチか，関節可動域は何度か)と，超音波画像観察装置を使用して可視化された皮下のアキレス腱の状態を整合させることによって，Pのアキレス腱の状態について，その説明の信頼性や説得力を上げているという理解が可能である。

3.2 腱と筋についての知識の非対称性

［断片8:筋と腱についての知識］

119 P　そうするとやわらかくなるとそれは伸びるんですか
120 J　うん
121 P　必要なところまで
122 J　う::ん　それは筋肉が鍛えられないと　ええ　腱も鍛えられないんですよ
123 P　はあ:::　そういうこと　[ですか
124 J　　　　　　　　　　　　　　[うん　筋肉は鍛えてばっかだと縮むから
125 P　うん
126 J　硬くなるからね
127 P　うん
128 J　硬くなっちゃうとアキレス腱に負担かけるから
129 J　このこんど(.)縫ってないところでまた切れちゃう
130 P　え¥hhh
131 J　うん(.)で　また今度はバランスをしっかりとれるように
132 P　ええ　ええ
133 J　踏ん張れるように
134 P　ええ　ええ
135 J　さっきの指を使うっていうのは　そのアキレス腱を作る　筋肉
136　　(1.0)
137 J　ね

　［断片8］の119行目と121行目のＰの質問に対して，Ｊは直接回答をしていない。Ｐの質問に対してＪが肯定的に回答しないのは，この場面ではここが初めてである。ここに，腱と筋についてのＪとＰの知識の相違を見ることができる。Ｐの「伸びる」，「必要なところまで」という発話から，Ｐは手術で短くなったアキレス腱について問題にしていることが推測できる。これらの質問から，Ｐが想定しているトラブルは，「短くなったアキレス腱が伸びていないこと」だということが理解可能である。また，Ｐはアキレス腱が必要なところまで伸びていないことを，手術後のアキレス腱の状態が良くない原因の一つと結びつけていることがわかる。簡潔にいえば，手術後のアキレス腱の状態不良は

「腱」単独の問題であるとPは考えていることがわかる。

　これは単なる筆者（観察者）の主観的理解ではない。Pの「腱」についての質問に対し，Jは「筋」を持ち出している。しかも，「筋」は「鍛えて」ばかりだと「縮む」，「固くなる」，「また切れちゃう」（このときの130のPの笑いが有標的である）といったように，単に「鍛える」というよりむしろ，「バランスをとる」，「ふんばる」といった代替案がJによって提示され，そのような方法でリハビリテーションがなされることを予示している。これらの語りから，Jは「筋」と「腱」が独立しているわけではないと考えていることが明らかになる。もしそうでないならば，「腱」がトラブルを抱えているとPが考えているにもかかわらず，「筋」についての説明を行う関連性・合理性が指摘できない。別な言い方をすれば，JはPのアキレス腱の問題を，「腱」単独の問題ではなく，複数の「筋」と連続する問題であると考えている。しかもアキレス腱と直接関係する腓腹筋とヒラメ筋[17]だけを鍛えればよいというものではなく，長指屈筋や長母指屈筋[18]といった足の指を曲げるときに使用するような「筋」を鍛えることの重要性を示唆している。これは先ほど述べたように，Pが「腱」単独の問題であると考えていることと比較すると対照的である。これらの知見の相違はJとPの解剖学的知識の非対称性に，そのまま結びついているといえるだろう。

［断片9：筋肉を鍛える意義］
163 J 　　足の指を握る筋肉をね　鍛えて [あげると
164 P 　　　　　　　　　　　　　　　　[うん あげれば=
165 J 　　=今使えてない　使えてないからね
166 P 　　うん
167 J 　　そうすると　アキレス腱の負担は減るんです
168 P 　　あ　そうですか：=
169 J 　　=プラス　バランスもよくなる

　断片9の163-165では足の指を握る筋肉，つまり長指屈筋や長母指屈筋が使えていないことを示している。これは超音波画像観察装置を使用する前に，ゴム状のクッションの上に患者を立たせることで確認されている。ここでこれらの筋肉が「使えてない」と言うことで，筋肉が使えるようにリハビリテー

ションを行うことが予示されている。このインフォームド・コンセント後になされた施術やリハビリテーションは次の通りである。

(1) 物理療法（電気療法）
(2) ストレッチング
(3) 患側の中指と薬指を使って石を掴む練習
(4) 棒に捕まり，ゴム製のクッションの上に乗ってバランスをとる練習

　このようなリハビリテーションをおおよそ4ヶ月行ったのち，この患者は完治していったことが，筆者によるフォローアップインタビューから確認されている。

4. 柔道整復師のプロフェッショナル・ヴィジョンとワークプレイス

　柔道整復師のプロフェッショナル・ヴィジョンとは，ここまで示してきたように，柔道整復師の頭の中にある内的知覚というよりもむしろ，施術実践の中に現れる焦点化などを通じて説明可能なものである。柔道整復師に期待されるプロフェッショナル・ヴィジョンは，柔道整復師が専門職者になるために，もしくは専門職者として獲得すべきものを見る方法であり，また，こうしたものを見る方法を習得したものを専門職者とよぶ。同時に，プロフェッショナル・ヴィジョンは静的な固定された見方などではなく，問題となっている探求領域における言語実践などによって構成される (Goodwin 1994=2010: 70)。というのも，他に何の情報も与えないまま別の医師や柔道整復師に対し，本章で問題になっている写真を見せたところで，この静止画が何を意味しているのかわからないということはあり得るし，画像が何のために撮られ，どのように利用されるのかといった，施術実践における意味はわからないだろう。

　そして，プロフェッショナル・ヴィジョンは焦点化などを駆使して説明可能なものであるがゆえに，医療従事者が患者に対して説明を行うための資源としても使用できる。つまりは，プロフェッショナル・ヴィジョンの説明実

践が，そのままインフォームド（説明）・コンセント（同意）場面の，とりわけインフォームド（説明）場面を構成することになる。

本節のインフォームド・コンセントとは，行岡（2012）のいう「正しいと確信する判断」についての「納得を確かめ合う言語ゲーム」の具体的場面である。たとえば，「医師の指導性が問われるのは『コンセント』のところではなく，むしろ『インフォームド』つまり，患者が『十分な情報を得て理解している』という状態をつくりあげるところ」（池永1997: 81）である。本節では特に，インフォームド・コンセント場面における，Jが使用した2つの説明戦略，つまり「計測結果と皮下の状態の整合性」を示す戦略と「腱と筋についての知識」から導ける適切なリハビリテーション方法を説明する戦略に着目した。前者については，超音波画像観察装置が皮下の状態を可視化するのに有効な装置であったことが明らかであり，その可視化された皮下の状態を，Pのアキレス腱の現状を事前に計測した結果と結び付けることで，説明の説得力を高めるような戦略が用いられていた。後者においては，筋と腱の関係について，専門的な解剖学的知識を用いて説明することで，Jが提案するリハビリテーション方法の適切さについての説得力を高めるような戦略が用いられていた。

本論で問題になった写真が「まだ腱になっていない」ことを可視化している写真として意味を持ちうるのは，インフォームド（説明）場面においてということも指摘しうるだろう。つまりJのプロフェッショナル・ヴィジョンは，Jのワークプレイスでのインフォームド（説明）場面を構成すると同時に，ワークプレイスでのインフォームド（説明）場面がJのプロフェッショナル・ヴィジョンをPへの説明可能なものとして意味づけているという，相互反映的な関係を構成していたと言えよう。

【トランスクリプト記号(本章追加分)】

1. ￥　笑い声で話す
　　（例）　￥そう:::なんですよ￥
2. ↑　音調の極端な上がり
　　↓　音調の極端な下がり
　　（例）　ふ:↓ん

注
(1) 接骨院とは，柔道整復師が柔道整復の業務を行なう施術所の一般的な呼称である。他の一般的な施術所の呼称として，整骨院やほねつぎといったものがある。接骨や柔道整復といった名称の問題については海老田（2012a，2012b）が詳しい。
(2) 本章は，2010年11月8日に京都大学稲盛財団記念館大会議室で催されたエスノメソドロジー・会話分析研究会秋の研究大会における報告原稿「柔道整復師のプロフェッショナル・ビジョンとインフォームド・コンセント」を大幅に加筆修正し，海老田（2012b）の第7章に収録したものを，本論集向けに再び加筆修正したものである。今回の加筆修正にあたり，社会言語研究会で草稿を検討していただき，たいへん貴重な助言をいただいた。また，本研究に協力していただいた患者と柔道整復師にはそれぞれ本研究への協力依頼を書面と口頭で行い，データの使用承諾についてもそれぞれデータ承諾書に署名をいただいている。記して感謝の意を表したい。データに出てくる固有名詞は仮名を採用しており，どのようにアキレス腱の断裂が生じたかについても，分析に関連ない範囲で変更してある。
(3) 柔道整復師の超音波画像観察装置の使用については，厚生労働省医政局医事課発の「施術所における柔道整復師による超音波画像診断装置の使用について（回答）」（2003（平成15）年9月9日　医政医発第0909001号）や，「施術所における柔道整復師による超音波画像診断装置の使用について」（2010（平成22）年12月15日　事務連絡），あるいは髙橋他（2010）を参照のこと。なお，本論文に挿入されている写真は，すべてビデオ映像のキャプチャー写真である。写真は患者と柔道整復師の相互行為の理解を助ける目的で使用している。
(4) 「見る」ことは，エスノメソドロジー研究の中心的な関心事の一つである（Coulter and Parsons 1990; 前田 2002; 2007）。プロフェッショナル・ヴィジョンのアイデアをマーモグラフィの使用実践におけるワークの研究として展開したものに，スラック他（2007）がある。
(5) 「見る」と「〜として見る」の違いについて，前者は「なにかが見えている以上，それはすでに達成されたこと」（西阪 1997: 139）であり，後者は「『わたくしはそれをいま……として見ている』と言っているひとは，わたくしに何事を伝えているのか。このような伝達がどのような帰結を生ずるのか。わたくしはそれによって何をやりはじめることができるのか」（Wittgenstein 1958=1976: 402）とあるように，ある種の説明（アカウント）を要するものとしてしばしば理解される。西阪（1997）によれば，「〜として見る」ことは論理文法の違反であるが，違反であるがゆえに説明が求められる行為であるとも言えるかもしれない。
(6) 「解釈のドキュメンタリー的方法」とは，相手の発話や行為によって，その受け手の解釈枠組みが変更される方法，つまり過去の認知を未来から書き換える方法である。ガーフィンケル（1967）は，人びとが日々の生活のなかで，「解釈のドキュメンタリー的方法」

を用いて相互行為していることを示すために，ある有名な実験を行った．大学生を集め，カウンセラーの見習いを相手に，音声のみで相談してくれと依頼する．しかしながら，大学生には伏せられているのだが，カウンセラーの見習いは「イエス」「ノー」の二通りの答えしか言わない設定になっている．しかも，「イエス」「ノー」は相談内容とは無関係に発せられる．すると大学生は，ランダムに返答される「イエス」「ノー」に対して，何らかの思考方法を読みとろうとする．自分の相談への回答が，会話が進むに従って矛盾してきたとしても，解釈枠組みを更新したり，その回答には真意があるのではないかと深読みを始める．単なる偶然でしかないのだが，予想通りの返答があれば，大学生は返答がランダムであるとはもちろん疑わない．いずれにしても大学生は，返答の背後に，整合性のある事情を読みとろうとし，解釈を生み出すことをした．

(7) 柱の穴の痕跡のこと．
(8) ゴフマン（1962=1985:4）のいう「出会い」とは，人びとが互いに相手と身体的に直接居合わせることである．注意を視覚的および認知的な単一の焦点に集中すること，言語的コミュニケーションにおいて自分を相手に対して相互的かつ優先的に開放しておくこと，行為の相互関連を強化すること，参加者が相互に観察しあっていることを，各参加者に目と目によって充分に知らせるような生態学的な群れかたをすること，などの特徴がある．
(9) 柔道整復術と整形外科の関係について，詳しくは海老田（2012a, 2012b）を参照のこと．
(10) 人間の身体を左右に分けた場合，患側とは病気や怪我のある側で，健側とは病気や怪我がない側である．臨床では手や足を比較するときに使用されることが多い．
(11) この発話はある種の予示的指標（prospective indexical）といえるかもしれない．予示的指標については主にGoodwin（1996）を参照のこと．
(12) 写真4，5，6は読者に識別しやすいように，写真1を補正してある．
(13) 焦点化そのものが行っていることは，(1)参与者たちの志向の指示（Goodwin, C. 2000）と(2)「選択知覚（selective perception）」（Lynch 1988）の2つということになるだろう．リンチ（1988）は，「選択知覚」について，①「フィルター化（filtering）：見えてしまう余計なものを除去すること」，②「均一化（uniforming）：図では（素材や色の違いが捨象され）均一なものにされること」，③「格上げ化（明確化）（upgrading）：写真では輪郭が明確でない箇所が図では線が引かれ，大きさや構造などが明確にされること」，④「定義づけ（defining）：記号によって示された個々の実体の名称が線によって直示され，説明文により意義が与えられること」の4つに分類して説明している．この解説としては前田（2007）も参照のこと．
(14) 瘢痕は，皮膚や軟部組織が損傷されたさいに，治癒の過程で形成される．
(15) 本場面を「インフォームド・コンセント場面」と呼ぶことに抵抗ある読者がいるかもしれないが，これら一連の場面を柔道整復師自らが「インフォームド・コンセント場面」と呼んでいる．柔道整復師がこの場面を「インフォームド・コンセント場面」と呼んだ根拠については，次のようにまとめられるだろう．この場面は，患者がセカンドオ

ピニオンを求めて来院した出会いである。つまり，アキレス腱の手術から 2 ヶ月余り経過した今の状態についての「説明」を，患者はあらかじめ期待していた出会いであったといえる。これに対し，柔道整復師は様々な計測方法を駆使しながらアキレス腱の状態について，患者に対し「説明」した。超音波画像観察装置の使用は，その一つの手段であった。こうした様々な測定によって明らかになった患部の知見や，これからなされるリハビリテーションの仕方を伝達するとき，その柔道整復師の説明の説得力を担保したのが，超音波画像観察装置によって映し出された画像であり，その画像を「まだ腱になっていない」証拠として見る柔道整復師のプロフェッショナル・ヴィジョンであった。本場面とは，こうした柔道整復師の「説明」に対し，今後なされていくリハビリテーションの方針に患者が「同意」していく場面であった。

(16) この「それ」とは，「腱を少し短くして縫い合わされたこと」である。これについては割愛したトランスクリプトから確認できる。
(17) J は P の筋肉を触りながら説明をおこなった。
(18) 手の指と区別するため長趾屈筋・長母趾屈筋と表記する場合もある。この 2 つの筋はいわゆるインナーマッスルであり，皮膚の上から触ることができない。長指（趾）屈筋や長母指（趾）屈筋という術後は，この発話の直前で，実際に会話の中で使用されている。

参考文献

Coulter, J. and Parsons, E.D., 1990, "The praxiology of perception: Visual orientation and practical action," *Inquiry,* 33: 251?272.
海老田大五朗 , 2012a,「柔道整復師はどのようにしてその名を得たか」『スポーツ社会学論集』, 20(2): 51-63.
海老田大五朗 , 2012b,『柔道整復師と患者の相互行為』成城大学大学院博士学位申請論文 .
Garfinkel, H., 1967, *Studies in Ethnomethodology,* Prentice-Hall.
Goodwin, C., 1994, "Professional vision," *American Anthropologist,* 96(3): 606-633.（= 2010, 北村弥生・北村隆憲共訳 .「プロフェッショナル・ヴィジョン：専門職に宿るものの見方」『共立女子大学文芸学部紀要』56: 35-80.）
Goodwin, C., 1996, "Transparent vision," Ochs, E. and Schegloff, E. A. and Thompson, S. eds, *Interaction and Grammar,* Cambridge University Press, 370-404.
Goodwin, C., 2000, "Pointing and the collaborative construction of meaning in aphasia," Proceedings of the Seventh Annual Symposium About Language and Society. Austin (SALSA), Austin, TX: University of Texas Press, 67-76.
池永満 , 1997,『患者の権利 ［改訂増補版］』九州大学出版会 .
前田泰樹 , 2002,「ヴィジュアル経験へのエスノメソドロジー的アプローチ」安川一編『視覚メディアにおけるジェンダー・ディスプレイのミクロ社会学的分析』1999 年度〜 2001 年度科学研究費補助金研究成果報告書（一橋大学）, 33-51.

前田泰樹, 2007,「見る」前田泰樹・水川喜文・岡田光弘編『ワードマップ エスノメソドロジー』新曜社, 210-216.

Lynch, M., 1988, "The externalized retina: Selection and mathematization in the visual documentation of objects in the life sciences," *Human Studies,* 11(2): 201-34.

西阪仰, 1997,『相互行為分析という視点』金子書房.

Slack, R. and Hartswood, M., Procter, R. N. and Roundcefield, M., 2007, "Cultures of reading: On professional vision and the lived work of mammography," Hester, S. and Francis, D. eds., *Orders of Ordinary Action,* Ashgate, 175-93.

髙橋康輝・櫻井敬晋・中澤正孝・小山浩司・木村明彦・橋本昇・成瀬秀夫・柚木脩, 2010,「東京有明医療大学柔道整復学科が実施する超音波画像装置を用いた教育への取り組み——教育目的の明示とガイドライン作成における問題点」『東京有明医療大学雑誌』2：31-35.

行岡哲男, 2012,『医療とは何か——現場で根本問題を解きほぐす』河出書房新社.

Wittgenstein, L., 1958, *Philosophische Untersuchungen, Werkausgabe* Bd. 1. Suhrkamp Verlag.（＝1976, 藤本隆志訳『哲学探究』大修館書店.）

第9章　航空管制のペアワークにおけるリスク管理
――二重のモニターによる相互理解の達成

北村隆憲・五十嵐素子・真鍋陸太郎

1. 管制官の業務とリスク管理

　航空機輸送は安全な交通手段であるが，時として致命的な事故が発生し，航空機コックピットと管制官とのコミュニケーションが問題であったと指摘されることがある。だがそもそも管制官の業務とは，パイロットとの通信・連絡に限られるわけではない。例えば，レーダー対空席管制官は，レーダー画面を見てその後の空域の状況を予想しながら，画面の操作や通信機器を通じて，レーダー調整席管制官，空港や他のセクターの管制官等と相互理解をはかりながら，航空機ができるだけ安全に運航できるようパイロットへ指示を出している。そしてそうした多元的で複雑な業務のどこかにほころびができたときに，問題が生じるのである。

　本章では，航空管制業務研修における管制シミュレーションによる訓練場面のデータを利用して，管制という「協調の中心」の業務における協同的なリスク管理の仕方を明らかにする。

　具体的には，まずペアで行われている管制業務のコミュニケーションの特徴（身体動作による指向の示し，相互モニター，プロフェッショナル・ヴィジョンの必要性）について確認する。その後，状況に関する認識上の食い違いがどのような手続きで防止されており，また，食い違いが実際に生じた場合にも，共同作業者同士の間で作業の進め方に関わる相互理解がどのように達成・維持されているのかを具体的データに基づいて示していく。

2. 管制官のワークの研究の視点

2.1 「協調の中心」としての航空管制のワーク

　航空管制官は，航空交通の安全を考慮して，管制区や管制圏において航空機の離陸や着陸の順序・時期・方法・飛行方法に関する指示を与える（航空法第96条）ことを業務としている。

　サッチマン（1993: 114-115, 1997）が「協調の中心」（Centers of Coordination）と呼んだ場（worksite）におけるワークのあり方は，航空管制の分業について考える視点を与えてくれる。それは，互いに時空を隔てた場所で業務に従事する者たちの状況にアクセスし，時空に分散した活動を協調させる関連諸活動の「センター＝中心」となる場である。そしてこのような場である「センター」に従事している人たちは，テクノロジーを用いて関係している空間的・時間的な関連性を再構築する作業によって各所からの要求を満たしているのである。

　では，そこではどのように情報共有と相互理解がなされて多様な関連する諸活動が協調されているのだろうか。サッチマン（1993, 1997）は，空港における航空機の離着陸の管制業務を例に挙げながら，こうした場における人々のワークの特徴を描いている。情報共有と相互理解のワークには，センター内とセンター内外の二つの側面があるが，センターの内と外の間の情報共有の方法は次のようなものである。スタッフらは各自の業務の流れに即して，センター内のモニターや無線やホワイトボード，運航票（ストリップ）といった機器や道具を，自らの業務に必要な「情報システム」となるように統合して，活用している。具体的には，それらの機器等から得られる文字情報や口頭の報告，モニターに映った映像から，自分の業務に関連する必要な場面を読み取ることで，情報を得ているのである。そして情報共有はセンター内の分業でもなされうる。センター内では，担当ごとに，特定の知識や特定のテクノロジーを使う権限が比較的水平な関係で分配されており，彼らが個別の業務に取り組むなかで，ある領域が（ときには目に見えない形で）個々のワークスペースとして区分されている。そこでは，お互いの業務をモニターしあいながら，自らの業務の流れの中において，他の担当に関連する情報を相互に伝達・受領している。このような情報の授受を通じて，全体の状況を再編し，協調させ，

秩序を維持することがその都度行われているのである。ここでの情報共有は，担当者が機器から情報を受動的に受け取るというような単純なものではなく，ある状況を再編する業務の中で，その知識とテクノロジーへのアクセス権を持つ担当スタッフが，情報を読み取り・選び取り，それを必要とする適切な相手に差し出して共有をはかるものであるといえる。

　本章で検討する航空路管制[(1)]の訓練場面は，サッチマンがいうところの「センター」内の業務にあたる。管制官は刻々と変わる航空路の状況をモニターしながら，運航上のリスクを最小限に減らしつつ，できるだけ効率よく航空路の秩序を維持していくことに努めている。その際には，関係する相手（飛行中のパイロットらなど）の業務をモニターし，機器利用のなかで必要な情報を読み取り，それに基づいて適時判断をしながら，指示や情報を伝えていく作業を伴う。こうした業務に熟達するためには，管制に関する講義を聞く座学だけでは不十分である。このため，管制官が現場に出る前には，他者と協働した業務が適切にできるよう，現場と同じ機器システムを利用したシミュレーション・トレーニングを重ねているのである。

2.2 個人の認知的能力の研究から協働作業におけるリスク管理の研究へ

　管制業務のような，複雑かつ短時間で正確な判断を必要とする協働作業においては，ときにトラブルにつながりうる状況が生まれることもある。しかしそれが事故につながることがあってはならない。従来の研究では，情報処理や意思決定に関する個人の「認知的能力」が，こうしたワークのパフォーマンスの決定的な要因であると考えられており，認知科学や心理学のアプローチでヒューマン・エラーを防ぐための研究がなされてきた（青山・塩見・飯田 2007）。

　しかしパイロットや管制官の作業は，機器利用を伴ったチームでの協働作業に基づいており，個人の認知的な作業のみから成りたっているとはいい難い。このため，個人の認知を中心に据えた研究の不十分さ（Suchman 1987; Rawls 2008）が指摘されるとともに，ワークプレース研究のアプローチが採用され，リスク管理に関わる研究群としてワークフローにおける作業者間の理解の食い違いが予防される，あるいは解消される過程を扱った研究が蓄積されてきた（Harper and Hughes 1992; Nevile 2001; Arminen et al.2010）。

例えば，ネヴィル（2001）は，商用航空機のパイロット同士（操縦士と副操縦士）が，どのようにして，業務上のエラー，つまり相互理解の崩壊が発生する可能性を阻止しているかを明らかにしている。彼らは，相互行為上の様々なリソース，例えば定型的な言葉のやり取り，発話の連鎖組織，代名詞あるいは「それで（and）」という前置き語（and-prefaces）」などの使用によって複雑な行為の連鎖を相互調整することにより，お互いに相手が行うことを理解しかつチェックして，専門職業上の（その時点でどちらが操縦を行うか，という）役割を確認し合うことによって，航空機を操縦するという複雑な課題を達成しているのである。このような研究群は，パイロット同士，あるいはパイロットと管制官とのやりとりを中心としたものである。

　管制業務の研究にはヒューズら（1992），サッチマン（1993, 1997）などのロンドンの航空管制塔のワークを考察した研究群がある。これらは管制官らがどのような形でストリップに書かれた航空機の情報を信頼できるものにしているか，またストリップやレーダー画面の情報を用いてどのような航空路の状況の見え（picture）を得ているのか，などについて論じている点で管制業務研究において重要な論点を提示している。だが管制官が実際にどのようなやりとりをしてそうしたリスク管理をしているのかについての言及は多くはない。

　本稿では，具体的な業務の在り方に即した研究が望まれる現状（青山・古田・飯田2006）を踏まえ，管制官業務の実際の作業の仕方に即したリスク管理の研究の端緒として，上記のような先行研究群の視点を採用し，個人の認知的能力に焦点を当てるのではなく，管制官らが業務のなかで協調的な相互行為を通じて，相互理解を達成・維持することによってどのようにトラブル発生の可能性を最小化しているのかに焦点をあてていくことにしよう。

3. 調査の概要と事例の特徴

3.1 管制官の訓練場面と業務の概要

　本章は，管制官研修生への教育研修を対象に行った調査によって得られた事例を検討する。本調査は2009年から2011年にかけて東京航空交通管制部において数回にわたって行われた。本研修の事例は，管制官研修生らに，座学

を終えた後にシミュレーション訓練の実習としてなされたものである。この実習を5台のハイビジョン・ビデオカメラで録画し（カメラ配置は図1参照），さらに，研修生と教官にインタビューを行った[2]。

このシミュレーション訓練場面では，2人の研修生が，学習中の当該セクター[3]における45分程度のシミュレーション課題についてレーダー対空席管制官（以下，対空席）と調整席管制官（以下，調整席）の管制作業を交代しながら訓練している。課題は1回約45分のセッションであり，その間，2人は一組になって安全で効率的な航空交通を確保することが求められる。彼らには2人の教官がついており，1人はパイロット役となり，研修生が見ているのとは別のレーダー画面を見ながら管制官役の研修生と通信を行い，もう1人の教官は研修生の後ろでメモを取りながら研修を見守っている（図1右画像）。1回ごとのセッションが終わると，教官が研修生に対してコメントをしたり，研修生が質問をしたりするデブリーフィングの時間が設けられている[4]。

［右画像の右手前から，研修生A（調整席役），研修生B（対空席役），左手前から，教官C（訓練上の指摘事項などについてメモを取っている），教官D（パイロット役としてAと通信している）］
図1　カメラ配置図とシミュレーション訓練場面

レーダー画面には多いときには20機程度の航空機の位置を示すマークが表示され，刻々とその位置が変化していく。機影には情報ブロックのタグがついていて，そこに当該機についての管制情報が表示されている（図2，表1）。約10分で各機は当該セクターを通過していく。

このシミュレーション訓練における管制業務は，対空席と調整席の二人一組で行われており，業務の分担は以下のようになっている。対空席は主にレー

図2　レーダーに映った機影と情報タグ

表1　図2の情報タグに示されている情報

便名：　JAL1162便
予定高度：1万3千フィート　　　現在高度：3万6千フィート
対地速度：350ノット　　　　　　目的空港：JTT（羽田空港）
指示速度：290ノット　　　　　　直行指示：GOC（茨城県大子）に直行中
線上のマーク：現在の航空機の位置　（短い線分は数分後の航空機の位置を示す）

ダー画面で航空機の運航状況を監視し，適時，対空通信を行っている。具体的には，航空機の情報タグから必要な情報を読み取って運航状況を把握し，適切な指示をパイロットに出していく。これに対し調整席は，レーダー画面と調整席画面を見て必要に応じて他セクター・他機関と通信を行いながら，調整業務・情報収集をするとともに，将来的な業務負担を見越しつつ対空席に対して情報提供やアドバイスなどのサポートを行う[5]。

　本事例で検討する航空路管制の主要なワークは「スペーシング」である。空港から航空機が離陸して他の航空機との安全な間隔が確保されると，ターミナルレーダー管制からその航空機を引き継ぎ，目的空港に飛行するまでの間，他の航空機との間に安全な間隔を保持しつつ効率よく運航させていく。具体的には対空席が，レーダー画面を見ながら必要に応じて航空機に指示を行って，航空機間に安全な間隔が確実に取られるようにする[6]。航空機の運航速度は極めて速いため，こうした判断と指示が遅れると手遅れになってしまう。このため，数分後の当該エリア全体の航空機の運航状況を想定しながら，常に早めの指示をする必要がある。また，その全体の指示の回数も内容も，航空機の燃料や運航上の安全性の観点から，高い効率性が求められる。

3.2　やりとりの特徴：身体動作による指向性の示し，二重のモニター，プロフェッショナル・ヴィジョン

　では，上記に述べたような業務分担を念頭に置きつつ，ペアで業務を行う

管制官のコミュニケーションの特徴を，以下の事例で確認していこう。
　シミュレーション・レーダーの画面上では，訓練セッションの開始から時間の経過とともに徐々に，担当セクターに入ってくる機影が増加してきた。レーダー画面が徐々に「混雑」してくる（図3）と，調整席が対空席に身を乗り出して，レーダー画面に対して明らかな指向（orientation）を示す（53:00，図3の右下画像）。すると対空席がレーダー画面を小さく「指さし」を行う（53:03，図3の左下画像）。この指さしに対して調整席は特に何の応答もしていない。対空席は，この直後（53:06），パイロットに通信を行なった。ここでは航空機が混み合ってきているため，管制業務上，関係する航空機に指示を出すことが必要な場面であったといえる。

【事例1】
［トランススクリプト1］（データ：第2回1問目合成）
01　53:00 調整席：((レーダー画面が混雑してくる。調整席が対空席に身を乗り出し
02　　　　　　　て，レーダー画面に視線を向けている))　［図3下右図］
03　53:03 対空席：((レーダー画面を指さしする))　［図3下左図］
04　53:06 対空席：ジャパン・エア・フォー・ゼロ・ワン　((以下略，パイロットへ降下の
05　　　　　　　指示を出す))

図3　調整席の身体的指向と対空席の指さし

この事例のやりとりは非常にシンプルではあるが，以下の3つの特徴があることに気が付く。

　一つ目の特徴は，対空席と調整席の二人がなるべく会話することを控えており，そしてその代わりに，レーダー画面への身体的指向や視線の利用，指さしといった動作を用いて，対象への指向性を相手に示していることである。例えばこの事例では，次に何か作業をおこなうべき状況があるものとして，レーダー画面を見るというルーティーンがあることがわかる（01, 53:00）。こうしたやり方は実際の管制の現場では，他の管制官が様々な相手と音声で通信業務を行っていること，また，対空席と調整席が同時に別々の相手（パイロットなど）と音声で通信する可能性があることから，できるだけ静穏さを保とうとしていると考えられる。

　二つ目の特徴は，このやりとりが，対空席がレーダー画面をモニターしているだけでなく，調整席もレーダー画面と対空席の業務の進行をモニターしていることを前提としていることである。レーダー画面に向かって調整席が身を乗り出して視線を向けることは，隣に座っている対空席には感知されている。調整席がレーダー画面へ身を乗り出すということは，そこになにか「見るべきこと」が生じていることを対空席にも分かる形で示唆していることになる。しかし，その「見るべきこと」が何であるのかは言葉では述べられていない。しかし対空席は，それが「指示を必要とする状況」であると受け取って，指示を開始している（03, 53:03以降）。このやりとりからは，調整席がレーダー画面と対空席の業務内容をモニターしていることを前提とし，その理解を信頼して業務を進めていることがわかる。

　もちろん，対空席も調整席の業務をモニターしているし，そうしたお互いの作業へのモニターは，地下鉄の管制室などの他の現場でも見られるが（Heath and Luff 2000），その多くは，自分が次になすべき業務をあらかじめ察知するために利用されている。しかし，ここでの調整席の役割には，対空席へのアドバイスやサポートが含まれているため，対空席の行っていることとともに，対空席が見ているレーダー画面をモニターする必要性が生じていることがわかる。

　関連する三つ目の特徴としては，そうしたレーダー画面への示しをする側

も，またそれを示された側にも，単なる「混雑した状況」としてだけでなく，「ある特定の指示が必要な状況」として「見る」ことができなければならない，つまり，管制の業務に根ざした「プロフェッショナル・ヴィジョン」が必要とされているということである[7]。

このように，調整席は他セクター・他機関からの必要な情報提供をするという業務以外にも，プロフェッショナル・ヴィジョンを前提として，レーダー画面の航空機の状況を把握しながら対空席の作業をモニターし，支援を行っていた。そして対空席は，調整席からの指さしなどによる「静かな」サポートを受けながら，パイロットと通信を行ったり，レーダー画面のへの入力を行ったりしている。

4. 「二重のモニター」を前提としたリスク管理の方法

4.1 指示前の相互理解の確立(1)：理解の表出による確認の機会の創出

ここまで見てきたように，管制官らのペアによる業務の進め方は，単に協同的に分業を行っているだけでなく対空業務へのモニター，そしてレーダー画面への「二重のモニター」が働くように指向の重なりを持って進行していた。こうした業務の進め方は業務上のミスを二重に防ぐことができるようデザインされている点で，リスク管理上メリットがあるといえるだろう。

では実際に彼らは，こうした「二重のモニター」を前提としながら，どのようにリスク管理を行っているのだろうか。実は，上記の事例1には興味深い点が1つある。それは，調整席から示唆された作業内容に関して，対空席はすぐにはそれを行っていない点である。レーダー画面への二重のモニターへの信頼があり，迅速さを優先するならば，01行目における調整席の動きに対して，対空席はすぐにパイロットに指示を出してもいいと思われる。しかし，彼女はまずレーダー画面を指さしをしてからパイロットに指示を出している(03, 53: 03)。つまり対空席は，調整席が指向した対象を指さしすることで，自分もそれを理解したことを調整席に示してから，パイロットへの指示を開始しているのである。ここでは実際の作業を行う前にその作業内容について相互に理解したことを明示するよう配慮している。つまり作業についてのお

互いの理解を確立してから，その作業に移ろうとしているのだ．

こうした配慮は，複数の事例で様々なやり方でみられた．以下では，より明示的に自分の理解を示すことで，相手に確認する機会を与えている事例をみていこう．

【事例2】

訓練セッション開始から20分ほどが経過し，レーダー画面上に多数の機影が現れている．調整席が，レーダーの方に身体をねじりレーダー画面に強い指向を示し（図4右図）つつ，右手の人差し指と中指を軽くクロスさせながら，腕を画面近くに移動させ，画面を指さした指と手のひらとを右下から右上へと弧を描くような軌跡を移動させている（図4左図）．その後画面上方から調整席の腕が元の位置に戻り，およそ3秒後に，対空席管制官の操作しているマウス・ポインターは，調整席の指さしに呼応するかのように，同様の軌跡を描きながらすばやく移動し（図5），その直後にレーダー画面に向かって身を傾けていた調整席は，対空席側に傾けた身体を戻し，軽く「うん」と頷いてから，右手を調整席に置いたのだった．

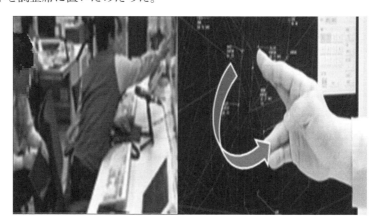

図4　調整席管制官の指さしの移動

この事例2の対空席と調整席のやりとりも，会話を控えており，指さしとマウスのみのやりとりである．最初の調整席からの指さしによる弧を描く

ジェスチャー（図4右）は、なんらかの航空機の動きを示唆しており、そうした指示を行うことを「提案」したとみなすことができる。そしてそうならば、この提案に対して対空席が「承諾」するならば、うなずいてみせるだけでもいいはずだ。だがここでわざわざマウス・ポインターで同様の動き（図5）をすることで対空席は調整席から提案された内容についての自分の理解を示すことをしている。そしてこのことは、調整席にとっては対空席の理解をチェックする機会を得ることになっている。

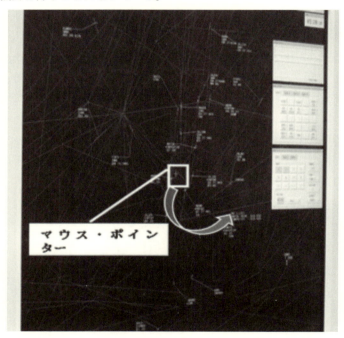

図5　対空席のマウス・ポインターの動き

　指さし（pointing）は、この場面でまさにそうであるように、言語でそれを定式化することの複雑さを回避しながら、ある事物を選択できるシンプルな振る舞いである。しかしそれが成功裏になされるには、単に指さしをしたらいいというわけではない。グッドウィンが指摘するように、協働的な行為の流れにおいて理解を生み出している諸資源によって、出来事の意味が明らかに

なっており，それと結び付けられて捉えられる必要があるのだ (Goodwin 2003: 218, 228)。つまりこの場面に沿っていえば，この調整席の指さしが示唆する指示は，それまでの作業の流れからみてレーダー画面から読み取られた航空状況のある理解を前提としている。その理解が食い違っている場合，指示の理解も異なり，そこからトラブルにつながるかもしれないのである。

　ここでの対空席管制官は，言語上で定式化する代わりに，自分の理解をマウス・ポインターの動きで再現することで表出し，相手にそれを確認する機会を与えていた。こうしたやり方は，静穏さを保ちながらも，やりとり上の誤解をできるだけ少なくすることに指向しているといえるだろう。

4.2 指示前の相互理解の確立(2)：発言の修復，パイロットへの指示内容の相互決定

　事例2でみたように，指さしは言語による定式化がなくても，それまでの行為の流れ（sequential framework）や環境上の資源を手がかりとして，それが何を指している行為であるのかを理解させることが可能である（Goodwin 2003:228）。しかし状況によっては，そのような場合ばかりではなく，指さしをしながら，なんらかの発言を行い，発言と指さしを組み合わせて用いることで，互いの意味がより詳細に伝わるよう試みられることがある（Goodwin 2003: 219）。例えば，以下の事例3がそうだ。

[事例3]　（データ：第2回調査1問目合成（①＋②＋③＋⑤））
01　50:43　対空席：（チトセ……）((レーダー画面を指さしながら))
02　50:40　調整席：千歳？
03　50:47　対空席：千歳。((レーダー画面を指さしながら，横に指を移動させる))こっちへ持って
04　　　　　　　　　行っていいですかね？
05　50:51　調整席：はい
06　50:53　対空席：エイト・シックス・セブン((以下略，パイロットへ千歳方面の航路についての
07　　　　　　　　　指示を出している))

　ここでの対空席は01行目でレーダー画面を指さしながら，不明確だが「チトセ……」と発話したと思われる。この不明確な発言に対して，調整席は「千

歳？」(02，50:46) と聞き取り上のトラブルを示す「修復の開始」である，確認の求めを行っている (Schegloff, Jefferson and Sacks: 1977)[8]。これをうけて，03行目の対空席は「千歳」と確認を与えて修復を行っている。こうした発言の修復がなされたあと，対空席は，そのまま発言を続け，指さしの指を横に移動させながら「こっちへ持って行っていいですかね？」と当該航空機の進行方向を変更させる提案を質問の形式で述べている。それに対して調整席が05行目に「はい」と同意し，それを受けて対空席はパイロットへ指示を出したのだった (06-07，50:53)。

　ここでのやりとりでは，業務の遂行に関わって状況理解に関する相互性を維持することに配慮されている。まずは，調整席の側だ。最初に対空席から画面に対する指さしがなされた場合，画面上に対処すべき状況があることを見ようとする。だが指さしと一緒になされた発言がよく聞き取れないと，その理解において障害になりうる。こうした業務の流れにおいて調整官が聞き返しをしているのは，画面の状況理解を確かにしようとしているのである。

　次に対空席の側だ。やりとりを通じて自身の発言の修復を行ったあとに，すぐに指による動きを伴いながら調整席に提案をしている。対空席は必ずしも調整席に指示を仰ぐ必要はない。だが，調整官からの修復の開始は，単に聞き取りの問題だけでなく，画面の状況理解に関わってくる。つまりここですぐに対空席が，調整席の状況理解を深めるような形で提案をしたことは，レーダー画面上の状況の理解を相互に確立したうえで，パイロットへの指示を共同的に決定しようとしているといえる。

　アーミネンら (Arminen et al. 2010) も，コックピット内の二人のパイロット（飛行パイロットと非飛行パイロット）による「第3位置における修復」による「修復」連鎖[8]を通じて，運航プランについての合意，つまり共通の了解を確立していくプロセスを分析している。この事例3でもみられるように，他者からの修復の開始は，それが日常会話でも生じるような聴き取りの問題や，理解に関わるトラブルに端を発するとしても，業務上の問題を回避するための作業に結び付けられていくという意味で，リスク管理上の重要な指し手になっているといえるだろう。

4.3 ミスの後における未来指向の継続

さてここまでは，管制官同士が，パイロットに指示を行う前に，指示の前提となるレーダー画面の状況についての共通の理解を確立している場面をみてきた。次の事例では，問題となりうる状況が未然に防がれている過程をみていこう。

[事例4]　（データ：第2回調査1問目合成（①＋②＋③＋⑤））

01　49:01　対空席：　　　((略)) ツー・ファイブ・ゼロ ((略))
02　49:03　パイロットA：((略)) ツー・ファイブ・ゼロ ((略))
03　49:07　対空席：　　　((略))　ファイブ・エイト　((略))　ツー・ナイナー・ゼロ
04　49:09　対空席：　　　((レーダー画面に [29] と誤記入))
05　49:11　パイロットB：((略))　ファイブ・エイト　((略))　ツー・ナイナー・ゼロ
06　49:16　対空席：　　　((誤記入を [290] へと修正))
07　49:19　対空席：　　　おちる，おちる。こんなスピードで飛んだら
08　49:25　調整席：　　　((指さしでレーダー画面上の注目すべき箇所を指さしする))
09　49:25　対空席：　　　はい
10　49:28　対空席：　　　ジャパン・エアーライン((以下略，この後，パイロットへ指示を出す))

※「ツー・ファイブ・ゼロ」（２５０）は，航空機の便名の一部である。
※「9」は，聞き取りを容易にするため，管制コミュニケーションでは「ナイナー」と発声される。
※本研修では教官は複数のパイロット役を担当している（ここではパイロットAとパイロットB）。

　この場面は多くの航空機が管制下にあることにより，対空席が指示を多く出さなければならない状況である。ここでの対空席は，パイロットに指示した後，レーダー画面への速度の入力を [290] とすべきところ，[29] と誤入力してしまった（04, 49:09）。対空席は，パイロットへの通信では「ツー・ナイナー・ゼロ（＝290）」と発言している（03, 49:07）ので，この誤入力はレーダー画面への単純な入力間違いであり，すぐに事故につながる間違いではない。しかし，レーダー画面への入力ミスは今後の航路の確認に大きな影響を与えるため早急に修正が必要である。この誤入力に気づいた対空席管制官は，自らレーダー画面での入力ミスを修正して（06, 49:16），「おちる，おちる。こん

なスピードで飛んだら」と発言している。これは，実際には起こりえないことに言及して冗談を言ったのだった。この後，調整席は，レーダー画面上を「指さし」をして，管制官が次の指示をパイロットにするように提案する。対空席は「はい」と述べて承諾をし（08，49:25），パイロットへの通信を再開した（10，49:28）。

　これまでの事例でみてきたように，管制官はレーダー画面から，今後運航状況がどうなるのかということを読み取ったうえで，今後の運航について各航空機に指示を出していく。こうした意味で管制官の業務は本質的に「未来指向」である。たとえば，この事例4の対空席の冗談でも，もし入力した数値で当該の航空機が運航したならばどのような状況となるのかを予想している点において，こうした指向が維持されている。

　だが，この場面のレーダー画面には多くの航空機が管制下にあり，次々と指示を出していかなければならない。こうした業務の進め方の観点からみて，このような冗談を言うことは，すでに処理した事柄，つまり過去の出来事への言及をしているため，過去指向の行為だとみなせる。とすると，この直後のタイミングで調整席がレーダー画面で「注目すべき場所」を指さしたことは，これまでの事例でもみられたような，次に行うべき指示の提案であっただけでなく，対空席の関心を本来の未来指向の業務の進行に引き戻すことを助けていたといえる。

　このように，ペアで業務を行っている管制官らは，二重のモニターを前提とすることで，業務の進行の流れを常に「未来指向」のまま途切れさせずに継続しようといることが分かる。

5. 管制官のペアワークとリスク管理

　本稿では，航空管制業務研修におけるシミュレーターを利用したトレーニング場面のデータを利用して，二人一組で行われる管制官らの協働的なリスク管理の仕方を明らかにしてきた。まずは，管制官同士のコミュニケーションの特徴として，指さしや視線など身体動作を利用して指向性が示されること，レーダー画面とそこでの対空業務に関して，対空席と調整席双方の二重

のモニターがなされていること，それに伴うレーダー画面に対するプロフェッショナル・ヴィジョンの必要性が指摘できる。このように二重にレーダー画面のモニターがなされることは，調整席が対空席へ業務の指示を出すなどのサポートやアドバイスを行うことを可能にし，対空業務のリスク管理において重要な意味を持っているといえる。一方からパイロットへの指示が提案されたときには，こうした二重のモニターを前提として，その指示を行う前に，提案を理解したことを，画面を用いて示したり確認し合ったりしていた。また相手の発言を聞き返して確認することによって，レーダー画面の理解を確かにしようとしていた。さらには，対空席がミスをして業務の進行に滞りができたときには，調整席が介入的に指示をして進行を後押しすることも見られた。

　本研究を通して，管制業務は，高い専門性と迅速な判断を要求されるだけでなく，こうした二重のモニターという参与枠組みの維持，指示前の相互理解の確立，未来指向的な業務の継続といったリスク管理の技法への習熟を必要としているということが明らかになった。業務に埋め込まれる形で，このようなやりとりの仕方に習熟していくことも，トレーニングの眼目の一つなのである。

謝辞
　度重なる調査に快くご協力くださった東京航空交通管制部及び関係する皆様と，航空関連用語について教示いただいた福田哲氏に，心より感謝申し上げます。

注
(0) 本研究は，科学研究費補助金（基盤研究（C））「航空管制における協同と責任の法社会学：ビデオ・エスノグラフィーによる質的研究」（研究課題番号：23530019，代表者：北村隆憲）の助成を受けたものである。
(1) 航空管制には，飛行場管制（主として管制塔からの目視による管制），着陸誘導管制（視界の悪い場合に滑走路直前までレーダーで誘導），ターミナルレーダー管制（レーダーを用いた航空機の発着管制），航空路管制（エンルート管制。発着飛行場間の航空路における管制）などがある。本章では管制のなかでも航空路管制の訓練場面に焦点を当てていく。

⑵ なお，インタビューに加えて，後日にこのシミュレーション場面の映像の状況を教官に解説してもらう機会をできるだけ設けることによって，トレーニングの高度に専門的な内容の理解に努めた。また，分析においては，複数台のビデオカメラを用いて複数の対象を撮影した動画を，1つの動画として合成したものを用いて行っている。

⑶ 分析した研修場面では，茨城県大子付近を中心とする，「関東北」が研修対象エリアとなっている。このセクターは，大阪などの関西方面と仙台や札幌方面への航空機が，羽田空港への／からの航空機とが交差する地域に当たっており，これらの交通をいかに安全かつ効率的に行うかが，最も重要な管制上の課題となる。そして，その課題を達成するための訓練として，遭遇すると思われる困難な状況を模倣して訓練生の当該セクターにおける必要技能を高めるために，管制シミュレーションによって「課題」が作成されており，それがシミュレーターにセットされている。

⑷ 調整席の業務には，他にも他機関への出発機の管制承認発出や到着機の情報提供などがあるが，これらの対空席と調整席の業務分担には明確ではない部分があるとの指摘がある（青山・井上・吉田・飯田 2006）。

⑸ 数少ない管制官トレーニングの研究としてフィンランドの訓練場面を分析したカスケラ（2011）らの研究があるが，そこでは訓練中に教官が介入して，命令，質問，発話産出援助，指示，情報提供などを行うという（Koskela and Palukka 2011）が，このシミュレーション訓練では訓練中は教官は研修生の活動には介入せずに，1つのセッションが終わった後に，シミュレーターの記録を再生しながら，配慮すべき事柄，よりよい指示や選択肢の指摘，エラーの訂正，などを行っている。

⑹ この安全な間隔を取るための「スペーシング」という作業は，①飛行速度の調整，②飛行高度の変更，及び③「（レーダー・）ベクター」とも呼ばれる飛行経路の変更，（あるいはこれらの組みあわせ）についての指示によって行われる。

⑺ グッドウィンの「プロフェッショナル・ヴィジョン」の議論については海老田論文（第8章）における柔道整復師の事例も参照のこと。なおそこでは，整復師がインフォームド・コンセントの一環としてプロフェッショナル・ヴィジョンによる画像の見え方を患者に説明しているのに対して，本事例におけるプロフェッショナル・ヴィジョンは対空席及び調整席管制官に共有されているものであり，協働作業の資源となっているため，あえて言及されることはないものとして扱われている。

⑻ 会話上の発言が聞き取れなかったり，理解できなかったりするような場合，そうした会話上のトラブルを解決するために，言い直しなどがなされることがある。こうしたトラブルを解消する発言を「修復」（Schegloff, Jefferson and Sacks 1977）といい，聞き返しなどの，修復を要求する発言を「修復の開始」と呼ぶ。また，これらの解決においては秩序だった手続きがあることが会話分析の知見として明らかになっている。日本語の平易な解説としては，小宮（2008）を参照のこと。

参考文献

青山久枝・井上諭・古田一雄・飯田裕康, 2006,「航空路管制における管制指示の分析」(電子航法研究所研究発表会　第6回　平成18年度講演概要), 21-26, (2015年10月21日取得, http://www.enri.go.jp/report/hapichi/pdf2006/5.pdf).

青山久枝・塩見格一・飯田裕康, 2007,「航空管制における管制官の思考過程に関する研究」『信学技法』電気情報通信学会, 7-12.

Arminen, I., Auvinen, P. and Palukka, H., 2010, "Repairs as the last orderly provided defense of safety in aviation," *Journal of Pragmatics,* 42(2): 443-465.

Goodwin, C., 2003, "Pointing as a situated practice," Kita, S. ed., *Where Language, Culture and Cognition Meet,* Lawrence Erlbaum.

Goodwin, C., 1994, "Professional Visio," *American Anthropologist,* 96(3): 606-633.（＝2010, 北村弥生・北村隆憲訳「プロフェッショナル・ヴィジョン——専門職に宿るものの見方」『共立女子大学 文芸学部紀要』56, 35-80.）

Harper, R. H. R. and Hughes, J. A., 1992, "Rogues in the air: an ethnomethodology of 'conflict' in socially organised airspace," *Technical Report EPC-1992-109, Rank Xerox Research Centre,* Cambridge Laboratory, Cambridge.（2015年10月21日取得, http://www.xrce.xerox.com/content/download/23342/170548/file/EPC-1992-109.pdf）

Harper, R. H. R. and Hughes, J. A., 1993, "'What a f-ing system: send'em all to the same place and then experct us to stop'em hitting': Making technology work in air traffic control," Button, G. ed., *Technology in Working Oorder: Studies of Work, Interaction and Technology,* London: Routledge, 127-144.

Hughes, J., Randall, D. and Shapiro, D., 1992, "Faltering from Ethnography to Design," *Proceedings of CSCWogr,* ACM Press, 115-122.

Heath C., and Luff, P., 2000, *Technology in Action,* Cambridge University Press.

航空管制入門編集委員編, 2008,『航空管制入門 (改訂10版)』航空交通管制協会.

航空管制用語解説編集委員編, 2008,『航空管制用語解説』航空交通管制協会.

小宮友根, 2008,「修復」前田泰樹・水川喜文・岡田光弘編『エスノメソドロジー——人々の実践から学ぶ』新曜社, 140-147.

Koskela, I. and Palukka, H., 2011, "Trainer interventions as instructional strategies in air traffic control training," *Journal of Workplace Learning,* 23(5): 293-314.

中野秀夫, 2005,『航空管制のはなし (五訂版)』成山堂.

Nevile, M., 2001, "Understanding who's who in the airline cockpit: Pilot's pronominal choices and cockpit roles", McHoul, A. and Rapley, M. eds., *How to Analyse Talk in Institutional Settings,* New York: Acontinuum Press, 578-571.

園山耕司, 2010,『よく分かる航空管制』秀和システム.

Rawls, A. W., 2008, "Harold Garfinkel, ethnomethodology and workplace studies," *Organization Studies,* 29 (05): 701-732.

Schegloff, E. A., Jefferson, G., and Sacks, H., 1977, "The preference for self-correction in the organization of repair in conversation," *Language,* 53(2): 361-382.

Suchman, L., 1987, *Plans and Situated Actions: The Problem of Human-Machine Communication,* Cambridge University Press. (= 1994, 佐伯胖監訳・上野直樹・水川喜文・鈴木英幸訳『プランと状況的行為――人間−機械コミュニケーションの可能性』産業図書.)

Suchman, L., 1993, "Technologies of accountability: On lizards and airplanes," Button, B. ed., *Technology in Working Order: Studies of Work, Interaction, and Technology,* London: Routledge, 113-126.

Suchman, L., 1997, "Centers of coordination: A case and some themes," Resnick, L. B., Saljo, R., Pontecorvo, C. and Burge, B. eds., *Discourse, Tools and Reasoning: Essays on Situated Cognition,* Berlin: Springer-Verlag, 41-62.

セクション4

メディアとデザインのインタフェース

イントロダクション

1. エスノメソドロジーの応用可能性

　本セクションに収録されている是永・五十嵐・水川論文，五十嵐・笠木論文，秋谷他論文は，それぞれエスノメソドロジーに指向したフィールド調査に基づいた成果についてまとめているという点で言えば，他セクションと変わらない。本セクションを特徴付けるものは，そうした成果がどのような応用可能性を持つものなのかという点に言及していることにある。

　序章でも紹介したとおり，ワークプレイス研究は主に情報学の領域のなかで展開してきた。そこでは，エスノメソドロジーに指向したフィールドワークの成果が何らかのかたちで情報学者に参照されてきた。それに併せて，どのような点で役立つのという議論がなされてきた。さらに，より現実的な共同体制を整えるために，関係者間の関係性はどうすればよいのか，そこにおいてはいかなる作業フローを構築していくべきなのかが模索されてきた。

　この論点は，情報学とエスノメソドロジーの関係性にのみ収斂されるものではない。現在，業務改善や市場調査の一環，教育プログラムの構築……といった，現状あるものをよりよくするための活動全般——これを本書では便宜的にデザインと呼ぶ——にエスノメソドロジー研究の成果を参照したいという動機を持つ人びとにとっても共通したものになる。

　本コラムでは，以上を踏まえ，エスノメソドロジー研究の基礎的研究上の貢献と応用的利用という観点から，これまでにどのような議論が展開してきたのかを，ワークプレイス研究に焦点化して概観する。

2. エスノメソドロジー受容の背景

　これまでの章でも述べたとおり，ワークプレイス研究は，その出発点は情報学分野——特に「コンピュータに支援された協調作業（Computer-Supported

Cooperative Work: CSCW)」の領域をフィールドに展開してきた側面がある。

　CSCW においてワークプレイス研究が勃興した理由のひとつには，コンピュータの小型化やネットワークの整備により，コンピュータが私たちの協調作業／共同作業を支援するようなツールとして機能するようになったからだという指摘がある（Grudin 1990）。ただし，そうした展開のもとで開発された新しい機器がすべてそのまま私たちの社会に受け入れられたわけではなかった。

　たとえば「スマートオフィス」が好例である。80年代，オフィス内の様々な道具を電子化することにより，より効率的な作業ができるという考え方があった。しかし，その思想のもとで開発された様々な機器やシステムの多くは使われなかった。象徴的なのは「紙」である。どこのオフィスにも紙があふれていた。ならば，それを電子化できれば，オフィスも見栄えがよくなるし，情報整理も容易になるはずだ——そのような考えのもと，オフィスにおける紙の電子化プロジェクトは積極的に進められた。しかし，その試みはたしかに先進的ではあったが，私たちのワークの仕方に必ずしもフィットしたものではなく，結果としては失敗したのである（Sellen and Harper 2001=2007）。

　ではいかにして人間が行う仕事とそれを支援する機器との関係を理解するのかという問題がある。この問いに対応していくためには，従来，情報学の分野で人とコンピュータの相互行為を考察する際に主に参照されていた，人とコンピュータの1対1のインタラクションにおける情報処理過程をモデル化した情報処理理論（Miller 1956）では，コンピュータを利用した多人数による共同作業や，人間の行為の状況的側面を捉えきれない。そこで，共同作業や行為の状況的側面を考察するために，社会学や心理学等の様々な視点によるインタラクション研究が導入されていった。社会学のなかでは，特にエスノメソドロジーに注目が集まった。

　こうした展開を，情報学者の L. バノンは "From Human Factors to Human Actors" "From Individuals to Groups" "From the Laboratory to Workplace"（Bannon 1991）などと表現している。以上のような他分野融合的研究の推進は，「ワークプレイス」「共同作業」「状況」への注目と，それによる従来の情報学におけるインタラクション研究（もとい，導入されていた認知科学的視点）の諸前提を問いなおすムーヴメントへと展開していった。そこで，エスノメソドロジーが非

常に重要な役割を果たしたことは特筆すべきことであろう。次節はこれについて概観する。

3. 概念の再特定化実践として

CSCWにおけるエスノメソドロジーのインパクトは，L.サッチマンの登場により強く印象づけられた側面がある。1987年に出版された『プランと状況的行為』(Suchman 1987=1994)では，人間の行動はあらかじめプランニングされたものとしてなされているわけではなく，状況依存的に組織されていることと，それが社会的規範に指向したものであるということが，エスノメソドロジーに依拠した議論により主張された。こうした主張は，先述したように，情報処理理論に代表されるような人間のやり取りの捉え方に対するオルタナティヴとして提起され，実際そのように，CSCW界隈のみならず，人と機械のインタラクションを研究する情報学や認知科学の研究者に受容された。

こうした「状況」への注目は，個人の内的な情報処理過程という枠組で従来議論されてきた「プラン」「学習」「心」といった概念を，ワークプレイスにおける人びとの振る舞いややり取りのなかで達成されるものとして再特定化していくという動きも生まれた。その影響下にあるものとして，たとえば，「社会的分散認知」(Hutchins 1995)という考え方がある。「社会的分散認知」とは，認知的活動が局所的に個々人によって成し遂げられている一方で，それが全体でひとつのシステムとして機能しているような事態を指したものである（たとえば，大型船の船員たちはそれぞれの持場でそれぞれの仕事に従事しているが，一方で，それら個々の仕事が様々な資源を参照することで協調性を持つことができるからこそ，結果的に船を運航することができるという事例）。この場合，「認知」は社会的に分散していながら協調的な側面を持つことを強調している点から，「認知」を個人の頭のなかの記号処理として捉える情報処理理論のような従来の研究の方向性とは異なるものである。

他にも，認知科学研究における諸概念について，「状況」とのかかわりのなかでその概念を再特定化していく「状況論」と言われる動きも生まれた。もっともこうした動向は，サッチマン経由のエスノメソドロジーのみの影響下に

あったものではなく，L. ヴィゴツキーの影響下にある Y. エンゲストローム（Engestrom 1987=1999）や J. ワーチ（Wertsch 1993=1994）らの活動理論や，G. レイヴと E. ウェンガーの「正統的周辺参加」(Lave and Wenger 1987=1993)，J. ギブソンの「アフォーダンス」(Gibson 1979=1986) といった議論にも影響を受けたものである。なお，日本においては上野直樹を中心として，90年代にエスノメソドロジーの議論を参照した「状況論」の研究が蓄積され，活況を呈した（例えば，上野 (1999)，上野編 (2001)，加藤・有元編 (2001)，茂呂編 (2001))。特に，上野 (1999)『仕事の中での学習』は，状況論によるワークプレイス研究の一例として読むことができる。

以上の動向は，CSCWにおけるワークプレイス研究をひとつの猟場として（もちろん，CSCWにおけるワークプレイス研究に限定された議論であったわけではないが），認知科学的観点からの人と機械，あるいは機械をめぐる複数人間のインタラクション研究において用いられてきた諸概念を問い直すという点での研究上基礎的な貢献がエスノメソドロジーによってもたらされたと言える。さて，もうひとつの貢献にも触れておきたい。それは「応用的観点」からの貢献である。

4. 応用研究への貢献とハイブリッドな研究の組織上の問題

情報学，とりわけ CSCW におけるエスノメソドロジーの貢献は，人びとのワークを支援するシステムを作る際ために参照する「資源」を提供したという点も重要である。人びとのワークを支援するシステムを作る際，なんらかの手段で人びとのワークを理解することがその前提となる。その観点からの「エスノメソドロジーの有用性」が認識されていったのである。

そこでは，人びとの共同作業を支援するテクノロジーが導入されたワークプレイスへと調査に赴き，そこでの人びとが共同作業を組織する「方法／方法論」を記述的研究が積み重ねられていった。そのような研究は，エスノメソドロジーに指向したエスノグラフィ（Ethnomethodology informed/oriented Ethnography）」(Bentley et al. 1992; Hughes et al. 1994) を標榜して行われた（例えば Harper et al. 1989, 2000; Ackroyd et al. 1992; Hughes et al. 1992, 1994; Button 2000 Button and Harper 1996 など）。

以上のような担い手によるワークプレイス研究は，人びとの行為，そしてワークを組織するための「人びとの方法／方法論」を明らかにするという点において，「社会学者は驚くほど役に立つ」(Summerville et al. 1993) という評価が情報学者からなされるようなこともあった。
　ただし，異分野横断的研究は，組織上の困難さも有している。L. サッチマンはその困難さについて次のように述べている。

　　私たちはエスノグラファーとして，当初は，システム設計者とそのユーザの間を媒介できるかもしれない，と期待されていた。——（中略）——しばらく私は悩んだ。システム設計に対して何らかのインプリケーションになるものを提出することが私の責務であるのに，私はそれができない，と。こうして私は何年もの間，私の実践と同僚のシステム設計者たちとの間のギャップに苛まれ続けた。つまり，そうしたギャップを構造的な非連続性というよりは，個人の欠陥であると見なしていたのだ。しかし，こうした問題は私たち自身や同僚のシステム設計者たちのせいではないことに気が付いた。それはむしろ，専門にかかわる分業と，知識の産出の背後にある仮定に起因するのだ，と (Suchman 1993: 30-31 ※強調は筆者による)。

　つまり，情報学研究（あるいは開発）のサイクル及び知識産出のプロセスは，エスノメソドロジーのそれとは必ずしも一致しない場合があるということである。この問題は，冒頭で述べたように，エスノメソドロジー研究の成果を専門的実践やテクノロジーの開発といった目的に活かそうとする際には，何らかのかたちで「問題」として実感される可能性がある。例えば，葛岡英明らは，R. ベントレーと J. ヒューズの議論 (Bentley et al. 1992) を引きながら，表1のようにまとめている。

表1　葛岡・水川・三樹 (1995: 87)

ソフトウェア工学者	エスノグラファー
設計を指向して抽象化により細部を隠す	分析的であり細部に拘る
自分達の設計に対する早急な評価をエスノグラファーに要求する	調査・分析に時間がかかる
設計のために重要かどうかの判断をしなければならない	観察に際して判断と偏見を避ける

以上のような問題について，マンチェスター学派のエスノメソドロジストたちは，こうしたハイブリッドな研究を進めるためのノウハウや，デザインに指向したエスノメソドロジー研究のインプリケーションについて，30年来の研究蓄積を踏まえて積極的にまとめてきた（Crabtree 2003; Randall et al. 2007; Button and Sharrock 2009; Voss et al. 2009；Crabtree et al. 2012）。そのすべてを本項で紹介することはできないが，本章に所収されている秋谷他論文でも部分的に触れられている共同研究モデルは，その成果の一部である。いずれも教科書の形態でまとめられているので，参照されたい。

5. 本セクションの構成

　本セクションに収録されている論文は，いずれも「デザイン」にいかにエスノメソドロジーが寄与するのかという点について示唆を与えるものである。
　第10章の是永・五十嵐・水川論文は，配管工事作業現場における社長と職人間の現場の知識の非対称性を分析対象にしている。そこで明らかにされているのは，知識の非対称性が，ただ単に現場について知っている／知らないということで顕在化されるような単純なものではないということである。むしろ，「新たな知識を提供する」「監督という立場でやり取りに参与する」ということを可能にする資源としてそれが利用されることにより顕在化するということを示すものである。そして同時に，そうした活動において，遠隔コミュニケーションを円滑にするための視覚メディアがさして使用されないということもまた指摘している。こうした観点は，遠隔コミュニケーションを支援するためのメディア開発のある種の仮定を問い直すものとして読むこともできるだろう。
　第11章の五十嵐・笠木論文は，とある中学校における協働学習とそこでのICT機器の利用について調査したものである。分析においては，ICT機器の使用を中心とした生徒たちの多様な関わり方の創出と協調の実践が素描される。五十嵐・笠木論文では，このような「実践」それ自体の理解から授業を組み立てていく方針が提起される。そこでは，ICT機器を用いた教育実践を考える際，ICT機器対個人という評価観点だけではなく，協調的ワークという観点から

の考察の可能性と重要性を説得的に示している。

　第12章の秋谷他論文は，組織内に導入された新規ソフトウェアを組織のワークにフィットさせていく過程を対象に分析している。そこでは，フィットさせていくなかで，組織のワークの分業形態における権利と義務の配分の実態が可視化されていく過程が記述される。この記述からわかることは，特定のワークを支援することを目的としたソフトウェアの設計は，組織のワークそれ自体への理解と，それに基づいた組織のワークのそのもののデザインと不可分である，ということだ。以上の知見を踏まえ，秋谷他論文では，実際にどのように調査者と設計者が協調的に仕事を進めていくべきかという点について，組織論的観点から従来の議論の整理も試みられている

（秋谷直矩）

参考文献

Ackroyd, S., Harper, R., Hughes, J., Shapiro, D and Soothill, D., 1992, *New Technology and Practical Police Work,* Open University Press.

Bannon, L., 1991, "From human factors to human actors: The role of psychology and human-computer interaction studies in system design," Greenbaum, J. and Kying, M. eds., *Design at Work: Cooperative Design of Computer Systems,* L. Eribaum Associates, 25-44.

Bentley, R., Hughes, J., Randall, D., Rodden, T., Sawyer, P., Shapiro, D and Sommerville, I., 1992, "Ethnographically-informed Systems Design for Air Traffic Control," Turner, J. and Kraut R. eds., *Proceedings of CSCW '92,* ACM Press, 123-129.

Button, G., 2000, "The Ethnographic Tradition in Design," *Design Studies,* 21: 319-332.

Button, G and Harper, R., 1996, "The Relevance of 'Work-practice' for Design, Computer Supported Cooperative Work," *The Journal of Collaborative Computing,* 4(4): 63-280.

Button, G and Sharrock, W., 2009, *Studies of Work and the Workplace in HCI: Concepts and Techniques,* Morgan and Claypool.

Crabtree, A., 2003, *Designing Collaborative Systems: A Practical Guide to Ethnography,* Springer.

Crabtree, A., Rouncefield, M and Tolomie, P., 2012, *Doing Design Ethnography,* Springer.

Engestrom, Y., 1987, *Learning by Expading: An Actvity-Theoretical Approach to Developmental Research,* Helsinki; Orienta-Konsultit. (＝1999, 山住勝広他訳『拡張による学習：活動理論からのアプローチ』新曜社.)

Gibson, J., 1979, *The Ecological Approach to Visual Perception,* Routledge. (＝1986, 吉崎敬訳『生態学的視覚論――ヒトの知覚世界を探る』サイエンス社.)

Grudin, J., 1990, "The Computer Reaches Out: The Historical Continuity of Interface Design," *Proceedings of CHI'90,* ACM Press, 261-268.

Harper, R., Hughes, J and Shapiro, D., 1989, "Working in Harmony: An Examination of Computer Technology in Air Traffic Control," *Proceedings of ECSCW'89, Computer Science Company,* 73-86.

Harper, R., Randall, D and Rouncefield, M., 2000, *Retail Finance and Organizational Change: An Ethnographic Perspective,* Routledge,

Hughes, J., Randall, D and Shapiro, D., 1992, "Faltering from Ethnography to Design," *Proceedings of CSCW'92,* ACM Press, 115-122.

Hughes, J., King, V., Rodden, T and Anderson, H., 1994, "Moving out of the Control Room: Ethnography in System Design," *CSCW '94 Proceedings of the ACM Conference on Computer Supported Cooperative Work,* ACM Press, 429-438.

Hutchins, E., 1995, *Cognition in the Wild,* MIT Press.

加藤浩・有元典文編, 2001,『認知的道具のデザイン』金子書房.

葛岡英明・水川喜文・三樹弘之, 1995,「CSCW 研究とエスノメソドロジー研究の接点」『現代社会理論研究』5: 76-91.

Lave, J and Wenger, E., 1991, Sit*uated Learning: Legitimate Peripheral Participation,* Cambridge University Press. (＝ 1993, 佐伯胖訳『状況に埋め込まれた学習：正統的周辺参加』産業図書.)

茂呂雄二編, 2001,『実践のエスノグラフィ』金子書房.

Randall, D., Harper, R and Rouncefield, M., 2007, *Fieldwork for Design: Theory and Practice,* Springer.

Sellen1, A and Harper, A., 2001, *The Myth of the Paperless Office,* The MIT Press. (＝ 2007, 柴田博仁・大村賢悟訳『ペーパーレスオフィスの神話――なぜオフィスは紙であふれているのか』創成社.)

Suchman, L., 1987, *Plans and Situated Actions: The Problem of Human-Machine Communication,* Cambridge University Press. (＝ 1999, 佐伯胖・上野直樹・水川喜文・鈴木英幸訳『プランと状況的行為――人間−機械コミュニケーションの可能性』産業図書.)

Suchman, L., 1993, "Working Relations of Technology Production and Use," *Computer Supported Cooperative Work,* Springer, 2(1-2): 21-39.

Summerville, I., Rodden, T., Sawyer, P and Bentley, R., 1993, "Sociologist Can be Surprisingly Useful in Interactive Systems Design," *Proceedings of HCI'92,* Cambridge University Press, 342-354.

上野直樹, 1999,『仕事の中での学習』東京大学出版会.

上野直樹編, 2001,『状況のインタフェース』金子書房.

Voss, A., Hartswood, M., Procter, R., Rouncefield, M., Slack, R and Buscher, M. eds., 2009, *Configuring User-Designer Relations: Interdisciplinary Perspectives,* Springer.

Wertsch, J. V., 1993, *Voices of the Mind,* Harvard University Press. (＝ 1994, 田島信元・佐藤・公

治・茂呂雄二・上村佳世子訳『心の声――媒介された行為への社会文化的アプローチ』福村出版.)

第10章　遠隔作業における知識の非対称性をめぐって

――配管工事現場のエスノグラフィーから

是永論・五十嵐素子・水川喜文

1. 相互行為における知識の運用と知識の問題

　本章では，相互行為実践における知識の運用（knowledge management）という観点から，主に遠隔で行われる作業指示をともなうワークプレイス研究について検討する。まず，遠隔作業の指示において，従来の研究でどのような形で問題化がなされてきたのかを見たうえで，特にその中でもしばしば指摘されてきた視覚的なアクセスの問題に関連させながら，知識の非対称性という観点から，配管工事現場における知識の実践についてエスノグラフィーを通じて見ていく[1]。

2. 遠隔作業における指示の問題

2.1 知識の非対称性

　遠隔で作業を指示する場合においてしばしば問題となるのは，指示をする側と，指示される側の間において，お互いが「見えない」（不可視である）ことによって，お互いのことが「分からない」という点である。電話やテレビ会議といった，従来の遠隔コミュニケーション・メディアの研究においても，この点は「手がかりの喪失（cuelessness）」（Walther 1996）として，社会的属性の把握が困難であることや，それにともなう心理的な距離感の発生が，メディアの使用にともなう一般的な問題とされてきた。近年のメールや電子掲示板におけるやりとりについても同様な問題が指摘されることが多い。

　これに対して，本章では，ワークプレイスにおける作業指示について，以上にみた問題を，お互いへの視覚的なアクセスにより得られる知識の状態に

おける問題としてあらためて設定する。その観点からすれば，先にみた「手がかりの喪失」をはじめとした，コミュニケーション・メディアがもたらす問題の根底にあるのもまた，対面の相互行為で視覚的なアクセスにより得られるはずの，相手の社会的属性や心理状況といった知識に対する，メディアによる「阻害」であるともいえる。しかしながら，本章では，コミュニケーション・メディアが視覚的アクセスの阻害を通じて，相手そのものについての知識を阻害していることを問題とするのではない。むしろ，本章では，遠隔での作業指示に関わる知識の問題を，一方の場所において自明のものとして得られている知識が，遠隔の場所にいる他方においてはアクセスできないという，知識の非対称性の問題として設定することにしたい。

　ここで，本章が対象としている知識の非対称性というものが，具体的にどういったものとして考えられているのかについて，具体的に示すとともに，それがどのようにワークプレイス研究の問題に表れているのかを次のような例で確かめることにしたい。

　この例は，「メディア・スペース」と呼ばれる作業支援システムの開発について，利用者による行動をヒースらがビデオ・データにより分析したものである (Heath and Luff 1992)。そのシステムは，「共有オフィス」とも呼ばれているように，遠隔のオフィスにいる作業者どうしが，音声のないビデオ画像を通じてお互いに視覚的アクセスを維持しながら，あたかも同じオフィスにいるような形で共同作業を支援することを目的としていた。しかしながら，ビデオ・データの分析により，このシステムについては，次のような問題が指摘されていた。

　たとえば，お互いに離れた作業場所にいてメディア・スペースを利用しているAとBという作業者がいるとする。Aはまず，システムによって提供されているBの映像の方に向いて視線を送る。Aの映像は，Bの映像を映しているモニタ側に設置されているカメラを通じて，Bのオフィスにある，パソコンとは別のディスプレイに表示される。しかし，このとき，Bはずっとパソコン画面の方を見ていて，その呼びかけに反応を見せない。Aは続けて視線を送るが，やはり依然として反応がない。そのために，とうとうAはBに直接電話をかけるしかなかった，というものである (Heath and Luff 1992)。

この例でみられるように，AがBを「見ている」という，Aにとっては自明な知識であるものが，Bにとっては，周辺的な視覚のアクセスが阻害されることによって，Aによって「見られている」という知識として生じていない。本章が問題とする知識の非対称性とは，まず「見る」という行為の状態についての知識に関わるもので，この例に類似したものとしても，例えば電話を通じた作業で同じ図面を見ながら話していても，相手が図面上のどこをみているのかが分からないという状態についても考えることができる。

2.2 「情報エコロジー」としての不可視性

　こうした「見ること」についての非対称性は，さらに全般的な形で，遠隔での作業指示の問題そのものとして指摘されることがある。たとえば，次の図は，コピー機の修理技術者を電話によって顧客に派遣するシステムの状態を示している。この例では，個々の技術者から連絡を受けて派遣先を決定するディスパッチャにはシステムが「可視化」されているのに対して，個々の修理技術者からは他の修理技術者とともに自分のいる状態がどう見られているのかが「不可視」であり，そのために修理作業の指示や進行について，修理技術者の別によって齟齬を生じるという問題が指摘されていた（田丸・上野　2006）。

　こうした「不可視」な状況は，遠隔であるというよりも，組織としての作業には必然的にともなうものであるという考え方もできる。しかし，この研究においては，これらの修理技術者の置かれた状況を，単なる組織上の問題とするにとどまらない。この研究例では，その状況に見られる，一方（ディスパッチャ）が見ているが，他方（技術者）には見られていることが分からないという非対称性をもって，一望監視を意味する「パノプティコン」と位置付けているように，組織上の問題が「見る」という行為に関わる知識の状態から考えられていることが，一つの特徴となっている。こうした問題の構成の仕方は，この研究にとどまらず，労働社会学においても「パノプティコン・メタファー」として用いられており，そこでは作業に対するテクノロジーの介在がもたらす，「見る」という行為をめぐる労使間の非対称性が「監視」の問題として位置づけられる（李2006）。

　さらにこの研究例では，実際のシステム改善の例として，個々の技術者に

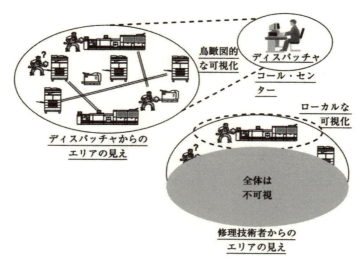

図　コピー機の修理技術者派遣作業における情報エコロジー（田丸・上野　2006）

モバイルの文字情報によって他の技術者の派遣状況をリアルタイムで提供する効果について検証がなされ，モバイルメディアによって「可視化」がもたらされたという評価が与えられる。このように，現実的には技術者の状況を直接モニタで観察するような形では視覚的なアクセスが確保されていない場合でも，文字情報を通じた知識の提供によって「可視化」が位置づけられている。したがって，この場合においては，視覚的なアクセスの状態は，確かに遠隔作業指示の問題を通じて組織の問題を構成する形になっている一方で，解決については，アクセスの確保そのもののよりも，互いに遠隔した作業者どうしの知識の非対称性そのものを解消する方向に向けられている。

　この点から少し先取りして，実際の作業場面に即して考えたとき，遠隔での作業指示についての問題は，先の「メディア・スペース」の例でも確認されたように，単純に視覚的なアクセスの確保によって解消されるわけではない。つまり，互いに遠隔にあるものどうしの知識の非対称性は，作業の実践上必ずしも視覚的なアクセスの有無についてのみ問題となるわけでない。つまり，たとえある程度の形でアクセスが確保されていたとしても，相手および相手のいる状況を「どのように見るか」というレベルについて「分からない」とい

う問題が生じることは十分に考えられる。

これに対して，ヒースらが先の例でみられた非対称性を「行為の送り手と受け手における環境の不一致」と呼んでいるように，視覚的なアクセスの対象となる作業環境そのものについての知識（情報）の不足を問題にする観点も見られる。実際にこのような作業環境に即した問題を定義するために，修理技術者の研究はその背景に「情報エコロジー」という概念を用いている（上野2001）。

上野によれば，作業が行なわれる物理的な空間は，作業に必要な活動に関する知識を「埋め込んで」おり，その意味で，空間にまつわるさまざま知識は，それぞれがお互いに対する結びつきをもった「情報」として，一つの「生態系（エコロジー）」をなしているという。

例えば，工場における注文票などの公式文書や，一時的にやり取りされるメモなど，文字が書かれたものに始まり，機械のランプの点灯状態や，製品に付けられたタグなどにも，それぞれに作業についての知識が埋め込まれていると同時に，それ自体が作業としての活動をさらに埋め込んでいると見ることができる。このような作業に関する，いわば"生きた情報"を埋め込みながら，ある一つの系をなした情報によって構成される空間が「情報エコロジー」と定義される。

このような観点からすれば，確かに遠隔作業における視覚的なアクセスは，遠隔の情報エコロジーへのアクセスとして重要となり，文字といったその他のアクセス手段についても，作業としての「情報」に関わる限りにおいて意味を持つことになる。

こうした情報への観点により，作業支援に関するメディアやテクノロジーの開発にとっては，互いに遠隔にある複数の情報エコロジーについて差異をいかに克服し，共有することを実現するかが課題となる。この課題はすでに見た修理技術者のシステム改善のように，コンピュータを用いた協働作業（Computer Supported Cooperated Work，以下ＣＳＣＷ）の領域で取り組まれており，互いの作業に対するアクセスの問題は「断片化したエコロジー」（Luff et al. 2003）や「デュアル・エコロジー」（Kuzuoka et al. 2004）などと呼ばれ，それを克服するための技術が考案されている（葛岡ほか2004）。

3. 実践の中で理解される知識の非対称性

3.1「情報」としての理解可能性

　しかしながら、ここであらためて、遠隔における作業指示の問題を、お互いがそれぞれで行っている作業をどのように理解するのかという、「理解可能性」として考えたとき、作業について必要な知識についての理解を、作業がなされる物理的な環境に外在化させ、その環境へのアクセスに即して技術的に解消する態度はいくつかの問題を生じる。

　その問題とはまず、第5章での酒井らによる論考にもあるように、情報エコロジーについて「生きた情報」とされるものが、作業者にとっていかに「情報」として理解されるのかという実践について、環境への外在化がその実践自体を不問にしてしまうことである。

　そもそも情報エコロジーが「情報」としているものについても、「知識や情報」という形で併記される（上野 2001, 上野・田丸 2002）形で、両者の区別は明確とされない。これに対して、「情報エコロジー」による分析が、互いに遠隔したそれぞれの作業環境についての作業者による知識の差異を問題にする限りにおいて、その差異は作業者自身によって必然的に「情報」という概念をともなうはずとなる。なぜなら、情報という概念は、同じ酒井の論考にもあるように、「未知のこと」・「知りたいこと」であり、「伝達・入手可能性」が問題となる（池谷 2000）ものであって、遠隔作業において非対称性をともなう知識があることは、その知識が「情報」として理解されるべきことを規範的にともなうからである。

　本章においても、この点から術語としては「情報」と表現される可能性があるものを敢えて「知識」として表現してきたところがある。それはなぜかといえば、たとえば、メールなどのコミュニケーション・メディアについて、社会的属性など、相手についての知識が得られない状態があるとき、その「知識」は人々による実践を通じてはじめて、「情報」と表現されることが適切となると考えられるからである。逆に、作業者における知識の非対称性を背景に分析を行うもの（研究者など）が、作業者のやりとりに用いられる知識を一律に「情報」としてしまうことは、当のやりとりに従事する人々の実践を不問にし、

結果として「メールでは相手の情報が不確定」のように一般化した形で,「情報」の概念を分析対象となる実践から外在化させてしまうことになる。

このことはまた,分析対象となる遠隔作業の実践について,実践から外在化した「知識」による考察を無条件に分析に取り込むか,あるいはそうした考察を分析という営みそのものとして誤認してしまう可能性を生じる。たとえばネットにおける匿名掲示板のやりとりについて,書き込みをするものが,やりとりする相手の属性といった知識そのものを不問とし,逆に問うこと自体を禁忌する実践にたずさわっているときに,分析する側が書き込みの内容に対して「匿名状況による不確定な情報」として考察を加えることがある。このとき,そうした考察は,当事者における「知識の不問」という実践とは全く異なる観点を外在的な立場からもたらす。なおかつ,そうした態度は,たとえば都市空間におけるいわゆる儀礼的無関心(ゴフマン)のように,互いに属性を不問とし,かつ匿名であること自体を実践上の目的とする行為が,ごく日常的になされているのにも関わらず,「匿名情報」という概念の外在的な適用によって,分析対象として取り扱う側が,当の実践をいたずらに特殊視することにもつながりかねない(是永 1996)。

3.2 実践における知識

したがって,ここにおいて必要となるのは,作業者が知識の非対称性を理解可能にする実践そのものに向かう分析的態度である。ワークプレイス研究の関連としては,組織研究における実践共同体(communities of practice)という概念がそうした分析態度に近いものを見せてきた(Lave and Wenger 1991=1993)。実践共同体は,当初は人類学のフィールド研究などの結果を踏まえた「人々,活動と世界の関連性のシステム」を示す包括的な概念として出発したが,その後は特に組織における学習理論としての性格を強め,広大な範囲にわたる研究知見と理論を産出している(Murillo 2011)。本章においてそれらを概括するのは困難であり,またあくまで本章の課題である遠隔作業での指示という実践に関してみるならば,ここでは,その概念が,特定のワークプレイスにおける熟練した作業者と,未熟な作業者(初心者)の間に見られる知識の非対称性を前提とし,主にそれを解消する学習過程とシステムについて考察している

ことを確認するにとどめておきたい。

合わせてこの概念の特徴として確認すべきなのは，その名が示すように，知識を管理・伝達する組織体制や制度・技術といったものよりも，知識にたずさわる人々の状況的な実践を本来として強調していることである（Orlikowski 2002）。しばしば実践共同体の研究では，「実践の中で知ること（knowing in practice または knowing in action）」という言い方をともない，その主要な対象となるのは人々による活動と，人々が活動を通じて構成する実践のネットワークである（Brown and Duguid 2001, Handley et al. 2006）。そのため，特定の組織や集団としてのまとまりよりも，人々が居合せる状況や，それを提供するイノベーションが重視され，それらにしたがって非常に多様な形式で実践共同体が記述される（Amin and Roberts 2008）。

しかし同時に，実践共同体の研究については，知識の内容やイノベーション応用の方が重視され，当の実践そのものを扱う視点や具体的な取り組みが少ないという指摘がなされている。実践共同体へのこうした批判的視点は，特にエスノメソドロジーの立場から強調され，従来の研究に分析対象となる実践の不明確さとともに，エスノグラフィーを用いて当事者に固有の実践を取り扱うことが強調される（Fox 2006）。特にヒンドマーシュは歯科医の治療実習についてのビデオ・データを用いた分析により，歯科医と患者における実践共同体を，会話と動作のレベルから具体的に記述している（Hindmarsh 2010）。

本稿では，実践共同体の研究関心が「実践の中で知る」という学習過程に向けられていることを参考にしているが，学習の場面やそれに関わる行為そのものを取り上げることはしない。むしろ，そうした組織的な学習の前提ともなるような，知識の非対称性を理解する実践がどのように組織化されているのかを，遠隔での作業に関わる知識を取り扱う実践の場面に即して見ていく。

4. 配管工事作業現場における知識の実践

4.1 配管工事現場のエスノグラフィー

本稿で検討していくデータは，第2章と第6章で詳述したD市にある有限会社W住宅設備におけるフィールド調査から得られたものである。しかしな

がら，このデータは，第6章で扱った朝のミーティングとは異なり，監督が一人の職人と昼休み前に一対一の形で行った，当日午後にその職人が初めて入るリフォーム工事現場についての打ち合わせと，午後現場に入った職人がすぐに携帯電話で監督に状況を報告する場面からなる。これら二つのデータにおけるエスノグラフィー上の知識として重要なのは，特にリフォーム工事などでは，現場で作業を行う期間と工程は事前に細かく決まっているわけではなく，たとえば配管工事と内装工事が同時に行われることも珍しくないということである。

以下に見ていくデータで問題となっていることをあらかじめ説明しておこう。

この日の午後の作業としては，1階床下に配管されている暖房用灯油管の撤去と，二階に新しくストーブを設置する準備として，灯油タンクから配管を行なうことが指示された。しかし，このとき，同じ現場での内装工事で，ちょうど配管を行なう予定の部屋の床材が交換される予定であることがわかる。床材が先に張られてしまうと床材と壁の間のすきま等に配管をすることが不可能になるため，配管工事の作業としては，工程そのものが大きく変化することを意味する。

4.2 作業において実践される知識とその状態についての理解可能性

データ1における図面と，データ2における会話トランスクリプトは，職人が現場に入る前に行われた打ち合わせからのものである。監督はデータ1の図面を職人と一緒に見ながら，図面に実際に書き込みを行う（図中の波線の下線で示した文字と，三重線で示した丸囲みや直線の部分）ほかに，図面上をペン先で押さえたり（点線の星形部分）あるいは図面には直接触れずに図面上の空中でペン先を動かすなど，さまざまな形で指示がなされている様子が見て取れる。

データ1の図面を見るうえで，もう一つ重要なエスノグラフィー上の知識は，この図面は特に監督が作成したものではなく，リフォームを受注し，配管工事や内装工事など必要な工程を手配する施工会社によって提供されたものであるということだ。⑮や⑰にある「床フロア」などの文字も，もともとは手書きのものであるが，監督が書いたものではない。

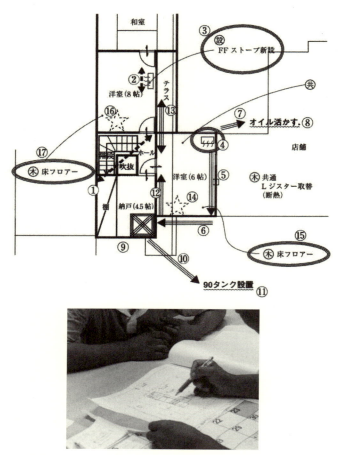

データ1　打ち合わせに用いられた図面（上）と，データ2で行われた監督の会話中の動作（下）

　データ2の会話の前段から監督により職人へ指示されている作業内容を概観すると，③の8帖間の「FFストーブ」を設置すること（さらに煙突の配管を考えること）と，④の6帖間のストーブへの配管を処理した後で，データ2の21行目にあるように納戸に⑪のタンクを設置することを前提に，その配管を⑫と⑬の形で行うことがそれぞれ指示されている。

　すでに確認したように，このとき監督は，必要な作業工程すべてをただ単

純に図面上に書き込んでいるわけではない。図面上の階段から始まり，8帖間から6帖間へそしてまた8帖間という形で，作業場所を指し示し，それぞれの作業についてのポイントを図面上に書き込みながら指示を行っている。このように監督は作業に必要な知識を一つの工程として，会話の中で構成しながら職人に提供していることが見てとれる。データ2の23行目では，壁際に配管するという意味の「キワをコロがす」という言葉とともに，⑬で記入した線を往復させながらその部分を際立たせている様子が特徴的である。

　こうした実践についてまず明らかとなる知識の非対称性とは，監督はあらかじめ現場に赴いて施工会社と打ち合わせながら現場と工程についての知識を得ているのに対して，職人がこの現場に派遣されるのはその日の午後が初めてであり，現場についての知識が全くないという状態であるということだ。しかしながら，この場面においては，現場の知識にもとづく指示が打ち合わせ場所という共有した環境で行われており，指示そのものに特に困難が見られるわけではない。

　その上で注目されるのが，データ2の会話での31行目と33行目に見られる，「あ」という発話上のマーカー（Heritage 1984）をともなう発話である。これは指示という行為の状態について何らかの変化が生じたことを示すだけでなく，指示の前提となる現場の知識について，これまで提供していた知識と何らかの差異があるという理解を場面において規範的に導くものである。監督が31行目で⑭で該当する箇所を具体的に示した後で，⑮において丸で囲んでいる文字と，監督が「これはどういう」(33)という自問をした後で，やはり⑰の動作として丸で囲んでいる文字が，それぞれ施工会社によるものであったことを思い起してほしい。つまり，監督はそれまで職人との間の非対称な知識の状態について，現場の知識を提供するために，こうした書き込みをともなう一連の動作を行っていたが，マーカーをともなう発話から，施工会社と自分の持つ知識の方に非対称性がある状態として理解したことを場面において顕在化させている。

　直後の「だから」(35)という発話によって監督は指示を続行し，37行目で⑫と⑬における配管を床の貼りかえ時に「入れ替えるしかない」ものとして設定していることから，以上にみた2つの状態間の変化を受けながら指示を組み

なおしていることが見てとれる。さらに監督は，38行目で職人が示した理解（床を「ハイタ（はがした）」ときに配管すること）になぞらえて，39行目での「コロがす（床面上に配管していく）」という23行目と同じ表現を繰り返す。その上でさらに，監督は42行目で「だから」という発話とともに，新たにその「タイミング」(44)について現場で職人が「聞いておく」という指示を加えている。

　このような一連の実践を通じて，データ1の図面上の⑮と⑰それぞれにある「床フロアー」という文字は，31行目での指示に見られる「モク（木材）フロアに変わる」という実践上の知識として，作業の達成について知るべき・未知の「情報」となっていることが理解可能となる。つまり，こうした情報としての理解は，単にそれまで監督にとって未知のものであったものが指示の場面でたまたま認知されることによってもたらされたというよりも，監督が職人への指示を組み立てる中で図面上の知識を実践的に構成し，それにともなう知識の非対称性を場面に顕在化したことによってもたらされている。そのような実践について顕在化された知識の非対称性に裏付けられた上で，床を貼りかえる「タイミング」という，さらなる情報を得ることが，場面における指示としての関連性を持つことになる。

21　監：と同時に(.)ここに⑨90リッタタンクを：⑩(.)設置して⑪(.)
22　職：はい
23　監：で,⑫ここからこう(.)これと(.)これも⑬ここのキワ,コロがすしかないはずなんだ(.)
24　職：あ露出で,
25　監：うん うん
26　職：はい。
27　監：露出っていうかもう:あの:す,隅っこカーペットかなんかにするんで
28　職：あ:はい。《両手の甲を並べる形で示しながら》あの床と：
29　監：うん。
30　職：この壁との(.)
31　監：=でもこれ床あ,これ⑭モクフロアに⑮変わるわこれ。
32　職：uはい。
33　監：ゆか(.)で⑯これは：ど：：いうあ,これも⑰フロアに変わるから。
34　職：はい。

248　　　　　　　　　　セクション4　メディアとデザインのインタフェース

```
35  監:だからそのときに,
36  職:ああyuそのときにそうしたら=
37  監:=入れ替えるしか[ない
38  職:         [ゆ,床ハイタときに=
39  監:=うんうん [⑱コロがすしかないから
40  職:      [ゆ
41  職:コロがすしかないですよね=
42  監:=うん,だからその辺聞いといてくれ。
43  職:はい。
44  監:タイミングいつになるか
45  職:あ,はい。
46  監:なっ
47  職:んで　二階はこれだけ。
```

データ２　職人が現場に赴く前の打ち合わせにおける監督との会話

　「情報エコロジー」という観点からすれば，データ２に見られる指示の変化とは，内装工事の状況や，施工会社による設計プランに関する知識などが全体として「不可視」であるために生じた「問題」ともなる。たとえば施工会社側からすれば，図面上の文字として指示したはずのことを，配管工事の監督が見ていないことが「見えない」ために，図面がもつ情報エコロジーが異なる状態を示すことになる。さらに社会学的な観点における「監督」の社会的役割からすると，指示の途中で「分からない」という知識の不在をその場で明らかにすることは，役割としてイレギュラーなものにうつるかもしれない。

　しかし，ここであらためて「不可視」であることを，指示をするものと指示されるもの間で知識が非対称である状態として考えた場合，そうした知識の状態は，あくまでこのような実践について関連性（レリバンス）を持つのであって，その関連性にしたがってはじめて，さらに知識として知るべき情報の獲得を必要とすることや，その必要について指示することを規範的に導く。逆にいえば，こうした実践について関連性を持つことがなければ，知識が非対称である状態そのものが当事者にとって意味を持つことはなく，それにとも

なう行為も導かれない．その点で，指示作業に必要な「情報」とは，図面という環境に埋め込まれているのではなく，あくまで実践の中で，特定の知識についての状態が理解可能となる中で「見える」ものとなるという意味で，実践に埋め込まれている．

4.3 電話による報告の実践

　データ3は，データ2で指示を受けた職人が昼休み明けの午後に現場に到着し，現場の様子を報告するために事務所にいる監督へ現場から初めて掛けた電話の開始からの部分である（参照図面は省略）．ここで職人はデータ1の図面を手元において見ながら話しているが，監督の方は手元にはないままで電話を受けていることが二つの現場を同時に観察して分かっている．

　そのような背景でなされているデータ3の会話を見ると，報告の電話としてはいくつか不自然に見えることがある．とりわけ注目されるのが，3行目までにおいて職人が名乗りを行ったあとで，4行目でいきなり「二階ですね」という発話によって報告が開始されているという点である．

　ここで観察されている状況として，職人の側においては現に二階の図面を見て話しているので，「二階」という表現に問題はないが，監督側としては，そもそもこの「二階」がどの現場を指しているかについても，複数の現場に複数の職人が派遣されている状況のため必ずしも一定のものとして理解されない可能性もある．さらには，この電話中に職人が図面を見ながら話していることは分からない上に，監督自身が図面を見る状況にはいないため，データ3の状況はまさしく遠隔でのやりとりとして，お互いの知識の状態が非対称になっているものと位置づけられ，職人による報告の仕方をそうした非対称性を生じる「悪い」報告の仕方とすることも可能であるかもしれない．

　しかし，データ3の後続する会話において，特にこうした非対称性が顕在化することはない．ここで，以上のような問題がなく報告が達成されているのは，むしろ「二階ですね」という言い方そのものによると考えられる．

　会話の中でその場にない対象を指示することについては，「指示者が開始する認識探索」という活動として，その規範が観察されている（Sacks and Scheglof 1979）．その規範としては，①「ただひとつの指示表現で指示するのがよい」と

いうことと，②「可能ならば，認識用指示表現 (recognitional) を用いるのがよい」という二つがある (串田 2008)。後者の「認識用指示表現」とは，本稿独自の言い方で表すと，その対象について指示される側に対象についての知識があることを前提に，指示する側との間に知識の非対称性を前提しないで用いることのできる表現のことを指す。たとえば，「○○会社の社長」である人物について会話をするとき，その名前についての知識を指示される側が所有していることを前提に，その人物を初めから「サム」という名前で呼ぶことで，それ以降の会話の構成について，「サム」として対象を特定化し続けることが，認識用指示表現としての使用である。

データ3　データ2の打ち合わせ後,現場に到着した後の職人と監督の電話による会話
1　監:もしもし
2　職:もしもしXです:
3　監:はいご苦労さん(0.7)
4　職:二階ですね [:
5　監:　　　　　[うん(0.9)
6　職:もうあの:(0.6)①階段の(0.3)
7　　　②上がったすぐn③部屋のところ
8　　　ありますよ[ね④《鉛筆の先を止める》
9　監:　　　　　[うんうんうん(.)
10　職:⑤《③をペン先で示す》あすこもうフロア貼ってるんですよ,うわば,あの:(0.3)ゆ,ゆかいじらないでそのまんまに上に:
11　　　重ね貼り [しちゃってってるんですよ]
12　監:　　　　[あ::っ]
13　監:そっかそっか,いやいいいい=
14　職:=ええ=
15　監:=したらた,したら露出で隅っこ這わすしか⑥ないんだわ(0.3)
16　職:ええ
17　監:ん:
18　職:で,ですね:

```
19  監:ん [:
20  職:    [実は:あの棟梁いってたんだけど(.)
21  監:ん
22  職:⑦かえってベランダに置いて(.)
23  監:ん
24  職:⑧りょう⑨ほうこうに⑩ぬいて⑪やって:あと露出にしたほうがいいんでないのかっていう:
        いま:はなし[ちらっと](0.5)
25  監:       [うんhhん
26  職: [いわれたんhhですよ]
27  監: [でベランダに置いて]誰が:
        そこにぃh灯油を入れるわけ
28  職:hhh
29  監:んhhhそれもあんだ[ぞ]
30  職:           [ええ]
31  職:(.)ま,いずれにしても:
32  監:うん
33  職:Z社長と相談してからでないと,そしたらダメで
        すよね,という[はなしたら]
34  監:      [うんわかったよ]
35  職:う:んって言ってたからahh
36  監:オッケーはいはい:
37  職:ええ(0.6)たら:とりあえずいま:あの:ゆか(0.3)
        下の(0.5)その:床[だん]の
38  監:         [うん]
39  職:パネルの:エンだけ切ります.
40  監:うんわかった,あいよ:
41  職:はい:
42  《電話切れる》
```

　これに対して，同じ人物を「○○会社の社長」として呼ぶように，「非認識用指示表現」として，もともと指示される側に対象についての知識を必要としない表現の使用がある。両者の使用は実際には指示する対象は同じであるとしても，それぞれを用いた実践としては必ずしも両立しない。特に前者を使用

することは，使用するものの間で「知識の非対称性がない」という理解を規範的に導くため，家庭で息子が母親に父親のことを指示するために「○○会社の社長」という表現のみを用いることが不自然に映るのと同様に，適切なものとして理解されない場合がある。

　データ3では，直後の5行目で，監督がすぐに「うん」という返答で認識を達成していることも合わせて考えると，このような実践の規範において，4行目の「二階」という表現は，図面についての視覚的アクセスといったものとは関係なく，知識の非対称性を前提としないという理解を導く，「ただひとつの指示表現」としてごく適切なものであるといえる。もちろん，こうした形での認識用指示表現が可能であるのは，監督と職人がその二階について打ち合わせを行った機会が，この電話をかける機会の直前であったからであるし，打ち合わせ以降も他の現場について話をしていたわけでないという文脈によるものといえる。しかし，ここで注意したいのは，単にこうした文脈により，知識の非対称性が問題とならない状況がもたらされているということではない。むしろ，認識用指示表現を用いて指示を行う実践によって，非対称性を前提としない理解そのものが導かれていることが重要である。これに対して，5行目の返答の時点では監督がはっきり対象を認識しているわけではなく，とりあえず話を促しているだけなのかもしれない，といった認知的な状態を問題にすることも可能かもしれない。しかし，そうした状態とは関連なく，表現の実践において，知識の非対称性が場面について解消されていることが意味を持つ。

4.4　再び知識の非対称性に向けて

　さて，以上のようなデータ3の開始部分の後で，打ち合わせの際に必要とされた「フロア」についての情報が，10行目での報告として伝えられる。このとき，打ち合わせではあくまで床を貼り変えるときに配管を行う想定だったものが，実際の施工としては，床は貼り変えられずに「重ね貼り」されてしまっていて，配管の工程に関わるものではなくなっていた。12行目での監督の「あ::っ」という発話は，このような形で「ニュースを伝える連鎖」(Maynard 1997)について「ニュース」となるべきものを受け取ったことを示しているも

のと見て取れる。その上で，15行目において監督は打ち合わせで行った指示を再設定しながら，指示を完了している。

これに対して，職人は16行目で指示としての確認の返答を行っているが，すぐに18行目で同じ現場で内装工事を行っている「棟梁」から聞いた知識を伝え始めようとしている。この内容は，灯油タンクを「ベランダに置いて」配管をアレンジする方がよいという，現場で発覚したフロアの施工状態と合わせて，打ち合わせで指示されていた配管工程そのものに変更を迫るものであったし，それゆえに職人はここで自発的にその知識を提供しているものと理解できる。

以上について，ここで職人が現場で得た知識の状態と，監督が事務所にいるためにその知識にアクセスできないという知識の状態の間における非対称性をもって，職人が伝える知識を「情報」として考えることが一見正当性を持つように見える。しかしながら，27行目以降の監督の実践により，そうした知識は必ずしもこの場面において知るべき情報ではないという理解が導かれる。具体的にみると，監督は「ベランダに置いて」という21行目の職人の発言をそのまま引き継ぎながら，「誰がそこに灯油を入れるわけ」(27)という質問を開始し，それに28行目で職人が具体的な返答を出さない状況に続けて，さらに「それもあん（あるの）だぞ」(29)という形で，新たな知識の提供を定式化する。それにより，監督の知識と現場における作業者の知識の非対称性を実践の中で顕在化させている。

これまでの観察を通じて，遠隔作業において見られる知識の非対称性とは，電話での会話である以前に，単に「現場にいないものには分からない」といった形で物理的な環境から（問題として）導かれる知識の状態ではなく，監督が会話を通じて顧客の立場の観点から新たな知識を提供しているように，実践によって導かれるものであることが再び確認できる。そこにおいて，「監督」という参与上の地位も理解可能となるだろう。すなわち，現場にない観点からの知識をもたらすような実践上のコンピテンスを通じて，「監督」というものが本来どのような位置から相互行為に参与するものであるのかが示される。

このように考えることができるならば，実践共同体の研究などでも多く見られるように，組織的な作業における知識の非対称性は，必ずしもその解消

を目的とすることにおいてトピックとなるだけではなく，作業者が実践の中で特定のワークを達成する上でのリソースとなっていることこそに，むしろ研究上のトピックとしての注目がもっとなされてもよいだろう。

その点を確認したうえで，データ3の背景にある電話会話としての視覚的なアクセスの不在そのものは，この報告場面に関連する知識の非対称性とはほとんど関係のないものであることがあらためて指摘できる。もちろん，作業者にとって視覚的なアクセスの不在をリソースとして非対称性の理解を導くことは，物理的にはいつでも可能であるが，そのことは少なくとも，この場面における作業者の実践について，「問題」として導かれることはなかったといえる。まして，そうした実践を観察することなしに，研究者が「情報」などの一般的な術語を用いながら外在的に「問題」を付加することに意味がないことも，もはや十分に明らかなことであろう。

5. 視覚的なテクノロジーをともなうワークの研究に向けて

本論では，ワークプレイス研究として遠隔作業を考察するにあたり，作業者における知識の状態を，作業の実践を規定する外在的要因としてではなく，作業を達成する上でのリソースとして，作業者自身がそれを対象化していく実践を記述した。

しかしながら，実践において視覚の状態そのものがどのように対象化されるかについては，データ2で図面上の文字が対象化される実践の記述以外に，関連するところが少なかったともいえる。そのような課題については，図面の作成や，図示を行う作業について実践される知識の状態の分析と合わせて考察が行われる必要があるだろう。研究する側が視覚の問題を直接の考察対象に移す際においても，作業者の実践に即して考察することについてあらためて注意を促しつつ，写真やデジタル画像なども含めた視覚的なテクノロジーをともなうワークおよびワークプレイス研究の可能性を広げていければと考える。

注
(1) 知識の非対称性については，会話分析における「epistemic order（認識上の秩序）」「epistemics」に関する議論がある。これに関しては，本稿の範囲外であるが，Hayano(2011)，Heritage(2008, 2012)，Stivers et al. (2011) などを参照のこと。

参考文献

Amin, A. and Roberts, J., 2008, "Knowing in Action: Beyond Communities of Practice," *Research Policy,* 37, 353-369.

Brown, J. and Duguid, P., 2001, "Knowledge and Organization: A Social-Practice Perspective," *Organization Science,* 12(2): 198-213.

Fox, S., 2006, "'Inquiries of Every Imaginable Kind': Ethnomethodology, Practical Action and the New Socially Situated Learning Theory," *The Sociological Review,* 54(3): 426-445.

Handley, K., Sturdy, A., Fincham, R. and Clark, T., 2006, "Within and Beyond Communities of Practice: Making Sense of Learning Through Participation, Identity and Practice," *Journal of Management Studies,* 43(3): 641-653.

Hayano, K., 2011, "Territories of Knowledge in Japanese Interaction," Unpublished doctoral dissertation, Nijmegen, The Netherlands: Max Planck Institute for Psycholinguistics.

Heath, C. and Luff, P., 1992, "Media space and Communicative Assymmetries: Preliminary Observations of Video-mediated Interaction," *Human-Computer Interaction,* 7: 315-346

Heritage, J., 1984, "A Change of State Token and Aspects of Its Sequential Placement," Atkinson, J. and Heritage, J. eds., *Structures of Social Action,* Cambridge University Press, 299-345.

Heritage, J., 2008, 川島理恵訳「知識に関する眺望（epistemic landscape）を描き出すこととその眺望に働きかけつつ中に進むこと——yes/no 質問に対する yes/no 返答と繰り返し返答に込められる進行性と主体性，抵抗」(原題 "Constructing and Navigating Epistemic Landscapes")『現代社会理論研究』2:14-25.

Hindmarsh, J., 2010, "Peripherality, Participation and Communities of Practice: Examining the Patient in Dental Training," Llewellyn, N. and Hindmarsh, J. eds., *Organisation, Interaction and Practice: Studies in Ethnomethodology and Conversation Analysis,* Cambridge University Press.

Heritage, J., 2012, "Epistemics in Action: Action Formation and Territories of Knowledge," *Research on Language and Social Interaction,* 45(1): 1-29.

池谷のぞみ，2000，「生活世界と情報」田村俊作編『情報探索と情報利用』勁草書房，41-90.

是永論，1996，「情報化と匿名性」東京大学社会情報研究所編『情報行動と地域システム』東京大学出版会，79-103.

串田秀也，2008，「指示者が開始する認識探索―認識と進行性のやりくり―」『社会言語科学』，10(2)96-108.

Kuzuoka, H., Kosaka, J., Yamazaki, K., Yamazaki, A., and Suga, Y., 2004, "Dual Ecologies of Robot as Communication Media: Thoughts on Coordinating Orientations and Projectability," *Proceedings of CHI2004,* 183-190.

葛岡英行・山崎晶子・山崎敬一，2004,「コンピュータ支援の協同作業研究」山崎敬一編『実践エスノメソドロジー入門』有斐閣，229-239.

Lave, J., and Wenger, E., 1991, *Situated Learning,* Cambridge University Press.（= 1993，佐伯胖訳『状況に埋め込まれた学習――正統的周辺参加』産業図書）

李ミン珍，2005,「職場における労働規制――電子監視とパノプティコン・メタファー」『応用社会学研究』48: 53-74.

Luff, P., Heath, C., Kuzuoka, H, Hindmarsh, J., Yamazaki, K. and Oyama, S., 2003, "Fractured Ecologies: Creating Environments for Collaboration," *Special Issue of the HCI Journal: 'Talking About Things: Mediated Conversation about Objects',* 18(1 & 2): 51-84.

Maynard, D. 1997, "The News Delivery Sequence: Bad News and Good News in Conversational Interaction," *Research on Language and Social Interaction,* 30(2): 93-130.

Murillo, E., 2011, "Communities of Practice in the Business and Organization Studies Literature," *Information Research,* 16(1) (http://www.informationr.net/ir/16-1/paper464.html)

Orlikowski, W., 2002, "Knowing in Practice: Enacting a Collective Capability in Distributed Organizing," *Organization Science,* 13(3): 249-273.

Sacks, H. and Scheglof, E., 1979, "Two Preferences in the Organization of Reference to Persons in Conversation and Their Interaction," Psathas, G. ed., *Everyday Language: Studies in Ethnomethodology,* John Wiley & Sons, 15-21.

Stivers, T., Mondada, L. and Steensig, J., eds., 2011, *The Morality of Knowledge,* Cambridge University Press.

田丸恵理子・上野直樹，2006,「修理技術者たちのワークプレイスを可視化するケータイ・テクノロジーとそのデザイン」松田美佐ほか編『ケータイのある風景――テクノロジーの日常化を考える』北大路書房，200-220.

上野直樹, 2001,「解説 情報の生態系――環境に埋め込まれた情報とテクノロジー」『武蔵工業大学環境情報学部　情報メディアセンタージャーナル』2: 2-6.

上野直樹・田丸恵理子, 2002,「情報エコロジーにもとづいたシステムのデザイン」『武蔵工業大学環境情報学部　情報メディアセンタージャーナル』3: 2-9.

Walther, J., 1996, "Computer-mediated Communication," *Communication Research,* 23(1): 3-43.

第11章 ICTを活用した協働学習のデザインと生徒のワーク
――中学校の授業実践を例として

五十嵐素子・笠木佑美

1. ICTを活用した学習活動をどうデザインするのか？

　近年の学校教育では「教育の情報化」に対応して機器の整備が充実しつつある。こうした中、児童生徒が情報を利活用できるようになるための学習活動を導入することが必要とされてきている[1]。特に推進されているのが、一斉学習ではなく個別学習や協働学習におけるICT（情報通信技術, Information and Communication Technology）の活用である。例えば文科省では、2010年度から開始された総務省の「フューチャースクール推進事業」[2]に連携させて「学びのイノベーション事業」を行っており、ICTを効果的に活用した主体的な学び（具体的には「個別学習」や「協働学習」）を生み出すための実証研究を進めてきた[3]。こうした事業の下、各研究校においては、利用するソフトや機器を使いやすくすることや、生徒間の技能差に配慮するなどの工夫をしながら、実践例を積み重ねている（横浜国立大学 2014、上越教育大学附属中学校 2014）[4]。次の段階としては、このような具体的実践例を検討し、その実践のデザインの評価や機器利用の効果に関わる学術研究が求められていくと考えられるだろう。
　日本において、こうした機器の開発や実践の効果の評価に関わる研究は、教育工学のなかでも「コンピューター支援による協働学習」[5]（CSCL, Computer Supported Collaborative Learning）の研究群（以下CSCL研究と略す）に強い影響を受けてきた。
　この研究群には、機器利用下における実験心理学的研究、機器のデザイン開発のための実践分析、エスノメソドロジーに依拠した記述的研究の3つの潮流がある（Stahl, Koschmann, Suthers 2014）。なかでも、蓄積されつつある実践

例の学習過程を具体的に検討できるという点では，エスノメソドロジーに依拠した記述的研究がもっとも適していると思われる。しかしこうした研究は日本ではいまだ多くはない[6]。

そこで本論文では，こうした研究状況を踏まえ，ICT機器を利活用して協働学習がなされている授業実践を検討し，どのような学習活動のデザインのもとでどのように児童生徒が機器を利用しながら協働学習を進めているのか——いわば協働学習における生徒のワークのあり方を具体的な実践事例を通じて考察する。

特に注目するのは「利用する機器の数と用途を，学習活動の主要な目的に限定して設定する」という，しばしば教育上の工夫として採用されている，学習活動のデザインである。そして，そのデザインのもとでどのように生徒らが相互行為上で利用可能な資源を得ることができ，生徒間の協働的な学習が展開することができているのかを明らかにすることで，ICTを利用した協働学習のデザインについて実践的示唆を得ることにしたい。

2. CSCL研究におけるエスノメソドロジー研究の知見

まず本稿で分析をすすめていくにあたって，CSCL研究におけるエスノメソドロジーの知見から，「協働学習」をどのような活動として対象化するのか（2.1），協働学習におけるICTの役割をどう捉えるのか（2.2），ICT機器利用のデザインをどう捉えるのか（2.3）の3つの視点を紹介しておこう。

2.1 協働学習という活動をどう捉えるか：課題に向け意味を作り出す実践として

学習場面のエスノメソドロジー研究としては，メーハン（ミーハン，メハン）の教室研究（1979）が日本では広く知られてきた。メーハンは当時のサンディエゴのある小学校のクラスルーム調査で得たビデオデータを分析した。そこでは教師による開始（Initiation），生徒による応答（Reply），教師によるその評価（Evaluation）といった会話を中心とする「I-R-E連鎖」によって教師と生徒の相互行為がなされていること，そしてこの相互行為秩序が貫かれることで授

業の各場面が展開し，授業という社会的事実が構成されると定式化したのだった。だがその後，この知見に対して批判や懐疑が生じたように（松下 2001），現代の日本の各学校で行われている学習活動は多様であるため，メーハンの定式化したような IRE 連鎖ばかりで授業が成り立っているとは言い難い。例えば協働学習は，最も広い意味では複数の学習者の思考や経験を，相互に交流させることによって，学習の成果を高めようとする学習形態であるといえるが，こうしたときに，前述のような生徒と教師の関係や相互行為はあまりみられない。

エスノメソドロジーの立場から CSCL 研究を担ってきたコシュマンによると，CSCL 研究の対象と方法は「相互に理解が維持され達成される」(Garfinkel 1967) というエスノメソドロジーの基本的視点を取り入れてきた（Koschmann et al. 2007, Stahl 2012）。この視点で見れば，協働学習は参加者が意味を互いに作り出す実践（joint meaning making）を行っている活動であると捉えられ，そして活動において「参与者による相互行為によっていかに意味が生成されるのか」という対象を明らかにする方法として会話分析の連鎖の分析やビデオを用いた相互行為の分析が有効だと述べている（Koschmann et al. 2007）[7]。

こうした視点から振り返ると，メーハンの指摘した IRE 連鎖も，一斉授業において教師と生徒がやりとりをしながら，教えるべき/学ぶべき事柄の意味を作り出している実践の一形式であるとみなすことができるだろう（五十嵐 2003, 2007, 2016）。つまり上記のガーフィンケルの視点に立ち戻ることで，協働学習に限らず，学校における様々な学習活動において生徒らがどのような経験を得ているのかを考察できるのである。

また協働学習は，ある目的や課題（task）のために複数の者が作業するという点において，ワークプレイスにおける人々の諸活動と同じ性質を持っている。こうした議論を踏まえて本稿では，協働学習を生徒同士が課題解決に向けた見通しのもとで，作業を分担し合い，意味を作り出していく実践として捉えて考察していくことにしたい。

2.2 協働学習における ICT: 能力を増す相互行為上の資源として

では上記の視点からみたときに，協働学習における ICT の利用については

どのように考えることができるのだろうか。教育の議論においては，学校の社会・制度的目的を反映して，学習を個人の認知的なプロセスとして捉えることが多い。しかし，エスノメソドロジー研究においては，当該の場面で社会的に成り立っている現象の理解可能性を研究対象とする方針から，学習の社会的な存立基盤に着目してきた（西阪 2008）。スタール（2012）にならって，あえて認知主義的な見方にエスノメソドロジーの視点を接続させた言い方をすると，協働学習は個人の頭のなかで認知的な内容としての命題的知識が蓄えられていくことではなく，他者と相互行為するなかで，共有された実践形式や関連する資源の利用可能性が増すような学習スタイルであるとみなせる。ここでいう「資源」とは，発言，身体動作，教科書，テクノロジーといった，相互行為上で利用可能なもののすべてが含まれる。例えば，生徒がそうした協働学習に参加していく際には，授業の課題に照らしてそうした利用可能な資源（例えば自らの経験など）を提示することを行っているし（Arvaja 2012），教師もまた，外からそうした利用可能な資源になりうるものを支援として提供している（Silseth 2012）。そして協働学習における ICT もそうした資源の一つとして捉えられる。

こうした見方を踏まえると，協働学習において ICT を利用することによって，児童生徒らは，機器を活用するやり方を学んでいるだけでなく，他者と機器を用いて自分の能力を拡張する必要性やその方法を学ぶという経験を得ているといえるだろう。

2.3 協働学習における ICT 機器利用のデザイン：課題に向けたやりとりの機会の保証

最後に，協働学習における ICT 機器利用のデザインについて考察する視点を先行研究から得てみたい。これまで教育工学や CSCL の研究においては，ある種の学習活動を可能にするために，機器自体やそのインターフェースの開発を行い，そのことの効果等を検討する研究が多かった。なかでもエスノメソドロジーの視点を取り入れた初期の研究の一つに，協同プログラミング学習の支援を目的とし，ブロック型プログラム言語「アルゴブロック」を開発し，その学習活動を分析した研究がある。プログラム言語のコマンドは，通

常はパソコンのシステム内にあるため目にすることは少ないが，この開発においては，このコマンドに「ブロック」という物理的な実体を与えたのである．実験においてこのブロックを用いた協同プログラミング課題を与えると，生徒はブロックへ身体的な指さし等の動きをすることにより，意図や指向性を他者に示すことができるようになった．また，ブロックをめぐって作業空間の重なりを作り出すように身体を配置することで，協同作業へ参加することや退出することを表示することもできた．結果として，学習者は協同でプログラム言語を操作し，作業の過程を共有し，作業について語りあうことができたのである（加藤・鈴木 2001: 73）．

　この事例では，プログラム言語の「コマンド」にブロックという実体を与えることで，個人的なプログラミングの作業を協同作業の場に引き出すことに成功している．生徒らは，ブロックを動かしながらプログラムを作ることで，お互いの作業をモニターすることができるようになった．そしてそのことによって，ある個人の作業に対して他者が関わることが可能になり，互いの行為の意味のつながりをも生み出すことができ，行為の文脈が維持され，協同的に問題解決を行うことも可能になったのである．

　この教育ツールの開発上の大きな特徴は，個人が作業することを前提として作られているパソコンのメディア・インターフェースを複数の参加者が作業できるように変形したことにある．そのことで参加者がお互いの持つ様々な資源（経験や知識など）を利用し合いながら課題に向けた協同作業ができるようになったのである．

　このような研究事例からICT機器を利用した学習活動のデザインに関わる知見を引き出すとすれば，生徒にただパソコンやタブレットを与えて，取り組むべき共通の課題を持たせるだけでは十分ではない，ということである．パソコンやタブレットは，そのインターフェースがある程度個人の利用に適したものとして作られており，これを用いることで課題解決に向けた個々人の分業が促進される．このため，そのままにしておくと生徒が互いに作業を調整したり議論し合ったりするような学習活動へは向かわない可能性があるからだ．

　こうした問題を回避するために，多くの学校現場では加藤・鈴木（2001）が

行ったように「機器のインターフェース」を設計することは難しい。そのかわり，いくつかの実践上の工夫を行っているようにみえる。まずは機器利用の合間に，生徒らが個別作業で得られた情報を共有したり議論したりする活動を挟むような工夫である。もう一つは，互いの作業をモニター可能であり，互いに必要な資源を提供し／利用しやすいような形になるように，「機器を利用する学習活動」自体をデザインするのである。いずれにせよ，生徒の機器利用が，課題に向けた互いのやりとりを阻害しないよう配慮することが重要なのである。以下では，この後者の工夫がなされている事例を取り上げ，それがどのように協働学習の基盤となっているのかを見ていこう。

3. ICT機器を活用した授業例

本章では，2012年10月のF中学校の研究授業において行われた中学校2年生のICT機器を活用した協働学習の場面を検討する。F中学校は総務省「フューチャースクール推進事業」・文部科学省「学びのイノベーション事業」指定校であり，生徒には一人一台のタブレット型パソコン（以下TPC）が配布され，電子教科書を使って学習することができる。また教室には電子黒板や無線LANが配備されており，学校用クラウドシステムを利用した情報共有も行っている。調査時点ではこれらを導入して数か月が経っており，生徒はすでにこうした機器を活用していた。

以下で検討するのはF中学校の2年生の新単元「持続発展科」の研究授業である。なお，以下の説明や分析においては当該授業のビデオデータ，授業案等の配布資料，研究授業後の協議会での議論などを参照している。

生徒らは環境問題解決のための「浸透圧発電」の利用可能性について1年生から探求を続けてきた。2年目の本単元では，世界各地域の環境問題に焦点を当て，水とエネルギーを同時に生産することができる「浸透圧発電」をその解決に活用することを検討してきた。そのため本研究授業のねらいは「水とエネルギーの利用実態や問題点，問題要因に興味・関心を持ち，水とエネルギーの生産方法について議論をして追求し，浸透圧発電プラントの適切な設置について，思考することができる」と設定されている。

表1 授業展開における生徒のICT利活用と教師の支援[8]

場面（分）	○学習活動の内容	活用している教材教具			◆教師の支援	学習スタイル
		・ICT機器以外	△ICT機器（台数）	□デジタルコンテンツ		
導入(4)	○前時の振り返り	・ホワイトボード	なし	なし		一斉
展開①(15)	○各地域の浸透圧発電プラント設置について2つの班が提案し、実現に向けて解決すべき課題について発表し質疑に答える。○各発表後、班で議論し追加で出た論点について再度質疑する。	・発表用原稿	△スクリーン(1)、△教師用TPC(1)	□画像（手書きの設置地図）	◆各グループの浸透圧プラントの設計計画と問題点について発表し、設置場所と環境保全、エネルギー収支、経済格差の視点で意見交換を行う場を設置する。	一斉
展開②(15)	○改善策や解決策、議論により生じた問題点などをスカイプで専門家に向けて発表し意見を交換する。	・事前に作成したモデル図、発表原稿	△TPC(2)、△USB型マイピン(1)、△スピーカー(1)	□インターネット電話(Skype)	◆各グループで専門家を交えて議論する場を設定する。◆ICT機器を利用して、インターネット電話を通して専門家と議論を行い、発表できるようにする。	協働
展開③(10)	○専門家との議論をふまえ、検索をするなどの情報を収集し、課題解決に向けて解決策を考える。		△TPC(2)	□インターネット、□検索エンジン(Yahoo! Japan)、□マイクロブログ(twitter)	◆改善策や解決策、議論により生じた問題点などについて発表し、意見交換する場を設定する。	協働
まとめ(6)	○生徒代表が発表し、考えを共有する。	・生徒のノート	なし			一斉

今回の授業の主要な展開は、各班が浸透圧発電を設置したほうがいいと考える地域を選び、そのメリットとデメリットを各班で発表・質疑し、全体で共有すること（展開①）、そして各班に分かれてスカイプを介して班の提案について専門家からアドバイスをもらうこと（展開②）。そして専門家との議論を参考に各班の発電所の設置案を再検討すること（展開③）という流れとなっている。授業展開と学習活動の内容や形態の詳細、そこで用いられる教材教具（ICT機器）、教師の支援については、表1のように整理できる。

本章では展開②と③（表1参照）に着目し、生徒らがどのように機器を使いながら協同的に作業を行っているのかについて明らかにしていく。

4. 教師による学習活動のデザインと生徒の活動の実際

4.1 教師による学習活動のデザイン：課題に向けた機器の用途と数の限定

　研究授業ということもあり，授業者の教師は生徒にあらかじめ準備をさせていた。展開①の発表で用いる資料の作成のほか，展開②におけるスカイプを用いた専門家との議論のために機器のセッティングや読み上げの予行演習をするなど，当日の学習活動が円滑に進むよう工夫していた。

　以下で取り上げるA班（仮名）は，展開①において，インドの水不足を解消するためにナルマダ川近辺で海水を淡水化し，それによって生まれる水と濃縮海水を再利用して浸透圧発電をする有効性について発表を行っていた。これを踏まえて展開②ではスカイプを通じて，浸透圧発電の設置場所とその理由について専門家に説明し，助言やもっと調べたほうがいい点について教えてもらうことになっている。以下の断片1は展開②の開始部分である（以下，Tは教師を表す）。

断片1

01　T: ((全体に向けて))これから専門家の先生方と, じゃ, 議論の時間に入りたいと思います。
02　　では, 各グループ, スカイプ担当者いると思いますので, つないでもらって議論の時間に入りま
03　　しょう。よろしいですか。はい, それでは始めてください。
04　((A班の生徒は先生の発言後機器がセッティングされた机に班ごとに分かれて座った。そしてSはス
05　　カイプのセッティング担当者としてPは発表者, Nは議論を記録する書記(図1)として
06　　それぞれTPCを操作する位置につき, 他のメンバーはTPCの近くに集まった。))

　ここで彼らの機器利用の状況を確認していこう。生徒PはTPC1でスカイプを介して，印刷された班の発表原稿を見ながら専門家に自分たちの案を説明している。生徒Nはそのやりとりの内容をTPC2で記録している。他の生徒は当初，その生徒Pと専門家のやりとりを見るためにTPC1の左右に分かれて座っていた。

　こうした状況から分かることは，一つの班で利用する機器の用途があらか

図1　専門家に発表をするPと記録を取るN

じめ決められておりその数も限定されているという点である。この学校では1人1台のTPCが配備されているが，1班には2台のTPCのみが置かれており，班の人数（6人）よりも少ない。また生徒はスカイプ中に印刷した原稿を参照し，自分のTPCは用いてない。このようにICT機器は，授業の展開の主要な活動（展開②の専門家への説明と質疑，展開③における課題解決に向けた討議と情報収集（後述））に必要な用途と数に限定されているのである。

4．2　協働学習における作業分担：作業のモニターと作業の再配分

　ではこうした教師による事前準備や機器の用途の選択や数の限定は，生徒にとってどのような参加の仕方を促したのだろうか。

　前述の断片1からは，ある参加の仕方が見えてくる。まずわかるのは，生徒間の作業の配分と身体配置のスムーズさである。彼らは自分がすべき課題と利用機器の結びつきを前提にして作業を配分し合い，自らの身体を配置している。授業者によると，班の中で誰がどのような役割で作業をするのかについては，生徒の判断に任せてあり，教師は関与していないという。例えば，スカイプを操作することについてはすでに練習をしていたため，TPC1のスカイプ接続作業は，Sにあらかじめ配分されていた。また，発表者Pも発表原稿を持っているように，当初から作業の配分が決まっていたといえる。他方，それ以外のメンバーのB，M，Qについては，この発表と質疑の時間におい

ては，とりたてて機器に従事すべき作業はない。しかし次の展開③において議論ができるように専門家とPとのやりとりを聞いている必要がある。このため両者のやりとりが理解できるようTPCに近い場所に集まっている。このように各生徒自らがすべき作業をある程度想定できているため，その作業ができる機器のある場所にすぐさま行き，作業に従事しているといえる。

だがそれだけではない。彼らの発表直後（断片2）と質疑に移行した直後（断片3）のやりとりを見ながら，そこでの彼らの作業の配分の仕方に着目していこう。

断片2

「専」は専門家の発言を指す。専門家の発言はスピーカーを通じて周囲に聞こえている。QとBはPの右側に，Mは左側に座ってPと専門家のやりとりを見ていた。以下はPが発表を開始したところからのやりとりである。

01　P：　私たちは((中略))浸透圧発電を考えました。
02　M：　これ持ってしゃべったほうがいいんじゃないの((TPCに接続されたマイクをPに指さす))
03　専：　はい。
04　P：　((マイクを取って))えっと：：そして私たちの班はインドの：：インドのナルマダ川に接して
05　　　［：((後略))
06　Q：　[((机の上にある模造紙を取ってきて，BとPの後ろに持って立つ(図2)))

図2　発表資料を持って立つQとB

断片3

((発表が終わり、質疑になるとQは模造紙を片付けて席についている。Pは発表を終えて何について議論(質疑)をしたいのかについて述べ始めた。))

01　P:　先生と議論したい内容としては,え::っと,先生と議論したい内容としては,インドでの乾期
02　　　にできる再生可能な発電方法についてと,河川から水を生産した後に残る濃縮海水を浸透圧発電に利
03　　　用することのメリット,デメリットです。
04　　　((30秒の沈黙))
05　専:はい,よくわかりました。
06　P:　え::((困惑した顔でQを見る))。
07　N:しゃべっちゃえ,しゃべっちゃえ((とQに向かって言う))
08　Q:えじゃまず,いっこめ((Nから発表資料を借りてPに向けて該当箇所を指さして教える))
09　P:えじゃまず:::一個目のインドの[:::乾季にできる再生可能な発電方法についてですが,
10　Q:　　　　　　　　　　　　　　　　[乾季((Pに向けて))
11　P:私たちは風力発電がふさわしいと思っています。それはモンスーンが利用できるからです。
12　　　先生はどうお考えですか。

図3　発表しているPとTPCで記録を取るN

13　専:あ::おっしゃるとおりです。え::ただ,風力発電というのはですね,え::必ずしも,あの::,
14　　　24時間ですね,同じ風が吹いているわけじゃないのでですね((後略))。
15　P:　はい参考になりました。ありがとうございました((Qを見る))。
16　Q:ほかに::太陽光発電=
17　P:　　　　　　　　　　＝((マイクをQに差し出す))

268　　　　　　　　　　セクション4　メディアとデザインのインタフェース

18　　((このあとマイクを渡そうとするPの提案を受け,Qが専門家に質問を始める))
19　Q: え::っと,雨期にできる発電方法として,自分たちはえっと,ナルマダ川の中に水車の小型版
20　　を沈めて,その回る力で発電しようと考えたんですが,これはどうでしょうか。
21　T: あの::それも一つの考えとしていいと思います。ただし((以下略))

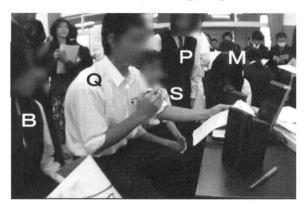

図4　Pと交代して専門家に追加の質問をするQ

　断片2からまず分かるのは,機器に従事しないで発表を聞いていた生徒ら（B,M,Q）が,必要に応じて他の生徒らの作業のサポートに従事していくことである。例えば,発表が開始されてからしばらくして,Mは,Pにマイクを持った方がいいのではないかと提案している（断片2：02）。また,Pの右側に座っていたQとBは,Pが発表しようとしている内容に関係して,地図を専門家に見せた方がいいと判断し,展開①において班発表した際に用いた模造紙の地図を持って立ち始めた（断片2：06,図2）。彼らは機器を用いた作業に従事していなかったため,他のメンバーの作業をモニターすることが可能であり,彼らのサポートを適時に開始することができたのである。

　断片3は,その後のPとQのやりとりである。専門家へ自分たちの班のアイディアの報告を終えたPは,その次の専門家との質疑を通じた議論へと移行することができないでいた（04-06）。それを見てとったQは,最初の質問項目を資料上で指差しをして教えてあげている（08）。さらに,Pが質問をして専門家からの回答を受けたあと,Qは自分たちのアイディアの有効性を専門家に追加質問している。ここでは,Qが専門家に聞きたいことがあることが

発言（16）から見て取れたので，PがQにマイクを渡して役割を交代したのである（17）。ここでは，QとPの間で，互いの知識状態に合わせた形で作業を再配分していることが見て取れる。

このように，機器の数の限定によって生まれた「手の空いた」メンバーによるモニター，そして必要に応じたサポートや知識状態に合わせた形での作業の再配分は，互いの持つ資源を提供し合い，課題をよりよく進めることに寄与している点で，協働学習を支えていることがわかる。

4.3 協働学習における経験や情報の共有：互いに意味を作りだす作業として

ここまでのところでは，機器を利用した作業の分担の場面をみてきた。協働学習ではこのような分担の後に，経験や情報を共有し議論しながら課題解決に向かうことが必要になることが多い。以下では生徒らがそうしたことを行っている展開③の場面を見ていこう。具体的には，これまで専門家との質疑の内容をメモしていたNが，その内容を報告しメンバー全体で共有していく場面である。ここでも展開②と同様に，機器を利用していない者が主要な作業者をモニターし，サポートしようとする様子が見られる。だがここでは，そこで生徒同士が「意味をお互いに作り出す」(joint meaning making)ことをどのように行っているのかについて焦点をあてて検討していこう。生徒らは単に自分たちが体験した出来事を互いに確認しているのではなく，その出来事を，自分たちの課題の解決に向けて焦点化し再構成して共有しようとしていることがわかる。

以下の断片4は，展開②の専門家との議論を踏まえて，展開③のグループ討議に移行した場面である。これまでの議論の経緯はNによってメモされており（図6），以下は彼がそれを見ながら（図5），専門家との議論の内容を報告し，全員で確認しているところである。

断片4

```
01  N: ((前略・風力発電について))電力はできるときとできないときがある。だから::蓄電池がよっ
02     ぽどのものじゃないと::あ::電力が::安定しない？((図6のメモの上部を見ながら))
03  Q: あっN=
```

04 N: =から:そこは:考えなければならないし:
05 Q: ((メモをのぞき込んで図6下部傍線を指さしながら))再生可能エネルギーは年間通して(.)
06 N: あ:ちょっとまって,まだ((画面上のQの手を払いのけながら))
07 Q: いろんな種類を発電させなければ((Nの顔を見ながら))
08 P: そう,いろんな,いろんな種類[をどんどんつないで発電させることで((身振りを入れながら))
09 N: [((「いろんな種類を利用」(図6下部波線)を加筆する))
10 P: その年間通しての::安定した電力が::得られる::

図5　TPCのメモを見ながら報告するN　　　図6　Nのメモの再現（下線は著者）

　01でNは，専門家に指摘された「風力発電の不安定さ」という自分たちのアイディアの問題点とそれに対する「機能の高い蓄電池が必要である」という解決法について報告していた。この問題に対してQとPは，展開②の専門家との議論の後半で専門家から言われた「年間を通じていろんな種類の発電をつないでいくことで安定した電力を得る」という解決法を付け加えたのだった。Nは当初，メモの順番に報告していたため，この点を後で言及するつもりであったようだ（06）。しかしQが後半のメモを参照しつつも，そこに書かれていなかった点（「いろんな種類を」「発電させなければ」）について言及していた（07）ために，NはそれについてのPの説明（08）を聞きながらメモの加筆を始めたのであった（09）。
　ここでのNの発言（01-02）とメモの内容（図6）と照らし合わせると分かるように，Nはメモをただ読み上げることはしておらず，メモの情報をその場で

第11章　ICTを活用した協働学習のデザインと生徒のワーク　　　　　　　　　271

再構成しながら報告をしている。こうしたとき，前半と後半のメモ内容を関係づけて再構成して報告することはかなり難しい。だがここでは，QがNの報告に続けながら，メモをのぞき込んで関連する事柄を後半のメモから指摘しつつ，自分の言葉で内容を付け加えている (05)。そしてその発言を聞いたPが，Qが言及した内容が，Nが01-02で報告した前半の内容とどのように結びついているのか（「安定した電力が::得られる」）がわかるように説明したのだった。

このように，他のメンバーはNの報告の進行をモニターしながら，適時に関連する事柄を提示し，さらにそれらを意味的に関連づけていくことで，共同で報告を作り上げている。

そしてそのことで，自分たちのアイディアである風力発電の問題点をどのように解決することができるのか（「機能の高い蓄電池」「発電をつなぐ」）という論点に焦点化した報告の内容を展開できていたのである。

実のところ，F中学校では，クラウドシステムがあり，Nのメモを各自のTPCに配信して共有することも可能である。情報共有という点においてはそうしたシステムを使う方がより効率がいいと考えるかもしれない。だがここでみたように，課題に向けて互いの経験を確認し共有していく際には，単なる「メモの共有」ではなく，お互いにやりとりをしながら自分たちの経験やその意味を作り出す (joint meaning making) の作業を行っていくことになる。そしてそのときに互いが何をしているのかをモニターし，適切に関わっていくことができなければ，そうした作業も困難になってしまう。熟練した者であれば個人で画面上のメモを閲覧しながらであっても上記のようなやりとりが可能であるが，まだ利用歴の浅い生徒にとっては難しい。課題に向けた機器の用途と数の限定は，生徒の負担を減らし，課題解決にむけた情報共有に集中することを可能にしているといえるだろう。

5. ICTを活用した学習活動のデザインに向けて

本稿では，ICT機器を活用した協働学習の実践事例を分析し，そこで学習活動をどのようにデザインすることが可能であるのか，またそこでの生徒の

活動がどのようになされているのか，といった点について確認してきた。以下では分析を振り返った後，機器を利用した協働学習をデザインする際に留意すべき点について論じていきたい。

　検討した事例においては，先行研究（加藤・鈴木2001）とは異なり，個人作業に最適化されたままでタブレット型PCのインターフェースが利用されていた。だがその用途は学習活動の中心的な作業課題に用いるように限定されており，数も用途につき一つに限定されていた（4.1）。そしてこうした機器利用のデザインがなされていたことで，機器を用いた作業に従事する者も限定され，学習活動の中心を担うがゆえに，その作業の進行も他のメンバーからモニターされやすいものとなっていた。このため，機器を利用していないメンバーは機器の従事者の作業に，その進行に合わせて介入して支援し，時には知識状態に応じて作業を交代することも行っていた（4.2）。またこうした機器作業の従事者に対して情報を提供し，お互いに理解を補い合いながら，課題に向けて「意味を作り出す」関わりも見られた（4.3）。

　この授業実践を振り返った際に興味深いのは，授業者が機器の数とその用途を活動の中心となる作業に限定したことで，機器を利用していない生徒に余裕が生まれ，機器利用者へと関心が向けられ，課題に向けてお互いに関わりあうことができていることである。パソコンやタブレットなどの機器が個人に配布されると，また生徒にそうした機器を利用するリテラシーがあると，機器利用を制限することは生徒の活動の資源や利用機会を奪うことにつながるので，教師は躊躇してしまうかもしれない。しかしICT機器を用いた協働学習においては，機器を使いながらも互いに関わりあって活動を進めていく必要があるため，その機器によって拡張される活動や資源を念頭に置きつつも，全体でやりとりして関わり合う余地を持たせる必要があるといえる。今回の事例のやり方はそうした工夫の一つであり，それが有効だとわかる。

　さて最後に，ここまでの分析を踏まえて，機器を利用するかどうかに関わらず，協働学習をデザインし，実施していく際に教師が配慮すべき二つの点を指摘しておきたい。

　一つはグループのメンバーが自分たちの課題を理解しておく必要性である。例えばこの班では「手の空いた」メンバーが，作業従事者をモニターしサポー

トするということをしていたが，こうしたことは，自分たちがグループとして今何をしなければならないのかという課題を理解していなければできない。協働学習の実践を分析したグライフェンハーゲン（2012）は，教師は課題を認識させることを中心にして生徒の活動に介入していたと指摘している。本事例の教師は，この班には介入しなかったものの，各グループの様子を見に行っており，必要に応じて介入をしていた。場合によってはこうした支援が必要になるだろう。

　もう一つは，こうした課題の理解を踏まえた生徒の相互行為能力とでもいえるものである。彼らはお互いのわずかな発言や非言語的な関わりの一つ一つに意味を見出し，それをきっかけとして作業者の交代（断片3）や「意味を作り出す」実践（断片4）を行っていた。必要なタイミングで互いの資源を提供し合い，意味を作り出していく作業がなされるためには，教師が互いに関わり合う余地のある活動のデザインを仕組むだけでなく，生徒が課題意識を持ちながらやりとりをしていく必要がある。教師がファシリテーターとなって協働学習を進めていく際には，生徒同士の関わり合いを観察しながら，こうした関わり方ができるような形で支援することも必要になるだろう。

　謝辞
　　調査に協力してくださったF中学校の先生方や，生徒の皆さんほか関係する方々には大変お世話になりました。皆様には心より感謝申し上げます。

注
(0) 本研究は，科学研究費補助金（基盤研究（C））「教師の働きかけと授業会話の秩序における学習経験の組織化」（研究課題番号：25380660，研究代表者：五十嵐素子）の研究成果の一部である。
(1) 但し機器の整備状況は，自治体によっていまだ差がある。他方で「教育の情報化に関する手引き」（文部科学省 2010）では，学習指導要領の目標に沿いながら各学校段階において身に付けさせたい情報活用能力が系統立てて示された。
(2) ネットワーク環境を構築し，学校現場における情報通信技術面を中心とした課題を抽出・分析するために指定校で実証研究を行っている。
(3) これらの継続的な事業の効果もあり，ICT機器が活用された教育実践事例では，平成23年度から24年度にかけてその活用形態の割合が，一斉学習では61.5%から41.3%へと減少したのに対して，協働学習では28.7%から38.3%へ，個別学習では9.8%から

20％へと大きく利用が増えている。また事例内で活用された機器としては，タブレットPCが19.6％から41.7％へと大きく割合を増やしている（日本視聴覚教育協会 2012, 2013）。
(4) 例えば，電子黒板を用いると，パソコンなどのデータを黒板に映し出すことや，教師が資料の上から黒板上で直接に書き込みをすることができる。また無線LANによって生徒のPCをインターネットに接続することができ，校内のクラウドシステムなどで情報共有も可能である。複数のフューチャースクールでは，ICT支援員が常駐配置されておりこれらの管理・運用などの作業を行っている（横浜国立大学 2014，上越教育大学 2014）。
(5) CSCL研究はコンピューターによって学習を支援することで質の高い学習を提供することを目指す研究である。コンピューターを媒介にした学習というと遠隔教育やe-ラーニングが思い浮かぶが，対面の学習活動も含まれる（Stahl et al. 2014）。近年では学習科学（Learning Sciences）における一つの研究領域となっており，シェグロフの会話分析，リンチの科学のワークプレイス研究，グッドウインのビデオを用いた相互行為分析などが，学習科学におけるアプローチ方法の先行研究とみなされている（Greeno 2006=2009）。またCollaborative Learningの訳語はCooperative Learningとともに，CSCL研究や認知科学の文脈では「協調学習」として訳されており，また教育学ではジョンソンら（1993=2010）の考え方の紹介において「協同学習」とも訳されてきた。しかし本稿の対象事例のようにICTを用いた場合には，文部科学省の関係資料では「協働学習」という語を用いていることが多いため，ここでは「協働学習」と統一的に訳すことにした。
(6) エスノメソドロジー・会話分析の知見を用いた日本の協働学習の研究例としては，高等教育の現場の分析として池田・アダム（2013），古川・池田（2014）などがある。
(7) もちろん加藤・鈴木（2001）が開発したように，あらかじめ共同作業のために最適化された何らかのICT機器を利用することも考えられる。しかし現在，多くの学校に整備されている機器は，PCやタブレットであり，当面はそれを用いることが期待されている。
(8) 指導案や実際の授業の進行を考慮して筆者が作成した。

参考文献

Arvaja, M., 2012, "Personal and Shared Experiences as Resources for Meaning Making in a Philosophy of Science Course," *International Journal of Computer-Supported Collaborative Learning,* 7(1): 85-108.
古川智樹・池田佳子, 2014,「ブレンディッド・ラーニングによる日本語教育のデザイン」岩崎千晶編著『大学生の学びを育む学習環境のデザイン——新しいパラダイムが拓くアクティブ・ラーニングへの挑戦』関西大学出版部, 243-256.
Garfinkel, H., 1967, *Studies in Ethnomethodology,* Prentice-Hall.

Garfinkel, H. and Sacks, H. 1970, "On Formal Structures of Practical Actions", Mckinney, J. and Tiryakian, E., eds., *Theoretical Sociology: Perspectives and Developments,* Appleton-Century-Crofts, 337-366.

Greeno, J. G., 2006, "Learning in Activity," Sawyer, R. K. ed., *The Cambridge Handbook of the Learning Sciences,* 79-96.（＝2009, 森敏昭・秋田喜代美他訳「活動の中での学習」ソーヤー他編『学習科学ハンドブック』培風館, 66-79.）

Greiffenhagen, C., 2012, "Making Rounds: The Routine Work of the Teacher During Collaborative Learning with Computers," *International Journal of Computer-Supported Collaborative Learning,* 7(1): 11-42.

五十嵐素子, 2003,「授業の社会的組織化」『教育目標・評価学会紀要』13: 54-64.

五十嵐素子, 2007,「教える／学ぶ」前田泰樹・水川喜文・岡田光弘編『エスノメソドロジー』新曜社, 175-188.

五十嵐素子, 2016,「『教示』に結びついた『学習の達成』」酒井泰斗・浦野茂・前田泰樹・中村和生・小宮友根編『概念分析の社会学2』ナカニシヤ出版, 177-194.

池田桂子／アダム・ブラント, 2013,「言語教室のインタラクション──コミュニケーションの環境条件を考える」片岡邦好・池田桂子編『コミュニケーション能力の諸相』, 191-244.

Johnson, D. W., Johnson, R. T. and Holubec, E. J., 1993, *Circles of Learning: Cooperation in the Classroom,* Interaction Book Co..（＝2010, 石田裕久・梅原巳代子訳, 2010,『学習の輪──学び合いの協同教育入門（改訂新版）』二瓶社.）

上越教育大学附属中学校編, 2014,『平成25年度 総務省 フューチャースクール推進事業 成果報告書』, 上越教育大学附属中学校.

Koschmann, T., 2002, "Dewey's Contribution to the Foundations of CSCL Research", Stahl, G. ed., *Computer Support for Collaborative Learning: Foundations for a CSCL Community: Proceedings of CSCL2002.,* Lawrence Erlbaum Associates, 17-22.

Koschmann, T., 2013, "Conversation Analysis and Collaborative Learning", Hmelo-Silver, C. *et al.* eds., *The International Handbook of Collaborative Learning,* Routledge, 149-167.

Koschmann, T., Stahl, G., and Zemel, A., 2007, "The Video Analyst's Manifesto (or the Implications of Garfinkel's Policies for Studying Instructional Practice in Design-based Research)," Goldman, B., Pea, R. D., Barron, B. and Derry, S. J. eds., *Video Research in the Learning Sciences,* Lawrence Erlbaum Associates, 133-143.

松下佳代, 2001,「教室における活動システムの相互行為的構成」『群馬大学教育実践研究』18: 259-288.

Mehan, H., 1979, *Learning Lessons: Social Organization in the Classroom,* Harvard University Press.

文部科学省, 2010,『教育の情報化に関する手引き』.

日本視聴覚教育協会, 2012,『教育ICT活用事例集（平成23年度文部科学省委託「国内のICT教育活用好事例の収集・普及・促進に関する調査研究事業」）』日本視聴覚教育

協会.
日本視聴覚教育協会，2013，『教育 ICT 活用事例集（平成 24 年度文部科学省委託「国内の ICT 教育活用好事例の収集・普及・促進に関する調査研究事業」）』日本視聴覚教育協会.
西阪仰，2008，「何の学習か」『分散する身体』勁草書房，53-118.
Silseth, K., 2012, "The Multivoicedness of Game Play: Exploring the Unfolding of a Student's Learning Trajectory in a Gaming Context at School", *International Journal of Computer-Supported Collaborative Learning,* 7(1): 63-84.
総務省，2014，『平成 25 年度フューチャースクール推進事業成果報告書』.
Stahl, G., 2012, "Ethnomethodologically informed," *Computer-Supported Collaborative Learning,* 7: 1-10.
Stahl, G., Koschmann, T. and Suthers, D. D., 2014, "Computer-supported Collaborative Learning," Sawyer, R. K. ed., *The Cambridge Handbook of the Learning Sciences,* 2nd edition, Cambridge University Press, 409-426.
鈴木栄幸・加藤浩，2001，「協同学習環境のためのインターフェースデザイン――『アルゴブロック』の設計思想と評価」加藤浩・有本浩編『認知的道具のデザイン』金子書房，66-94.
横浜国立大学，2014，『平成 24 年度フューチャースクール推進事業成果報告書 横浜国立大学教育人間科学部附属横浜中学校』横浜国立大学.

第12章 「社会的コンテクスト」の記述とデザイン
――組織的ワークを支援するソフトウェア開発を事例に

秋谷直矩・森村吉貴・森幹彦・水町衣里・元木環・高梨克也・加納圭

1. エスノメソドロジーとソフトウェアのデザイン

　本章では，まずワークプレイス研究における「社会的コンテクストの記述」についての議論を整理する。そして，「社会的コンテクストの記述」的研究とその応用的取り組みであるデザインとの関係について検討するために，ある組織における新規ソフトウェアの導入事例を取り上げる。それを踏まえ，こうした研究実践が，(1)ワークプレイスにおけるテクノロジーや実践をデザインしようとする人々にとって利用可能性があること，その際，(2)デザイナーとエスノメソドロジストの間において，「デザインに調査成果を反映させる／落としこむ際の一般化・抽象化プロセス」にかんして留意すべき点があるということを指摘する。さらに，(3)以上を踏まえ，共同作業体制モデルとして，「評価として用いられるエスノグラフィー」などいくつか紹介する。

2. 活動に埋め込まれた人工物

2.1「自分たちのため」の人工物
　製品のユーザビリティとは，ユーザが，製品を使用する際に設定された目的を達成できること，およびそれに伴う取り扱いのしやすさ，操作の流れの分かりやすさのことを指す。このユーザビリティを実現するためのテストは，対象製品を操作する際，ユーザが作業目標を達成できるようにすることを目的に実施される。そこでは，ユーザの認知的負荷を軽減し，ユーザフレンドリーなインタフェースを実現することも目指される。かつてD. ノーマン

(1986)が，認知心理学を援用した「認知工学」の立場からユーザ中心設計[1]を提唱したのを発端に，「使いやすさ」の達成を目指してユーザビリティテストは発展してきた。

そこには以下2点の特徴が指摘できる。(1)対象ユーザを幅広く設定するようなシステムの場合，極めて限定されたワークプレイス固有のワークのあり方ひとつひとつに寄り添ったものを開発することは不可能であり，結果的に「最大公約数的なユーザビリティ」を確保したシステム開発を目指すことになる。したがって，ユーザビリティテストでカバーすべき対象は，想定ユーザに共通して経験されるような「使いにくさ」や「一瞥したときのわかりにくさ」になる。(2)ユーザビリティテストは，多くは実際の利用状況とは異なる実験で実施される。これらの結果として，テストの想定とは異なるコンテクストのもとで利用されている場合，実験室では発見できなかった問題が，現実のユーザに経験されている可能性がある。

この2点は，たとえば複数のワーカー間の協調的作業を支援するグループウェア的指向を持ったソフトウェアの場合，使用するユーザたちに大きな問題として経験されることがある。どのようなソフトウェアであっても，それが導入されるのは，それぞれ固有のルールや慣習，ワークフローを有するワークプレイスである。したがって，ユーザビリティテストを通過したソフトウェアであっても，ワークプレイス固有のコンテクストにそのソフトウェアの設計思想が乗らない場合は「使えない」ということが経験されてしまうということだ。

こうした問題点に対処するためには，(1)人々はワークプレイスにおけるワークのあり方をソフトウェアの設計思想に合ったものに再構築する，(2)自分たちのワークのあり方に合ったソフトウェアを探し続ける，あるいは(3)自分たちのためだけのソフトウェアを依頼するかのどれかを選択することになる。

本論では，(3)の「自分たちのためだけのソフトウェア開発」という対処法にフォーカスしたい。「自分たちのためだけ」の場合は，使用コンテクストという点は非常に明解かつ限定的である。そこでは，そのソフトウェア開発者は，「実際に当該ソフトウェアを使用する納品先」の日々のワークを理解するということが必要とされるようになる。そして，それを可能にする取り組みが求

められるようになる。

　例えば，CSCW（人びとの共同作業を支援するテクノロジー開発や，共同作業それ自体の調査・分析について議論する領域。同名の国際学会も組織されている）などにおいて，エスノメソドロジストは，こうした要請を背景に，情報学者とともに，ハイブリッドな取り組みを長らく実践し成果を積み上げてきた[2]。

　このような取り組みは，いかなるかたちで実施されるものなのだろうか？　そして，そこから得られる知見はいかなるもので，また，どのようにデザインに資するものなのだろうか？　本論では，この点について具体的事例および先行する議論を参照しながら考えていきたい。その議論の手始めとして，次項では，そのフィールド調査における「記述」について，CSCW のコンテクスト上に位置づけて簡単に振り返っておく。

2.2 CSCW における「社会的コンテクストの記述」のインパクト

　協調的なワークを支援するソフトウェアをデザインするために，ソフトウェア開発者が納品先の日々のワークを理解しようとするとき，どうするだろうか？　まず思いつくのは，その場で働いているアクター（エンドユーザーなど）を呼び，デザインプロセスに入ってもらうということだろう。しかし，情報学者で，社会学者（特にエスノメソドロジスト）との共同研究を長らく行ってきた I. サマーヴィルらは以下のように述べる。「エンドユーザをデザインプロセスに参加させること自体は基本的なことだが，我々は，そのユーザ中心のデザイン（Norman and Draper 1986）だけでは不十分だと言いたい。むしろ，デザインプロセスは，コンピュータ・システムが埋め込まれた社会的コンテクストの記述もまた見ていかなければならない」（Summerville et al. 1992: 346）。

　彼らが「社会的コンテクストの記述」なるものの重要性を提起する背景には，情報学，とくに CSCW に指向したシステム開発を行う領域におけるデザインの思想の変遷がある。S. ハリソンらのまとめによると，そこには3つのパラダイムがあったとされる（Harrison et al. 2007）。最初のパラダイム・シフトは，人と機械の関係をインタラクションとして捉えたことにあるとされる。ただ，この時点では，問題発見のやり方は，デザイナーの経験や直感に依拠していた。第2のパラダイムでは，そのやり方を認知科学のアイディア

に求めた。つまり，人と機械を相互に対称的な情報処理プログラムとして捉え，主体の情報流通のモデル化に指向したシステム設計法の提案である。しかし，人と機械という枠組みだけでなく，複数人が共在する場面や，テクノロジーが埋め込まれたワーク場面などにデザイナーの関心が広がっていくにつれ，認知科学のアイディアによるモデル化の議論に行き詰まりが見えていった。それに応えうるものとして，社会学が輸入されていった。これが第3のパラダイムへの転換である。

　第2から第3へのパラダイム・シフトを決定づけたのは，L. サッチマンによる『プランと状況的行為』(Suchman 1987=1999) の出版である。これは，認知科学のアイディアに基づいたモデル化によって開発されたシステムが，使用場面の流れにおいてなされる偶発的な行為に注目していないがゆえに，様々な問題が見出されることをエスノメソドロジーのアイディアを下敷きにしながら述べていったものである。この主張は，それまで主流であった認知科学モデルに基づいたデザインから，いわゆる「社会への回帰 (turn to social)」(Grudin 1990) をもたらした。つまり，第3のパラダイムでは，デザイナーの関心が「場面のコンテクスト」になり，それを見る有力なやり方として，社会学のなかでもエスノメソドロジーに衆目が集まったというわけである。

2.3. 社会的コンテクストの記述の理解可能性

　このように，CSCWにおいて，テクノロジー使用場面のコンテクストを見ていくことの重要性が認識されるパラダイムがあった。その立役者の一人であるサッチマン (1987=1999: 49) によれば，「製品使用のコンテクスト」を「実際の使用場面」に位置付け，そこでは「状況的行為 (situated action)」に注目すべきだと述べる。サッチマンが状況的行為と言うとき，そこでは「すべての行為の流れは，本質的なあり方で，物質的・社会的な周辺環境に依存」しているということが強調される。そこでの記述対象は「どのように人々が知的な行為を達成するために自分の周辺環境を用いるか」とされる。

　サッチマンが「行為の流れ」という言葉で表現したものは，エスノメソドロジーの影響下にある今日のワークプレイス研究において「コンテクスト」と呼ばれるものと相応する。では，「コンテクスト」とは何なのだろうか。そして，

それはいかにして記述可能なものなのだろうか。

　J. ヘリテイジの言葉を借りるならば，私たちのトークや振る舞いといった行為は「二重のコンテクスト上にある」と言える。まず，(1)ある行為が組織されたとき，そこでの行為の意味の理解可能性は，それが産出されるまでになされていた行為に依拠している。そして同時に，(2)その行為自体が，それに続いて組織される行為を理解するためのリソースとなる。以上2点を指して，「二重の」という表現が採用されている (Heritage 1984: 242)。

　ここで重要なのは，調査者による，調査対象者間の行為の理解可能性はいかなるものに支えられているのかということである。A. シクレルが指摘するように，制度的場面の会話データの理解可能性は狭い／広いコンテクストに支えられるものである (Cicourel 1987)。前者は，特にエスノグラフィックな知識がなくても理解できるレベルでの理解可能性のことを指している。そして，後者は，エスノグラフィックな知識，すなわち当該組織・場面の「メンバー」の間で共有されている知識や経験を踏まえなければ理解できないレベルの理解可能性のことを指している。

　この2点に留意しつつ，実践の理解可能性を探求していくことがワークプレイス研究において重要視されるのは以下の理由による。ワークプレイスにおける人とテクノロジーの関係は，その使用の目的・実際の使用法・使用の背景（組織のあり方や価値観等）から把握されるものである。そしてそれらは，実際に使用している「流れ」に調査者自身がアクセスすることによって初めて獲得できるものである。ゆえに，ワークプレイス研究を行う研究者たちは「コンテクスト」の記述と理解可能性について，今日までこだわってきたのである。

3.　新規ソフトウェアを導入したワーク場面の調査概要

　ここでは，実際の使用のコンテクストを記述していくことと，その理解可能性についてターゲットユーザやエンジニアと共に探求していくことで，実際にツールのデザインに影響を与えていった具体的事例を見ていく。本事例は，筆者らが調査者でもあり，実践のメンバーでもある。つまり，自分たち

のワークを対象に実施された調査である。

　本調査は，京都大学物質-細胞統合システム拠点科学コミュニケーショングループ（Science Communication Group: SCG）において行われた。ここで私たちは，業務のひとつとして，「科学者のための対話力トレーニングプログラム」（Dialogue Skills Training Program: 以降，DST）の開発および実施を進めてきた。そのなかで，サイエンスカフェといった科学者と市民の対話機会の創出および対話場面の映像データの視聴・分析・振り返りを効率的に行うことを，このDSTに組み込むことが企画された。対話場面の映像データの視聴については，共同研究者である情報学者らとともに，それを支援するソフトウェアを作成することにした。

　ソフトウェア開発のより直接的な理由としては，ワークの効率性の問題に関連して以下2点が挙げられた。(1)サイエンスカフェでのやり取りをビデオカメラによって撮影したデータ上にオーバーレイとして表示される図や記号，字幕を付ける作業，そして(2)再生したい箇所が即時に指示できるように当該箇所にしおりをつける作業が，現実問題としてかなりの手間と時間がかかるということである。そこで，この手間を軽減し，映像データの分析内容を反映させた動画の作成と，DSTで受講者に視聴してもらう教材作成，この2つの作業のシームレス化（複数のアクターにまたがってなされていた一連の作業を滑りなく行うようにすること）を達成することによる業務の効率化が目指された。なお，DST開発チームは，映像データの分析チームと講義・ワークショップの実践チームで分かれており，映像データの分析は分析チームが担当し，その結果を踏まえた教材作成は実践チームが担当していた。

　上記目的のもと，プロトタイプとして開発されたツールは"DST Movie Viewer"といい，以下3点の機能が実装された。(1)映像再生の進行にあわせ，字幕表示と注目領域の強調表示を行うことにより，内容理解のための補助情報を提示できること。注目領域の強調表示としては，対話者の属性（科学者，一般参加者）を近傍に文字で表示すること。対話者の目線を矢印で表示すること。対話者の特徴的なジェスチャを円で囲って表示すること，などがあげられる。(2)対話の中心となる場面が含まれる時間帯を簡単に頭出しして再生できること。(3)上記の補助情報の提示の有無や再生する動画の時間帯について，

事前に準備した見せ方だけでなく，議論の流れに応じた見せ方に変更できることである（図1）。

図1　DST Movie Viewer のインタフェースと字幕表示

　本論で検討していくデータは，"DST Movie Viewer"を実際のワークのなかに初めて導入した場面である。DST の実施のために，過去に開催されたサイエンスカフェにおける科学者と参加者のやり取りのビデオデータを，"DST Movie Viewer"を用いて編集するのが最初の作業であった。動画編集をしたのは，SCG のメンバーであり，本論の第1著者である秋谷である。その他に，このワークの場面には，森村と水町（いずれも本論の著者）が関与した。それぞれのプロフィールを簡単に以下に示す。なお，下記プロフィールは，本論で検討するデータ内のやり取りがなされた2012年7月当時のものである。

(1)「秋谷（ターゲットユーザ，分析チーム）」
　2009年4月より「科学者のための対話力トレーニングプログラム」の開発は進められていたが，秋谷が参加したのは，プロジェクト開始より3年経ったタイミングであった。「科学者のための対話力トレーニングプログラム」の下位プロジェクトである"DST Movie Viewer"の開発プロジェクトは2011年より開始されていたため，こちらも途中からの参加となる。専門は社会学。今回見ていくワークでは，ターゲットユーザの一人として，自席にて"DST Movie Viewer"を使用して動画編集を行った。

(2)「森村（エンジニア，ソフトウェアの設計者）」

情報学者。SCGの構成員ではないが，SCGが所属する研究所に籍を持つ。"DST Movie Viewer"の開発プロジェクトには最初から参加。このプロジェクトでは，システム仕様の設計などを担当。今回見ていくワークでは，ツールの動作確認や操作のフォローをするために，秋谷の作業に同席している。

(3)「水町（ターゲットユーザ，実践チーム）」

SCG構成員。"DST Movie Viewer"の開発プロジェクトには最初から参加。「科学者のための対話力トレーニングプログラム」の講師を担当している。その際，"DST Movie Viewer"で作成された動画教材を使用することから，ターゲットユーザの一人でもある。このツールのシステム仕様を設計する際に，ニーズを提供した。今回見ていくワークにおいては，秋谷が動画編集をしている間は自席にて別の自分の仕事をしているが，秋谷に対する作業指示は水町が出したため，作業にかんする質問等で時折秋谷とのやり取りがあった。DSTでは，受講者に講義やワークショップを行うことが主な仕事である。

4. 新規ソフトウェアを導入したワーク場面における問題の発見とその理解可能性

4.1 誰が実作業をするのか，「決める」権利を持つのか

トランスクリプト1

 42 水町：樹本，その南郷先生が上で，それ以外は下，下は一般市民というかんじで
 43 秋谷：あ：：わかりま [した
 44 森村：   [作ってたみたいなんですけど
→45 秋谷：ちゃんと聞いてないですけど，もし参加者の方たち，重複してる場合は
 46 森村：はい
 47 秋谷：そこはまあ，よう
 48 森村：そこはちょっと確認したいですね
 49 秋谷：ええ
 50 森村：水町さんちょっといいですか
 51 水町：はい

52 森村:庭村さんのビデオだと
53 水町:はい
54 森村:2行になってるんですが
55 水町:はい
56 森村:上がもうずっと南郷先 [生で
57 水町:　　　　　　　　　　　[はいはいはい
58 森村:下が
59 水町:はいはいはい
60 森村:みなさん代わる代わるということなんですけど
61 水町:はいはいはい
→62 森村:市民のみなさんがかぶった場合はどうなるかと。なんか,想定ありましたっけ
→63 水町:現状だと,たぶん研究者が一番しゃべってるから,上がず::っと研究者が占めてる
64 秋谷:あ::
65 水町:下は,それに応える,市民な人びとってなってるけど,なんか,理想はすじゃないよね::みたいな
66 秋谷:今回の場合は,その庭村さんが作ったビデオの,その範囲内は [そういうことはない
67 水町:　　　　　　　　　　　　　　　　　　　　　　　　　　　　　[はいはいはい,う::ん
68 秋谷:からとりあえずいけるってかんじですかね
69 水町:そういうことないっていうのは入り乱れてない
70 秋谷:入り乱れてない
71 水町:研究者,そうじゃない人,研究者,そうじゃない人っていうのが交互
72 秋谷:はい
→73 水町:うんうんうんうん
74 秋谷:ただ今後::
75 水町:今後,ね
76 秋谷:ええ
→77 水町:かといって6本出てきたら,厄介

　当初"DST Movie Viewer"は動画データの分析および編集,そしてDST受講者に対する動画視聴支援として機能することが目論まれていたものの,実際に導入したとき,そのようなことが難しい,ということが当該ワークのメンバーに経験されることとなった。
　それは,動画データの分析と編集・視聴支援は,文字情報の表示デザインという点において,そこで表現する会話情報の提示の適切さの認識がメンバー

間で異なっていたということである．トランスクリプト1では，秋谷と森村の間で，"DST Movie Viewer"の字幕は上下2列で表示されること，そして上列は科学者，下列はサイエンスカフェ参加者の発話が動画に同期して表示されることが話されている（42-49行目）．

　45行目で，秋谷から問題点の提示が開始されていることに注目しよう．秋谷は，「ちゃんと聞いてないですけど」と前置きすることで，これから話すことについて自身は説明を受けていないことを示しつつ，字幕が上下2列で表示されることについての問題点をあらためて提起している．そこで提起される問題は，3者以上の参加者間で発話が入り乱れた場合，上下2列の字幕では，その会話を適切に文字で表現することはできないのではないかということである．この点については，エンジニアである森村も想定していなかったことが62行目の発話で見てとれる．

　秋谷・森村からの質問に応える水町は，現状，DSTプログラムで使用する予定の動画は比較的「科学者→サイエンスカフェ参加者」それぞれの発話の順番が重ならずに交互に展開しているので，上下2列の字幕表示でも特に問題はないことに言及・同意している（63，67，73行目）．一方で，複数人会話の発話が入り乱れた場合，それを正確に文字で表現するために，字幕列の縦に6列作るのは厄介だとも述べている（77行目）．

　ここでは，水町は，"DST Movie Viewer"で字幕が上下2列で表示されることについて，そこで今後生じうる問題には同意を示しつつも，「それをできるだけ正確に文字で表現する」ことには同意していないことに注目してほしい（トランスクリプト1の73行目，トランスクリプト2の87行目）．秋谷は，動画中の会話が文字で正確に表現できないことを「問題」としてハイライトしている．一方で，水町は，会話を文字で正確に表現することの「程度」を「問題」としているのである．この両者の微妙なズレは，トランスクリプト1の直後のやり取り（トランスクリプト2）でより明確になる．

トランスクリプト2
　78 秋谷：だいたいそういうときは，プレミアでやってるときは，3行くらいにしちゃって，しかも色変えたりして
　79 水町：は：：

80 秋谷:3行にしちゃう
81 水町:ええ
82 秋谷:あるいは,字幕が下に統一しなくて
83 水町:はあ
84 秋谷:その人の頭の上でぽんぽんぽ::んって出てくる
85 水町:あ::
86 秋谷:ようにとか::
→87 水町:でも,あんま頭の上に出しちゃうと::何見ていいのかわかんなくなりそう
88 秋谷:ええ
89 水町:視線の向きを見たらいいのか,ジェスチャーを見たらいいのか
90 秋谷:はい,けっこうこれケースバイケースなんですよ
91 水町:うんうん
→92 森村:けっこう柔軟にするっていうのは,システム的には厳しいですね。プレミアとかと違って

　トランスクリプト2では，秋谷が自身のこれまでの会話分析研究の経験に基づいて，「会話を文字でできるだけ正確に表現する」という条件を保持したうえで，いくつか代案を出している（78-86行目）。ここでは，「分析チームの一員」という役割に立脚して秋谷は発言していると見ることができる。

　これらの代案については，水町，森村ともに同意を示していない。森村は，"DST Movie Viewer"の設計者として，秋谷の案を実現することは技術的に難しいということを述べる（92行目）。一方で，水町は，「でも，あんま頭の上に出しちゃうと::何見ていいのかわかんなくなりそう」（87行目）と言うことで，"DST Movie Viewer"を使って，DSTプログラムの参加者に動画を見せる側の立場からすれば，秋谷の案は好ましくないということを述べている。ここでは，水町は，"DST Movie Viewer"を用いて教育プログラムを実施する「ファシリテーター」という役割に立脚していると言えるだろう。

　このような齟齬の発生理由は，以下のような参与観察上の知見を通して理解することが可能である。すなわち，字幕を付けるという作業は従来，実践チームの業務であったということである。従来の作業プロセスは以下のとおりである。分析チームによって分析された動画は，分析結果のレポートとともに，簡単に加工されて実践チームに渡される（ビデオデータのうち，該当箇所

の切り出しと，詳細な音声書き起こしが付けられる）。そして，実践チームは，今度は，「DST の受講者に効率的に動画を見せる」という目的のもと，動画を「見やすく」再加工する。「字幕」を付けることもその範疇である。

しかし，"DST Movie Viewer"においては，分析結果を反映させた動画加工と，それを改めて DST 受講者視聴用に再加工するプロセスをパッケージ化することによる作業のシームレス化を目指した結果，作業の切り分けが難しくなった。もともと分離されていた作業がソフトウェア内でシームレスになったからである。ソフトウェアは基本的に 1 人で使用する。ゆえに，分析結果の反映と「見やすくする作業」は一人が担うことになる。この作業については，動画に最初に手を付ける者，すなわち分析チームが担当することが特に深く検討されることなく決まっていった。

以上の経緯から，「字幕デザインの決定」に関して，どちらのチームが権利を持つのかということについて，実践の場において初めて混乱が生じたのであった。本事例で見ていったのは，そうした可視化による「問題点」が，DST プログラムの実施における協調作業において，各メンバーが担う役割に指向したやり取りのなかで初めて見出された場面である。

4.2 「実際のやり取り」の検討を通して組織内分業の「あり方」を理解すること

分業においては，職能等様々な要素に基づいた権利と義務の配分に即して，「共有すべきこと」と「すべきでないこと」が作業ごとに取捨選択され，その上で種々様々な事柄への決定権も分散して配置される。それを協調的に進めるために，全体で合意を取る対象やタイミングが設定される。重要なのは，これがどのように設計され，そして実践されているかである。"DST Movie Viewer"の設計は，この権利と義務の配分のバランスに配慮していなかったために，それを使用するチーム間で，それまでは特定のチームが持っていた管理権を誰が改めて持つのかを調整しなくてはならなくなったのであった。これを出発点に，自身らの実際の分業の仕方を踏まえつつ，自分たちの作業を支援するシステムのデザインがどうあるべきか，ということの再検討をすることになった。

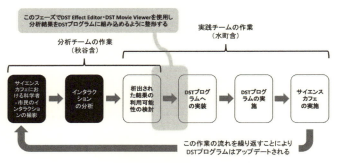

図2 DSTプログラム実施のワークフロー

具体的には，前節で見ていったような事例のコレクションをチーム内で検討したあと，"DST Movie Viewer"が自分たちのワークフローのなかのどの位置に位置付けられるかということと，そもそもソフトウェア導入以前のワークフローはどのような形になっているのかが検討された。結果として，図2にあるように，"DST Movie Viewer"は，すでに分析が完了した動画データをDST受講者に効率よく見せるために，「析出された結果の利用可能性の検討」と「DSTプログラムへの実装」の間に位置付けられるものだとされた。

ここまで見ていったように，実際のソフトウェアの使用場面におけるトラブル場面を見ていくことにより，それをめぐる参与者間の社会関係や役割が理解可能になる。また，社会関係や役割から見たソフトウェアの「根本的な問題」もまた可視化された。こうしたことは，ソフトウェアのどの機能やインタフェースを改善すればよいのかということに直接示唆を与えるものである。さらに，トラブル場面において示されている改善案の違いが何に起因するかをメンバー間で検討していくなかで，当該組織の分業における役割とワークの配分が，その検討のなかで言語化され，理解されていった。こうした作業は，実際のやり取りを，当該場面のメンバーが有している知識や経験に準じて理解することを可能にする。もちろん，こうした知識や経験は，ただ話を聞くだけでなく，当該組織における参与観察を通して獲得していくものでもある。今回の事例は，分析者であり，当該組織のメンバーでもある秋谷が当該組織において働きながら獲得した知識や経験に準じてやり取りを記述していったため，「分析者」や「ファシリテーター」といったチーム内の細かい役割

分担や，ソフトウェアの詳細，それが導入された経緯等を踏まえた記述が可能になったとも言える．

5. 分野横断的取り組みの体制

5.1 「記述」とデザイン

　本節では，これまでのような取り組みが示唆するエスノメソドロジーとデザインの共同実践の有用性・問題点について考察する．行為・活動のコンテクストの記述的研究が，「デザイン」の文脈に埋め込まれたときに問題として経験されるのは，人々のやり取りや組織活動を調査し記述的研究を行う「調査者」はデザインワークにどのようにかかわっていくのかということである．

　ワークプレイス研究とデザインを架橋しようとする動機をもつ人々にとっては，両者をいかに「効率的に」融合させるかが問題となる．こうした問題意識のもとでは，エスノグラフィーの記述の時点で，よりデザイナーにわかりやすいメタファーやタームで表現することに指向したものが現れるようになる．すなわち，実際にその場で起きていたことの行為や活動のコンテクストを捨象し，よりわかりやすく馴染み深いタームや，包括的な図式を用いて抽象化するということだ．

　こうした取り組みをしていた情報学領域で活動する人類学者のJ. ベルらの研究グループに対して，エスノメソドロジストであるA. クラブトゥリーらが2009年のCHI (Human-Computer Interactionのトップカンファレンス) において批判し，デザインにおけるエスノグラフィーの位置付けについて議論が巻き起こった．(Crabtree et al. 2009)．

　ベルらは，情報学領域で活動するエスノグラファーは「消費者が準拠する文化」や，「文化の実践」にもっと注意を向けるべきだとした (Bell 2001)．たとえば，ベルらは，自宅の他に設置され，個人的な楽しみのために使用される「小屋 (shed)」に注目した．そして，それをジェンダーに指向した使用法という軸から解釈していったとき，文化圏ごとに「小屋」の意味付けや使用法が異なるということ見出した．そうした文化的要素を理解することが，たとえば家庭内のITインフラをデザインしようとするデザイナーには求められるとし

た (Bell and Dourish 2006)。また，そうした点に着目したフィールドワークを行うことは，情報学において「新しいエスノグラフィーのアプローチ」(Bell et al. 2005) であるとも述べた。

そうしたベルのエスノグラフィーの成果は興味深く，その結果自体は貴重なものであると評価しつつ，その一方でクラブトゥリーら (2009) は，ベルらのエスノグラフィーにおける「行為者」を，「文化的判断力喪失者（cultural dope）」[3]と名付けて批判する。そこに通底しているものは，「文化」という解釈枠組みで人々の実践を理解していくというベルらの方針は，日常生活の多種多様なコンテクストにおける活動やインタラクションがいかに組織されているのかということから目をそむけてしまうことになる，ということである。ベルらの成果を引きながらクラブトゥリーらが指摘するのは，ベルらの記述には，実際にジェンダーに指向した使い方をしていると記述可能な人々の「小屋」の使い方や，それ以外にそこで人々が実際にやっていること，そして，人々がそこで意味づけていることといった諸々の「生きられたワーク（lived-work）」(Garfinkel, Lynch and Livingston 1981) がまったく書かれていないということだ。

ここで注意しなくてはいけないのは，クラブトゥリーらは，デザイナーが自身の視点から現象を抽象化すること自体は問題視していないということだ。問題なのは，先のベルの取り組みを事例に出すならば，「文化」という表象でもって人々の多様な実践を包括的に語るということを調査者がやるべきではない，ということだ。むしろ，調査者がやるべきなのは，まずは「そこで実際になされていること」を，その行為の組織過程のコンテクストの記述とその理解可能性の詳細を提示していくことなのである。実際にデザインに落としこんでいくためのモデル化，一般化はそれを経た先にある。

5.2 エスノメソドロジーとデザインワークの共同作業体制

検討すべき問題は他にもある。例えば，記述的研究は時間がかかるという事実が，領域横断的取り組みにおいて「問題」として経験される可能性がある。調査をする側からすれば，問題という言い方は適切ではないかもしれない。なぜなら，調査者は，「調査」がある程度のスパンを要するものだということ

は織り込み済みである。ゆえにそれは「問題」として認識され得ない。むしろ，即断的なエスノグラフィーはあまり評価されない。他方で，調査者のペースは「遅い」，または「記述に徹しすぎており，もう少しデザイン側に歩み寄るべき」といった要望がシステム設計者から出ることがある（葛岡1997）。

　P. ドゥーリッシュがかつて述べていたように，調査とシステム設計の連続したプロセスにおいて，デザイナーは調査のゲートキーパーになるべきだという考え方がある（Dourish 2006）。それは，プロジェクトの管理はすべてデザイナー側が行うべきだということではなく，調査成果から実装へのプロセスにおいては，デザイナー側が責任をもって取り組むべきだということを示している。それ以前／以降の調査や評価のフェーズにおいては，調査者または共同で取り組むことも可能である。

　以上のように，共同作業体制については万能な案を提示することができない。ただ，当該分野において共同作業を進めてきた先達によって，いくつかの共同作業のかたちとそれぞれの特徴についてはまとめられている（Hughes et al. 1997; Randall et al. 2007; 秋谷2010）。

(1)即断的なエスノグラフィー（quick and dirty ethnography）

　これは，システムデザインをするために，デザインや仕様についてはあらかじめアウトラインを設定しておき，それと関連があると思われる特定の活動に事前に焦点化し，それに即した短期的な調査をかけることである。あらかじめ決められた方針で短期的に調査を行うことを目的としているので，調査者は，フィールドのなかでそれに即した現象を収集していくことになる。

(2)評価的エスノグラフィー（evaluated ethnography）

　調査をする前に，アウトラインを設定し，注目すべき点を設定するという点では上述の即断的なエスノグラフィーと変わらないが，こちらはより再帰的なものである。すなわち，調査を行うなかで，あらかじめ設定した注目点などに問題が見出された場合（より興味深い現象が発見された，あらかじめ設定した注目点はそこまで重要なものではなかった…など），アウトラインを即時的修正していくやり方である。

(3)システム設計と同時並行のエスノグラフィー（concurrent ethnography）

こちらは，冠された名前が示すように，システム設計と調査は別個に，かつ同時並行的に実施するというものである。そこでの調査は，システム設計のアウトラインに準じたものではなく，より人類学的・社会学的関心をもってフィールドに入っていくものである。そして，折を見て，デザイナーと調査者それぞれが作業進捗の報告をし，それを受けてシステムのプロトタイプが設計されることになる。

6. 共同作業体制の構築に向けて

本論では，デザインに対する社会的コンテクストの記述およびその理解可能性を追求していくことの重要性について論じてきた。また，社会学的なフィールドワークによる調査とデザインをどのように関連付けて実施すべきか，という実践的な問題があることも同時に指摘した。これは，調査とデザインを行う人が同一であっても考慮されるべき問題である。この問題については，調査とデザインを実施する個々の組織で解決されるべき問題でもある。

本論で見ていったように，領域横断的な実践と議論の積み重ねによって，よりよい「融合のあり方」が，それぞれの専門性や歴史を尊重しつつ協働していくなかで提起されてきた経緯がCSCW・CHIにはある。また，冒頭で述べたように，ユーザビリティやユーザエクスペリエンス・デザインにおいて「エスノグラフィー」が注目されてきたことと関連して，「エスノメソドロジー」にも注目が集まりつつある。こうした取り組みがユーザ，そしてワークプレイスでのワークの流れに適したツールをデザインするという点については非常に有用であることは疑いないことである。このような社会学とデザインのハイブリッドな取り組みを蓄積し，よりよい協働のあり方を検討していくためには，より多くの人々が実践していくことが不可欠であり，そのなかで洗練されていくことが重要である。

注
(1) ユーザ中心設計とは，ユーザの利用状況の把握と要求事項の抽出をし，それを踏まえた解決策の作成とその評価を行う一連の設計プロセスによって達成されるものを指す。

(2) クラブトゥリーらは，ワークプレイス研究が情報デザインにおいて近年とみに「広く通用するようになった」(Crabtree et al. 2013: 1)と述べている。日本でも，2007年にヒューマンインタフェース学会論文誌にて「エスノメソドロジーのススメ」と題した特集が組まれている。しかし，管見の限りでは，実践的な取り組みはそう多くないようである。
(3) 「文化的判断力喪失者」はもともとガーフィンケルの用語である。ガーフィンケルは以下のように述べる。「『文化的判断力喪失者（cultural dope）』とは，社会学者が設定した社会のなかの人間のことである。つまり，この人間は，共通の文化によりあらかじめ規定されている正統的な行為だけしか選択できず，そうすることで，社会をいかにも安定したものにしているのである」(Garfinkel 1964=1989: 76)

参考文献

秋谷直矩, 2010,「デザインとエスノメソドロジー：領域横断的実践のこれまでとこれから」『認知科学』17(3): 525-535.

Bell, J, 2001, "Looking across the Atlantic: Using ethnographic methods to make sense of Europe," *Intel Technology Journal Q3.* (Retrieved October 22, 2015, http://www.ibrarian.net/navon/paper/Looking Across the Atlantic Using_Ethnographic_M.pdf?paperid=4224481)

Bell, J., Blynhe, M. and Sengers, P., 2005, "Making by Making Strange", *TOCHI*, 12(2): 149-173.

Bell, J. and Dourish, P. 2006, "Back to the Shed", *Personal and Ubiquitous Computing,* 11(5): 373-381.

Cicourel, A., 1987, "The Interpenetration of Communicative Context: Examples from Medical Encounters," *Social Psychology Quarterly,* 50: 217-226.

Crabtree, A., Rodden. T., Tolmie, T. and Button, G., 2009, "Ethnography Considered Harmful", *Proc. CHI'09,* 879-888.

Crabtree, A., Rounceifeld, M. and Tolmie, P., 2013, *Doing design ethnography,* Springer.

Dourish, P., 2006, Implication for Design, Proc. *CHI'06,* 541-550.

Garfinkel, H., 1964, "Studies of the Routine Grounds of Everyday Activities", *Social Problems,* 11(3): 225-250. (= 1989, 北澤裕・西阪仰訳「日常活動の基盤──当たり前を見る」北澤・西阪編訳『日常性の解剖学：知と会話』マルジュ社, 31-92.)

Garfinkel, H., Lynch, M. and Livingston, M., 1981, "The Work of a Discovering Science Constructed with Materials from the Optically Discovered Pulsar," *Philosophy of the Social Science,* 11: 131-158.

Grudin, J., 1990, "The Computer Reaches out: The Historical Continuity of Interface Design", *Proc. CHI'90,* 91-98.

Harrison, S. T., Tatar, D., and Sengers, P., 2007, "The Three Paradigms of HCI", *Proc. alt.chi, CHI '07(San Jose, CA, May 2007).*

Heritage, J., 1984, *Garfinkel and Ethnomethodology,* Polity Press.

Hughes, J., O'Brien, J., Rodden, T., Rounceifeld, M. and Blythin, S, 1997, "Designing with

Ethnography: A Presentation Framework for Design," *Proc. The 2nd Conference on Designing Interactive Systems,* 147-158.

葛岡英明・水川喜文・三樹弘之, 1995,「CSCW 研究とエスノメソドロジー研究の接点」『現代社会理論研究』5, 75-91.

Norman, D. and Draper, S., 1986, *User Centered System Design: New Perspectives on Human-Computer Interaction,* CRC Press.

Randall, D., Harper, R., and Rouncefield, M., 2007, *Fieldwork for Design: Theory and Practice,* Springer.

Sommerville, I., Rodden, T., Sawyer, P. and Bentley, R., 1992, "Sociologists can be Surprisingly Useful in Interactive Systems Design," *HCI'92 Proceedings of the conference on People and computers VII,* 342-354.

Suchman, 1987, *Plans and Situated Actions: The Problem of Human-Machine Communication,* Cambridge University Press.（＝1999, 佐伯胖監訳・水川喜文・上野直樹・鈴木英幸訳『プランと状況的行為——人間 - 機械コミュニケーションの可能性』産業図書.）

あとがき

　本書は，エスノメソドロジーを基本的な研究方法として，情報機器を含めたさまざまな共同作業を行う「ワーク／work」の現場について調査を行ったワークプレイス研究の論文集／コレクションとして編集された。ワークプレイス研究は，もともと情報テクノロジーの発展と共同作業の可能性を研究する領域として行われてきたが，本書では，近年のエスノメソドロジー研究の展開などを考慮して，より広い対象であるサービスエンカウンターなどを含めた労働場面，共同作業場面，教育場面など「はたらくこと」をフィールドにした調査を集めている。

　これまで述べてきたとおり，ワークプレイス研究は，情報テクノロジーの進展により遠隔地での共同作業や多面的情報を利用した共同作業の必要性というビジネス面での要請と，共同作業を支援するグループウェアや情報機器の開発という2つの側面から生まれてきた背景がある。パロアルト研究所に所属していたL. サッチマンが『プランと状況的行為』を発表した前後から，さまざまな研究者が集う一つのアリーナが形成され，情報学や認知科学との接点を持ちながら独自の研究領域として展開されてきた。それは，マンチェスター大学・ランカスター大学のシャロックやヒューズを中心とした研究グループ，キングス・カレッジ（ロンドン大学）のラフやヒースを中心とした研究グループなどいくつかの共同研究を生み出してきた。

　また，エスノメソドロジー研究を始めたハロルド・ガーフィンケルが1980年代から「ワーク」というキーワードで社会秩序研究を行ってきたことと繋がりがあることは，これまで指摘したとおりである。これには，既成のさまざまな社会学概念を，具体的な現場の中で「再特定化」しようという方向性が見られる。

　本書は，これらのエスノメソドロジーや関連領域の研究動向を踏まえて，情報機器を用いた共同作業に限らない，さまざまな共同作業の研究への可能性と広がりを示すために編集されている。そこには，単にエスノメソドロジーから生まれた会話分析の手法を応用するだけでなく，また，制度的状況下での相互行為研究というものだけではなく，ワークプレイスにおける共同作業

というひとつの社会秩序の研究として見ていこうという視点がある。

　本書の企画は，もともと編者のうち水川と秋谷で企画された。水川は，エスノメソドロジーを基本にして，テクノロジーを用いた共同作業への関心から調査研究を行って，先述のサッチマン『プランと状況的行為』を佐伯胖教授の監訳のもと故・上野直樹と鈴木栄幸両氏と共に翻訳してきたことで，医療福祉領域を含むワークプレイス研究の展開を射程に入れてきた。秋谷は，大学院生時代に埼玉大学の山崎敬一研究室でロボット研究等とエスノメソドロジーを架橋する研究を行っており，その後，京都大学の「物質-細胞統合システム拠点（iCeMS）」の研究員（わかりやすくいえば，iPS細胞などの研究拠点）で，科学と社会科学を接続する研究者として働き，また様々なワークプレイスを対象にしたフィールドワークも同時に行っていたことで，本書の企画・編集を行うことになった。その後，保育室・小中学校の教育現場をフィールドとして，保育者および教師のワークと児童生徒らの教育経験についてエスノメソドロジー・会話分析の立場から研究している五十嵐が参加し，収録論文のバリエーションを増やすこととなった。

　このように編者は理論研究を行いながら，いくつかのフィールドを持って調査を行っているが，各章執筆者も，フィールドに対してどっぷり浸かっている。鮨屋を借りきってビデオ撮影をする，フィールドに関連する専門学校で教える，映像ソフトウェアを作成する，住宅設備会社でのマルチアングルを使った撮影や現場への同行といったフィールドへの密着と場合によっては参与観察者としての実践がある。また，現実に論文となったものは，本書に含まれるようなフィールド調査結果ではあるが，もちろん，その影には多数の論文や発表に至らなかった調査も累々と存在しているのである。これらのフィールド研究は，フランシスとヘスターの述べた「実際観察できるものから出発し，次に，観察された現象はどのようにして生み出されているのかという問いを立てる」（2004=2014:129）というエスノメソドロジーの基本的な方向性に沿っている。

　本書に収録された論文は，書き下ろしのものと既に口頭発表や論文として発表されたものから，研究の発展可能性や内容のわかりやすさをもとに選択・

編集されている。その際，他分野の研究者への読みやすさや，時事的な内容であると共に，時を経ても使える事例という条件もつけた。既発表論文の改稿及び再掲に際して関係学会等のご理解に感謝したい

　各章の執筆者には，いくつかの編集方針をお伝えした。例えば，冒頭で，基本的な用語や分析手法について解説をすることである。これは，関連する学会の論文では，ともすれば前提として考えられ省略されている理論的，方法論的な前提も含めて記載するということである。さらに当然ではあるが，調査対象であるフィールドを含めた具体的なデータを用いた分析に入っていることもリクエストしている。また，サックス／シェグロフ（Schegloff 1992(vol.2): xiv-xv）が録音データを扱い始めたのは，誰でも遡れるからだと指摘するとおり，実践の具体的な詳細を，音声録音やビデオ録画によって記録し，そこにさかのぼって検討している研究が求められた。これらの編集上の要望を実施するため，既発表の論文であっても再検討，再執筆したものとなっている。また，同時に，科学研究費の補助（各章記載）や学会発表（下記）などを経て本書に収められている。

　現在，社会学，心理学，情報科学，認知科学などの研究領域において，質的研究や質的社会調査，フィールドワークなどについての注目が集まっている。本書の特徴としては，エスノメソドロジーの方法論研究をベースとして具体的なフィールドを研究しているという両面性である。これらの研究は，理論研究に対しては具体的なフィールドを持つ点，量的調査に対して，個別具体的な現象に対する論理（文法）的分析が行える点などがその特徴としてあげられる。また，同じ質的調査の範疇に入るインタビュー調査に対しては，フィールドの当事者が言語化できない実践も含めて研究できる優位性がある。また，本書に収められた研究は，そのような具体的なフィールドから得られたデータや直感を，ひとりの研究者や，ひとつの大学の研究室を超えた研究ネットワークによって検討された成果といってよいだろう。

　最後に，本書の出版に際し，マンチェスター大学のウェス・シャロック教授とハーベスト社の小林達也社長に感謝申し上げたい。シャロック教授には，編者（水川）が1993年と2004-2005年に客員研究員として，またその後も継続してお世話になっている。本書で少しでもお返しができたらと考える。また，

ハーベスト社の小林達也社長には，これまでエスノメソドロジー・会話分析の調査研究を編集した『語る身体，見る身体』(1997 山崎敬一・西阪仰編著)の出版時もお世話になっている。今回も，本書企画段階から全幅的信頼のもと編集できたことに感謝している。

(水川・秋谷・五十嵐)

参考文献
Schegloff, E, A., 1992, "Introduction" Sacks, H. *Lectures on Conversation vol.2*, Blackwell.
Francis, P.; Hester, S., 2004, *An invitation to ethnomethodology: language, society and interaction*, Sage (=2015, 中河他訳『エスノメソドロジーへの招待』ナカニシヤ出版.)

■本書の企画・発表学会
□第 88 回日本社会学会大会（早稲田大学）：2015 年 9 月 20 日
一般研究報告(3)　産業・労働・組織(5)司会者：池田心豪（労働政策研究・研修機構）
1. ワークプレイス研究のエスノメソドロジー的展開(1)——ワークプレイス研究の興隆と現在　北星学園大学　水川喜文
2. ワークプレイス研究のエスノメソドロジー的展開(2)——学際研究実践の社会学的意義　山口大学　秋谷直矩
3. ワークプレイス研究のエスノメソドロジー的展開(3)——協働学習のエスノグラフィから学習の実践学へ　北海学園大学　五十嵐素子

□第 2 回社会情報学会学会大会 ワークショップ WS5「社会情報学におけるエスノグラフィーの可能性」（早稲田大学）：2013 年 9 月 15 日 (日)
司会：水川 喜文（北星学園大学），報告者：五十嵐 素子（上越教育大学）・笠木佑美（大分県教員），秋谷 直矩（京都大学），是永 論（立教大学），討論者：木村 忠正（東京大学）
(1)教育実践におけるメディア利用のデザイン——ICT を活用した協働的な学びの事例から
(2)ワークを繋ぐ人工物——分業を支援する新規ソフトウェアのユーザテスト場面の分析
(3)配管工事現場における人工物の利用と作業の組織化

□第 32 回社会言語科学会研究大会　ワークショップ「会話分析はサービスエンカウンター研究にどう貢献するか」（信州大学）:2013　（イントロダクション 1 参照）

人名索引 (50音順)

ア行

アーミネン，I. 220
秋谷直矩 32, 90, 141, 第12章随所, 298, 300
アンダーソン，J. 11
五十嵐素子 156, 260, 274
池田佳子 275
池谷のぞみ 94, 98, 121, 125, 127, 131, 137, 173, 242
石井裕 12, 18
ウィトゲンシュタイン，L. 9, 125, 166, 172, 204
ウィノグラード，T. 21
ウェーバー，M. 94, 95, 96
上野直樹 18, 19, 231, 239, 240, 241, 242
ウェンガー，E. 19, 231, 243
海老田大五朗 89, 204, 205, 224
エンゲストローム，Y. 231

カ行

ガーフィンケル，H. 4, 6, 7, 11, 17, 30, 31, 94, 126, 127, 140, 156, 187, 191, 204, 260, 292, 295, 297
カーリン，A. 99, 125
樫田美雄 xi, 89
加藤浩 19, 104, 119, 231, 262, 273, 275
北村隆憲 223
ギブソン，J.J. 231
串田秀也 85, 86, 90, 104, 251
葛岡英明 16, 18, 232, 241, 293
グッディン，C. 18, 97, 189, 202, 205, 219
グッディン，M.H. 18, 97
久野義徳 18
グライフ，I. 12
グライフェンハーゲン，C. 274
クラブトゥリー，A. 17, 18, 233, 291, 292, 295
グルーディン，J. 12, 13, 229, 281
クルター，J. 9, 73, 166, 204

コシュマン，T. 258, 260
ゴフマン，E. 30, 31, 35-37, 51, 52, 53, 104, 105, 110, 205, 243
是永論 54, 156, 243, 300
小宮友根 224

サ行

サイモン，H. 95
サックス，H. 7, 37, 56, 71-73, 76, 83, 85, 152, 173, 185, 187, 220, 224, 250, 299
サッチマン，L. 6, 11, 13-15, 18, 21, 28, 140, 161, 163, 209-211, 230, 232, 281, 297, 298
サマーヴィル，I. 232, 280
シェグロフ，E. 7, 37, 38, 46, 51, 71, 152, 220, 224, 275, 299
ジェファーソン，G. ix, 7, 220, 224
シクレル，A. 282
シャロック，W. 9, 11, 17, 97, 124, 133, 233, 297, 299
シュッツ，A. 94, 99
ジョンソン，D.W. 275
鈴木栄幸 18, 262, 273, 275, 298
スタール，G. 258, 260, 261, 275
スラック，R. 99, 204

タ行

ターリャ，S. 121
ドゥーリッシュ，P. 18, 292, 293
ドレイファス，H. 21

ナ行

西阪仰 ix, xi, 69, 90, 164-166, 204, 261, 300
西村ユミ 172, 185-187
ネヴィル，M. 210, 211
ノーマン，D. 278, 280

ハ行

バーナード，C. 95, 96
バトン G. 1, 11, 17, 18, 97, 133, 231, 233
バノン，L. 229
ハリソン，S. 280
ヒース，C. 11, 15, 16, 162, 238, 241, 297
ビットナー，M.J. 30
ビットナー，E. 94-99
ヒューズ，J. 11, 16, 17, 18, 97, 162-164, 210, 211, 231, 232, 293, 297
ヒンドマーシュ，J. 1, 16, 28, 31, 97, 244
古川智樹 275
フローレス，F. 21
ヘリテイジ，J. xi, 37, 90, 247, 256, 282
ベル，J. 291, 292
ベントレー，R. 17, 231, 232
ボナー，A. 123

マ行

マーフィー，K.M. 141
前田泰樹 3, 20, 56, 168, 172, 185-187, 204, 205
マッケンジー，P.J. 121, 123, 124
水川喜文 90, 156, 232, 298, 299
南保輔 101, 104, 105, 119, 156, 285, 286
宗森純 12
メイナード，D. xi
メーハン，H. 259, 260
メリット，M. 30, 37, 38,

ヤ行

山崎敬一 16, 18, 19, 298, 300
行岡哲男 203
吉野孝 12

ラ行

ラウンスフィールド，M. 17, 18
ラフ，P. 1, 2, 11, 15, 16, 28, 97, 98, 161, 162, 215, 238, 241, 297
ランドール，D. 17, 97, 233, 293
リンチ，M. 4, 7, 165, 172, 187, 205, 275, 292
レイヴ，G. 19, 231, 243
ロイド，A. 123
ローズ，E. 136
ロックスビー，21
ロッデン，T. 17
ロベルト，M. 102, 103

ワ行

ワーチ，J. 231
ワトソン，R. 17, 125

事項索引（50音順）

あ

ICT機器 233, 259-264, 266, 272-275
　——教育 2, 20
アフォーダンス 231
アプリオリの (a priori/ 事前に定まった) 9

い

ECSCW 15
生きた情報 241, 242
生きられたワーク（lived-work）292
意思決定 29, 61, 94, 95, 98, 100, 101-104, 106, 111, 113, 118, 139, 210
痛みスケール 20, 167, 168, 171-181, 185-187, 18
痛みのコントロール（ペインコントロール）167, 168, 172, 174, 183, 186
痛みの評価 172
一貫性規則 56, 57, 72, 83
インデックス性 4, 5
インフォームド・コンセント 20, 123, 169, 190, 197, 198, 202-205, 224
引用発話 102, 104, 119
引用標識 104

う

ウィトゲンシュタイン派（エスノメソドロジー）166, 172

え

HRI(Human Robot Interaction) 13
エスノグラファー 126, 127, 232, 291
システム設計（者・法）232, 281, 293, 294
エスノメソドロジー 随所
　——インフォームされたエスノグラフィー 16
　——的無関心 7, 243
　——に指向したエスノグラフィー 16
EPIC（Ethnographic Praxis in Industry Conference）30

か

解釈のドキュメンタリー的方法 191, 204
概念の用法 125
概念分析 125, 166, 167
会話分析 7-9, 14-16, 20, 28, 29-32, 35-38, 52, 54, 56, 71, 97, 123, 127, 204, 224, 256, 260, 275, 288, 297, 298, 300
科学的管理法 29, 95
拡張 38, 73
カスタマーサービス 19, 27, 28, 31, 32
活動理論 231, 234
カテゴリー化 56, 57, 67, 68, 72, 83
カテゴリー集合 57, 58, 62, 65, 67, 68, 83, 84, 85
カテゴリー対 71, 78, 85, 86
カテゴリーに結びついた活動 (category bound activities) 57, 58, 65, 71
カンファレンス 20, 167, 168, 171-174, 176, 185-187
管理過程論 95

き

機械言語 125
気づきうる不在（noticeable absence）46
教育の情報化 258, 274
共在のヴァルネラビリティ 5
共成員性 84, 85, 86, 87
協調作業 2, 12, 18, 97, 228, 229, 289
協調の中心 18, 208, 209
協働学習 7, 233, 258, 259, 260, 261, 263, 266, 270, 272, 273, 274, 275, 300
共同作業 6, 8, 12, 18-20, 31, 98, 160-162, 208, 229, 231, 238, 275, 278, 280, 292-294, 297, 298

く

偶有的な (contingent) 9, 73
区分上の一貫性 83, 86, 90
グループウェア 12, 18, 279, 297

け

経済規則 56, 57
ゲームの面白さ 35, 37
ゲームを行う相互行為 37
現場の知識 149, 152, 154-156, 233, 247

こ

行為連鎖組織 38
行動観察 1, 30
コンピューター支援による協働学習（CSCL）258, 259, 260, 261, 275
コンピューターに支援された協調的作業（CSCW）11, 97, 98, 160, 161, 229, 230, 231, 280, 281, 294

さ

サービスエンカウンター 2, 19, 27-32, 51, 52, 54, 55, 57, 61, 62, 67, 68, 297, 300
サービス科学 28, 29
サービス学 28
再特定化 6, 7, 19, 31, 37, 96, 162, 230, 297
作業のシームレス化 283, 289
作業の優先順位 113

し

CHI (Computer Human Interaction) 13, 291, 294
志向 35, 36, 78, 81, 82, 165, 205
　——性 39, 52, 71, 76
自然言語 125
自然に生起する (naturally occurring) 14
実践共同体 (communities of practice) 243, 244, 254
実践の中で知ること (knowing in practice または knowing in action) 244
実践論的転回 (practice turn) 121, 122, 124, 136
指標 182, 184, 185, 205
社会的属性 35, 36, 237, 238, 242
修復 183, 219, 220, 224
状況的学習論 19
状況的行為 (situated action) 11, 13, 18, 140, 161, 230, 281, 297, 298
状況論 18, 19, 230, 231
条件的に関連性のある（conditionally relevant）38
（注文の）詳細化 41-46, 52
焦点化 (highlighting) 190, 191, 195, 196, 202, 205
情報エコロジー 239, 240, 241, 242, 249, 257
情報行動 98, 121-124, 131, 135, 136
情報処理理論 229, 230
情報遭遇 132
心理学 12, 28, 100, 188, 210, 229, 258, 279, 299

す

スペーシング 213, 224
スマートオフィス 229

せ

成員カテゴリー化装置 54, 56, 67, 71, 75, 76, 78, 81-85, 88, 90
成員カテゴリー（化）分析 21, 31
正統的周辺参加 231
世界を構築する活動 52
責任主体（principal）104, 105, 110
先験的かつ偶有的な性質 73
選択知覚 (selective perception) 205

そ

相互行為の中のトーク（talk-in-interaction）37
相互反映性 4, 5
組織均衡論 95

た

第一成分（FPP）38, 41, 46
第二成分（SPP）38
達成すること (doing) 122, 283

ち

知識の運用 (knowledge management) 237
著作者 (author) 104, 105, 110

て

出会い (encounter) 30, 53, 54, 55, 191, 192, 205, 206
定式化 56, 140, 176, 177, 187, 191, 218, 219, 254, 260
ディスクレイマー (disclaimer) 79, 81
手がかりの喪失 (cuelessness) 237, 238
適切な能力 (competence) 126
デザイン思考 1
デュアル・エコロジー 241
展望のある場面（perspicuous setting）127

と

図書館情報学 121
トラブル 58, 84, 89, 130, 139, 141, 143-145, 154, 155, 200, 201, 210, 211, 219, 220, 224, 290
　——の報告 143-145, 155
ドラマツルギー 31

に

二重のモニター 6, 169, 208, 213, 216, 222, 223
人間関係論 95
認識用指示表現 (recognitional) 251, 252, 253
認知科学 1, 2, 5, 6, 14, 17, 18, 24, 161, 210, 229-231, 275, 280, 281, 295, 297, 299
認知工学 279

の

ノーマルな秩序（normal order）140, 141, 143-145, 154

は

発声者 (utterer) 104
発話上のマーカー 247
パノプティコン 239

ひ

ヒューマン・エラー 210

ふ

フィギュア (figure) 105, 110
フェイススケール 171, 174, 179-181, 185
プラン 6, 7, 11, 14, 18, 139-149, 154, 155, 161, 165, 220, 230, 249, 281, 297, 298
プロフェッショナル・ヴィジョン 165, 189, 190, 198, 202-4, 206, 208, 213, 216, 223, 224
文化的判断力喪失者 (cultural dope) 292, 295
分業 29, 122, 128, 135, 142, 162, 163, 209, 216, 232, 234, 262, 289, 290, 300
分散認知 18, 230

へ

変形ルール 36, 37, 49, 51

ほ

方法的知識 89
方法の固有性の要求 (unique adequacy requirement) 126, 127
ホーソン実験 95
ホームポジション 65

み

ミーティング 99, 101, 105-108, 111, 113-117, 121, 128, 139, 141-143, 149, 154-156, 245
見る
　として―― 61, 166, 189, 190, 196, 204, 206
見る者の格率 71

む

無関連化ルール 35

め

明確化 (upgrading) 205
メディア・スペース 238, 240
メンバーの測定装置（members' measurement system) 6, 171, 173, 185, 188

ゆ

ユーザエクスペリエンス 1, 294
ユーザ中心設計 279, 294
ユーザ中心のデザイン 280
ユーザビリティ 278, 279, 294
指さし (pointing) 66, 139, 155, 165, 169, 180, 214-222, 262, 268, 271

よ

予示的指標 (prospective indexical) 205

り

リーダー 4, 5, 19, 29, 98, 101-105, 111, 113, 118, 119, 173, 185
　グループ―― 128-136
理解可能性 124, 140, 242, 245, 261, 281, 282, 285, 292, 294
隣接対 8, 9, 38, 46, 72, 73, 76, 81

る

ルーティーン 140, 141, 143, 155, 215

れ

連鎖　随所
　IRE―― 259, 260
　注文―― 3, 31, 33, 35, 36, 38-52, 142, 241
　ニュースを伝える―― 253

ろ

労働・技術・インタラクション (Work, Technology and Interaction(WTI)) 16
ローカルな秩序 6, 7
論理文法分析 7, 166, 167

わ

ワークプレイス　随所
ワークプレイス・プロジェクト 15, 18
悪い情報 128, 129

編著者紹介

編者紹介
水川喜文（みずかわ　よしふみ）【序章, 第2章, 第6章, 第10章, イントロダクション（セクション1）】
北星学園大学社会福祉学部教授。慶応義塾大学大学院社会学研究科単位取得退学。社会学修士。専門：社会学，エスノメソドロジー。共編著に『エスノメソドロジー』（ワードマップ）新曜社 (2007)，共訳書に佐伯胖監訳・上野直樹・水川喜文・鈴木栄幸訳『プランと状況的行為——人間-機械コミュニケーションの可能性』産業図書 (1999) など。

秋谷直矩（あきや　なおのり）【序章, 第12章, イントロダクション（セクション2, 4）】
山口大学国際総合科学部助教。埼玉大学理工学研究科理工学専攻博士後期課程修了，博士（学術），京都大学 iCeMS 科学コミュニケーショングループ特定研究員を経て現職。専門：社会学，エスノメソドロジー・会話分析。共編著に『最強の社会調査入門』ナカニシヤ出版 (2016)，共著に南出和余・秋谷直矩『フィールドワークと映像実践——研究のためのビデオ撮影入門』ハーベスト社 (2013) など。

五十嵐素子（いがらし　もとこ）【第2章, 第6章, 第9章, 第10章, 第11章, イントロダクション（セクション3）】
北海学園大学法学部准教授。一橋大学大学院社会学研究科博士課程修了，博士（社会学），上越教育大学大学院准教授を経て現職。専門：教育社会学，教育実践のコミュニケーション分析。論文に「『教示』に結び付いた『学習の達成』——行為の基準の視点から」酒井ほか編『概念分析の社会学2』ナカニシヤ出版 (2016)，「保育実践における子どもの感情経験の取り扱い——エスノメソドロジーの視点から」『子ども社会研究』17:5-11(2011) など。

著者紹介
平本毅（ひらもと　たけし）【第1章, イントロダクション（セクション1）】
京都大学経営管理大学院特定講師。立命館大学大学院社会学研究科博士課程後期課程修了，博士（社会学）。専門：会話分析。共著に「社会的活動としての想像の共有——科学館新規展示物設計打ち合わせ場面における『振り向き』動作の会話分析」『社会学評論』66(1): 39-56(2015) など。

山内裕（やまうち　ゆたか）【第1章】
京都大学経営管理大学院准教授。UCLA Anderson School of Management, Ph.D.(Management)。専門：組織論，サービス科学。著書に『「闘争」としてのサービス——顧客インタラクションの研究』中央経済社 (2015) など。

中村和生（なかむら　かずお）【第3章】
青森大学社会学部准教授。明治学院大学大学院社会学・社会福祉学研究科社会学専攻博士後期課程満期単位取得退学，博士（社会学）。専門：エスノメソドロジー，科学社会学。共著に「『心の理論』と社会的場面の理解可能性——自閉症スペクトラム児への療育場面のエスノメソドロジーにむけて」『年報社会学論集』（関東社会学会）26:159-170(2013) など。

南保輔（みなみ　やすすけ）【第4章】
成城大学文芸学部教授。University of California, San Diego, Ph.D. (Sociology and Cognitive Science)。
　　専門：ビデオ相互作用分析,質的社会調査法。著書に『海外帰国子女のアイデンティティ――
　　生活経験と通文化的人間形成』東信堂 (2000) など。

酒井信一郎（さかい　しんいちろう）【第5章】
清泉女子大学非常勤講師。立教大学大学院博士後期課程単位取得退学，修士（社会学）。専門：
　　エスノメソドロジー。共著に "Envisioning the Plan in Interaction," Nevile, M and P. Haddington
　　(eds), Interacting with Objects: Language, Materiality, and Social Activity, John Benjamins, 339-
　　356(2014) など。

池谷のぞみ（いけや　のぞみ）【第5章】
慶應義塾大学文学部教授。マンチェスター大学大学院博士課程修了，Ph.D（Sociology）。専門：
　　エスノメソドロジー，知識社会学，図書館情報学。共編著に『図書館は市民と本・情報を
　　むすぶ』勁草書房 (2015) など

粟村倫久（あわむら　のりひさ）【第5章】
PARC（パロアルト研究所）リサーチャー。慶應義塾大学大学院文学研究科博士課程単位取得
　　満期退学，修士（図書館・情報学）。専門：情報行動研究。論文に「協同的情報行動研究
　　の次の課題領域」池谷ほか編『図書館は市民と本・情報をむすぶ』,160-169（2015）など。

前田泰樹（まえだ　ひろき）【第7章】
東海大学現代教養センター教授。一橋大学大学院社会学研究科博士後期課程単位取得退学，博
　　士（社会学）。専門：医療社会学，コミュニケーション論，質的研究法，理論社会学。著
　　書に『心の文法――医療実践の社会学』新曜社 (2008) など。

海老田大五朗（えびた　だいごろう）【第8章】
新潟青陵大学福祉心理学部准教授。成城大学大学院文学研究科博士課程後期単位取得退学，博
　　士（文学）。専門：コミュニケーション論，医療社会学，エスノメソドロジー。共著に「障
　　害者の労働はどのように「デザイン」されているか？――知的障害者の一般就労を可能に
　　した方法の記述」『保健医療社会学論集』25(2):52-62(2015) など。

北村隆憲（きたむら　たかのり）【第9章】
東海大学法学部法律学科教授。東京都立大学社会科学研究科単位取得退学，法学修士。専門：
　　法社会学，法的コミュニケーションの相互行為分析。共編に Une introduction aux cultures
　　juridiques non occidentales（『非西欧の法文化』），Bruylant(1998), 共著に『ケアとしてのコミュ
　　ニケーション』関東学院大学出版会 (近刊) など。

真鍋陸太郎（まなべ　りくたろう）【第9章】
東京大学大学院工学系研究科助教。東京大学大学院工学系研究科博士課程退学，博士（工学）。
　　専門：都市の情報，都市計画，まちづくり。共編著に『住民主体の都市計画――まちづく
　　りへの役立て方』学芸出版（2009）など。

是永論（これなが　ろん）【第 10 章，第 2 章，第 6 章】
立教大学社会学部教授。東京大学大学院社会学研究科社会心理学専攻博士課程単位取得退学，博士（社会学）。専門：情報行動論，コミュニケーション論。共著に『コミュニケーション論をつかむ』有斐閣 (2014) など。

笠木佑美（かさぎ　ゆみ）【第 11 章】
大分県大分市立春日町小学校教諭。上越教育大学大学院学校教育研究科修士課程修了，修士（教育学）。専門：学校教育におけるメディア利用。

森村吉貴（もりむら　よしたか）【第 12 章】
京都大学高等教育研究開発推進センター特定准教授。京都大学情報学研究科博士後期課程研究指導認定退学，博士（情報学）。専門：社会情報メディア学。共著に「インターネット生放送におけるユーザの活動の分析」『システム制御情報学会論文誌』28(10): 407-418(2015) など。

森幹彦（もり　みきひこ）【第 12 章】
京都大学学術情報メディアセンター助教。東京工業大学大学院総合理工学研究科修了，博士（工学）。専門：教育学習支援システム。共著に「ものづくりワークショップ」『システム / 制御 / 情報』56(2): 71-77(2012) など。

水町衣里（みずまち　えり）【第 12 章】
大阪大学 CO デザインセンター特任助教／京都大学物質－細胞統合システム拠点（iCeMS）客員助教。京都大学大学院農学研究科博士課程修了，博士（農学）。専門：科学コミュニケーション。共著に「教材としての宇宙：答えのない課題を扱う教育プログラム『宇宙箱舟ワークショップ』」『宇宙航空研究開発機構研究開発報告』12(007): 19-45(2013) など。

元木環（もとき　たまき）【第 12 章】
京都大学情報環境機構／学術情報メディアセンター助教。京都市立芸術大学大学院美術研究科博士（後期）課程ビジュアル・デザイン領域満期退学。専門：情報デザイン。共著に「原発をめぐる情報伝達に関する意見交換会から得られたコミュニケーションギャップ」『科学技術コミュニケーション』9: 107-119(2011) など。

髙梨克也（たかなし　かつや）【第 12 章】
京都大学大学院情報学研究科研究員。京都大学大学院人間・環境学研究科博士後期課程研究指導認定退学，博士（情報学）。専門：コミュニケーション科学。著書に『基礎から分かる会話コミュニケーションの分析法』ナカニシヤ出版 (2016) など。

加納圭（かのう　けい）【第 12 章】
滋賀大学大学院教育学研究科准教授／京都大学物質－細胞統合システム拠点（iCeMS）特任准教授。京都大学大学院生命科学研究科修了，博士（生命科学）。専門：科学コミュニケーション。共著に「研究者のための『対話力トレーニングプログラム』」『サイエンスコミュニケーション』4(1): 18-19(2015) など。

ワークプレイス・スタディーズ───────────
はたらくことのエスノメソドロジー

発　行 ──── 2017年3月10日　第1刷発行
定　価 ──── 定価はカバーに表示
©編　者 ──── 水川喜文・秋谷直矩・五十嵐素子
　発行者 ──── 小林達也
　発行所 ──── ハーベスト社
　　　　　　　〒188-0013　東京都西東京市向台町2-11-5
　　　　　　　電話　042-467-6441
　　　　　　　振替　00170-6-68127
　　　　　　　http://www.harvest-sha.co.jp
印刷・製本　㈱平河工業社
落丁・乱丁本はお取りかえいたします。
Printed in Japan
ISBN978-4-86339-083-6 C1036
© MIZUKAWA Yoshifumi, AKIYA Naonori and IGARASHI Motoko, 2017

本書の内容を無断で複写・複製・転訳載することは、著作者および出版者の権利を侵害することがございます。その場合には、あらかじめ小社に許諾を求めてください。
視覚障害などで活字のまま本書を活用できない人のために、非営利の場合にのみ「録音図書」「点字図書」「拡大複写」などの製作を認めます。その場合には、小社までご連絡ください。